Rebecca Langhagen

Christian Rohrbach

Junges Land

Zu Fuß unterwegs in Ísland

Rebecca Langhagen
Christian Rohrbach

Junges Land

Zu Fuß unterwegs in Ísland

- Ein Reisebericht -

1. Auflage 1999

Inhaltsverzeichnis

Vorwort

Die Idee dieses Buches entstand nach unserer Rückkehr aus Ísland und der Durchsicht unserer Reisetagebücher. Anschließend haben wir die Texte sorgsam abgetippt und mehrfach überarbeitet, so daß nun ein Text entstanden ist, der auch für andere Ísland-Reisende interessant sein dürfte. Dabei stehen die Informationen aber nicht wie sonst in tabellarischer Form zur Verfügung, sondern an dem jeweiligen Ort, an dem wir während unserer Reise die eine oder andere Erfahrung gemacht haben. Dabei richtet sich das Buch vor allem an diejenigen, die wie wir zu Fuß und nicht per Fahrrad oder Geländewagen durch Ísland reisen wollen. In diesem Bereich füllt dieses Buch noch eine echte Lücke auf dem Büchermarkt.

Unserer geistigen „Herkunft" als Geographen entsprechend haben wir besonderen Wert darauf gelegt, geographische und geologische Besonderheiten Íslands zu erklären. Die entsprechenden Begriffe sind in den Endnoten dann erklärt.

Die Endarbeiten an diesem Buch fanden im Juli und August 1999 statt, während wir uns gleichzeitig auf unsere Hochzeit vorbereiten. Deswegen ist dieses Buch nicht nur ein Bericht über unsere erste große gemeinsame Reise, sondern auch ein ganz persönliches Hochzeitsgeschenk an uns beide.

Rebecca Langhagen

Christian Rohrbach

Einleitung

Ganz am Anfang unserer Ísland-Reise stand ein dunkler Novembernachmittag mitten in Frankfurt. Eigentlich wollte ich mit Rebecca nur eine Tasse Kaffee trinken gehen, aber während wir noch unterwegs waren, erzählte sie mir von ihren Plänen, im kommenden Jahr alleine für mehrere Wochen durch Ísland zu wandern. Ich war beeindruckt: - Ísland, das war ohnehin seit Jahren auch ein Traumreiseziel von mir, aber jeder, mit dem ich bislang darüber gesprochen hatte, hatte abgewunken und mich abgewiesen. Touren in fernen Ländern zu machen, war ja in Ordnung, aber nicht in Ísland - das irgendwo da oben knapp unter dem Polarkreis in der Kälte liegt. In meiner Misere hat mich Rebecca gefragt: „Warum kommst Du eigentlich nicht mit nach Ísland?“ und obwohl ich in diesem Moment sehr kühl und vernünftig reagiert und mir einige Tage Bedenkzeit erbeten habe, wäre ich Rebecca am liebsten um den Hals gefallen. Und großartig überlegen mußte ich gar nicht - natürlich gehe ich mit nach Ísland.

Nach wie vor habe ich, wenn ich an Ísland denke, ein Bild vor Augen: Vor meinem geistigen Auge erscheint eine Kluft, metertief, unten mit Gras bewachsen und man kann sehen wie das Land über Jahrtausende auseinandergedrückt worden ist. Zum ersten Mal habe ich dieses Bild vor einigen Jahren in irgendeiner Dokumentation im Fernsehen gesehen und mir war nur klar, daß ich unbedingt einmal dort sein wollte. Schon seit langem schwärme ich für sämtliche Länder des Nordens und am besten paßt da ein Lied, das wir früher bei den Pfadfindern immer gesungen habe:

„Nordwärts, nordwärts woll'n wir ziehen,

zu den Bergen und den Seen,

woll'n ein neues Land erleben

und auf Fahrten gehen!"

Dieses Lied weckt in mir die Sehnsucht nach Mitternachtssonne, langen Abenden am Lagerfeuer, nach gemütlichen Nächten im Zelt und einfach dem Erlebnis, draußen zu sein. Jetzt lag die Erfüllung eines meiner sehnlichsten Wünsche direkt vor mir: Ich hatte die Möglichkeit, all dies in Ísland zu erleben.

Auf einem Spaziergang mit Rebecca wenige Tage nach unserem Kaffeetrinken in der Stadt, habe ich zu ihr auf einem Feldweg mit Ausblick auf das gesamte Rhein-Main-Gebiet unter uns und auf den grandiosen Sonnenuntergang hinter uns dann gesagt: „Ich komme mit Dir nach Ísland!" und ich glaube, daß mir Rebecca jetzt am liebsten um den Hals gefallen wäre.

Also haben wir mitten im Winter angefangen, unsere Reise zu planen: Wir haben Reiseführer gewälzt, Karten gekauft, Flüge herausgesucht, Termine hin und hergeschoben, bis wir endlich sechs Wochen im Spätsommer und frühen Herbst für unsere Reise nach Ísland zur Verfügung hatten. Obwohl bis dahin noch mehr als ein halbes Jahr ins Land gehen sollte, fingen wir schon vor

Beginn des Frühjahrs an, unsere Ausrüstung bis zum Geht-nicht-mehr zu überprüfen, zusammenzustellen und zu wiegen. Jedes einzelne Ausrüstungsstück landete auf einer Waage, wurde mit anderen gleichartigen verglichen und schließlich siegte dann meist der Kompromiß aus Leichtigkeit und Beständigkeit.

Je näher der Tag unserer Abreise rückte, desto mehr stapelten sich in unseren Wohnungen Ausrüstung und Verpflegung. Da Lebensmittel in Ísland teuer sind, und es bei längeren Wanderetappen zudem fast unmöglich ist, abwechslungsreiche und vollwertige Mahlzeiten aus verschiedenen mitgebrachten Zutaten zu kochen, hatten wir uns entschieden, Verpflegungspäckchen mit dehydrierten Trekkingmahlzeiten, Müsli, Trockenobst, Ersatzstreichhölzern und anderem Kleinkram für jeweils acht bis zehn Tage zusammenzustellen und per Post auf unserer Route zu deponieren. Dazu hatten wir Campingplätze, Jugendherbergen und Postämter angerufen, angeschrieben und angefragt, ob wir die Pakete für längere Zeit dort lagern und dann auf unserer Reise abholen könnten. Die Freundlichkeit, mit der uns angeboten wurde, unsere Päckchen auch noch gekühlt oder sonstwie zu lagern, war überwältigend! Zwei Tage vor unserem Abflug haben wir dann den letzten Kontrollanruf in Ísland gemacht: Bis auf eines in Kirkjubæjarklaustur waren alle Päckchen angekommen. Ein Päckchen Verlust, das wäre noch zu verschmerzen, aber vielleicht taucht es ja doch noch auf …

Anspannung, letzte Hektik, irre Vorfreude und über allem eine fast erhabene Ruhe ergeben ein explosives Gemisch.

Galoppierend schnell und doch im Zeitlupentempo vergehen die letzten Stunden. Innerlich bin ich schon gar nicht mehr hier. Es ist nur meine geschäftige Hülle, die da herumrennt, letzte Anrufe um das verflixte Päckchen macht und fehlende Sachen zusammenstapelt. Ich selbst schwebe schon längst im Norden, sehe endlos weites karges Land und fühle, wie meine Seele die Freiheit des Nordens in sich aufnimmt. Dadurch, daß sich unser Leben in den kommenden Wochen auf das notwendigste beschränken wird, wird etwas frei werden, daß sonst nur ganz innen in uns liegt, was sonst nicht den Raum hat, sich zu entfalten. Ich sehne mich nach dem Gefühl, wenn sich dieser Teil von mir öffnet, das Land begrüßt und mich so viel tiefer leben läßt. Wenige Stunden nur noch bis Ísland - wir sind schon auf dem Weg.

Das Tal des Thing

Unter dem Flugzeug glitzert das Meer in der Sonne. Rebecca sitzt neben mir, ich halte ihre Hand und bin glücklich. Wir sind auf dem Weg nach Ísland - endlich! Gemeinsam schauen wir aus dem Fenster und auf einmal ist es da: Ein winziges Fleckchen grauer Erde, nur von einem bißchen Moos spärlich bedeckt, taucht unter uns auf. Mir stehen Freudentränen in den Augen, ein Traum wird wahr! Fast zerquetsche ich Rebeccas Hand, weil ich mit meiner Freude irgendwohin muß. Die Freude weicht am Boden einem leicht mulmigen Gefühl, das sich bei mir immer breit macht, wenn ich durch den Zoll muß, obwohl ich (dieses Mal) nichts unerlaubtes dabei habe. Aber die Zollbeamten schieben uns nur durch und schon sitzen wir in dem Bus der uns nach Keflavík und dann zur „Blauen Lagune“ bringen wird. Die Blaue Lagune ist eigentlich das Abfallprodukt eines isländischen Elektrizitätswerkes. Aus Bohrlöchern fördern die Isländer durch aktive Zonen[1] im Untergrund erhitzten Wasserdampf, den sie zur Stromerzeugung nutzen. Das danach etwas kühlere Wasser - ca. 38-41° C - wird in ein natürliches Becken geleitet: Das Schwimmbecken der „Blauen Lagune“.

Im Bus sind wir die einzigen Fahrgäste, die Saison nähert sich dem Ende und etwas endzeitlich ist auch der erste Eindruck, den Ísland auf mich macht: Wir wollen sechs Wochen wandern, aber das Land, das uns umgibt, besteht nur aus schwarzer zerklüfteter

Lava. An Wandern ist neben der Straße nicht zu denken. In mir regen sich Zweifel: Wie soll das nur werden?

Ich bin schwerelos - fast jedenfalls. Um mich herum ist das Wasser wunderbar warm, so warm, daß wir mitten in einer Wolke aus hellblauem Dunst schwimmen. An der Blauen Lagune sind wir aus dem Bus gestiegen und dümpeln jetzt gemütlich im warmen Wasser vor uns hin. Neben uns faucht das Geothermalkraftwerk, das für das segensreiche Wasser sorgt und stößt weiße Dampfwolken in den grauen Himmel. Hin und wieder regnet es ganz kurz - Ísland ist genau so, wie wir es uns vom Wetter her vorgestellt haben. Im Wasser habe ich endlich die Zeit und Muße, meine Seele nachkommen zu lassen - so ganz sicher, daß ich tatsächlich in Ísland bin, bin ich noch nicht. Insgeheim rechne ich noch damit, gleich Zuhause in meinem Bett aufzuwachen!

Wohlig entspannt und noch immer nahezu schwerelos klettere ich dann aus der Lagune. Leider unterschätze ich die nassen Bretter etwas: Mit einem lauten „Rrrumms“ lande ich aus sanfter Schwerelosigkeit rüde in der Realität und auf meinem Hinterteil. Dann schlüpfe ich wieder in meine Klamotten, lasse mir den Rucksack an der Rezeption wiedergeben und warte auf Rebecca.

Wenig später beginnen wir unsere erste Wanderetappe: An der Blauen Lagune entlang und unter den Rohrleitungen des Kraftwerks hindurch geht es in Richtung Grindavík. Meine Schultern sind locker und entspannt und das obwohl die Rucksäcke letzten Endes doch schwerer geworden sind, als angestrebt. Das Wandern ist schön und kurz vor der ersten Kuppe halte ich an. „Rebecca“, sage ich, „weißt du was wir gleich machen?“ „Ja,“ kommt die Antwort „wir sehen den ersten neuen Horizont“ und Hand in Hand gehen wir die paar Schritte, bis wir sehen, was hinter der Anhöhe liegt: Unser Ziel - Grindavík - liegt da unter uns und in der Ferne kann man irgendwo das Meer erahnen. Entlang der Straße marschieren wir auf die Siedlung zu, die mir wie ein Provisorium erscheint - die Häuser sind zwar bunt, sehen aber wie Baracken aus. Trotzdem ist der Campingplatz - kostenlos - sehr schön: Eine Wiese, ringsum von einem Wall umgeben, so daß einem der Wind nichts anhaben kann und ein Toilettenhäuschen, in dem es sogar heißes Wasser gibt. Für unser Zelt suchen wir uns ein Plätzchen etwas abseits und machen dann noch einen Rundgang durch Grindavík. Dort finden wir sogar noch eine Tankstelle die offen hat, so daß wir Benzin für den Kocher tanken können. Der Tankwart füllt die Flaschen an einer der Zapfsäulen mitten auf der Straße, wischt sie fein säuberlich ab und wir machen uns damit auf den Rückweg. Ich bin endlich in Urlaubslaune und freue mich auf den heißen Tee, den wir jetzt noch machen können. Bald liegen wir bei Kerzenschein im Zelt und bevor ich mich endgültig im Schlafsack zusammenrolle, schreibe ich noch in mein Tagebuch „Wir sind da!“

Die Sonne scheint mir ins Gesicht, der Himmel über mir ist blau, keine Wolken zu sehen! Ich kann kaum glauben, daß ich wirklich in Ísland stehe. In der Morgensonne machen wir uns auf den Weg, um nach der Bäckerei zu suchen, die am Campingplatzhäuschen

Werbung macht. Die Häuser werfen lange dunkle Schatten in das saftige Grün ihrer Vorgärten und auf die schnurgeraden Straßen. Ein Haus gleicht dem anderen, alles Fertigkonstruktionen. Wenn die Farbe nicht wäre, könnte man sie nur noch an den Gardinen auseinanderhalten. Die Isländer haben - was ihre Gardinen betrifft - offenbar eine Vorliebe für etwas extravagante Schnitte und Stoffe - einige erinnern mich stark an Dessous, weniger an Gardinen.

Wenn die Bäckerei kein Schild ausgehängt hätte, hätten wir sie zwischen all den Häusern übersehen, was höchst bedauerlich gewesen wäre, denn wir kommen mit leckeren Hörnchen und Pizzateilchen wieder heraus. Endlich können wir frühstücken! Rebecca setzt sich auf eine Seite der wackeligen Tisch-Bank-Konstruktion auf der Campingplatzwiese, während ich den Tee auf den Tisch stelle, „Ich komme rüber zu dir!“ sage und setze mich schwungvoll neben Rebecca, deren Warnschrei leider zu spät kommt: Der Tisch kippt, der Tee läuft quer darüber und die Hörnchen fange ich kurz über dem Boden wieder auf. „Äh, ich glaube ich setze mich doch auf die andere Seite“ kläre ich die Situation. Wenig später warten wir schon auf den Bus, der uns erst nach Reykjavík und dann nach Þingvellir bringen soll. In Reykjavík wollen wir schnell unsere Bustickets - die Hringmiðis - , mit denen wir die Busse der Ringstraße in einer Richtung benutzen können, abholen und dann gleich durchstarten. Da wir aber nicht wissen, ob der Bus, in dem wir sitzen, wirklich durchfährt, geht Rebecca zum Fahrer um zu fragen. Gleich darauf höre ich die beiden lachen was machen die da nur?! Aber immerhin hat sich unsere Abmachung, daß Rebecca bei Männern um das bittet, was wir brauchen und ich bei Frauen, im Laufe der Reise bewährt. So auch in diesem Fall, denn der Busfahrer verspricht uns, in Reykjavík zu warten, bis wir unsere Tickets geholt haben.

Auf der Busfahrt haben wir den Logenplatz direkt hinter dem Fahrer. An der „Blauen Lagune" vorbei fahren wir auf der Hauptstraße in Richtung Reykjavík. Wieder durchqueren wir die große trostlose Wüste aus schwarzer, zerklüfteter Lava und ich bitte inständig, daß es im Landesinnern nicht so schlimm aussieht.... Das letzte, was ich auf der Busfahrt sehe, ist die flache Kuppe des Snæfellsjökull am Horizont. Der Berg lockt zum Besteigen … aber da bin ich schon eingeschlafen.

Ich schrecke hoch - wo sind wir? Der Bus biegt gerade zum BSÍ-Busterminal in Reykjavík ein. Dort hasten wir aus dem Bus, rennen in den ersten Stock und während Rebecca unsere Bustickets holt, schaue ich mich um. Ich finde die geologische Karte von Ísland, die wir zu Hause vergessen haben und freue mich umheimlich. „Aber du trägst sie!" ist Rebeccas einziger Kommentar.

Mit dem Bus geht es weiter, durch grüne Wiesen und Weiden ins Landesinnere. Das Grün tut den Augen gut nach der öden Lavalandschaft der Reykjaneshalbinsel. Irgendwann kommen wir

Þingvellir – Das Tal des Thing mit dem Þingvallavatn

an der Abzweigung zum Hof Laxness vorbei, von dem der isländische Schriftsteller Halldor Laxness stammt.

Ein Skigebiet mit sommerlich verwaisten Liften taucht auf und verschwindet. Dann fährt der Bus in ein Tal hinunter, während der Þingvallavatn schon am Horizont schimmert. In dem breiten Tal, das im Westen von einer steilen Felsklippe begrenzt wird, fahren wir in Richtung See. Als wir dort am Hotel Valhöll wieder aus dem Bus steigen, umfängt uns wahre Sommerwärme. Kein Lüftchen regt sich. Wir legen unsere Rucksäcke ins Gras und gehen auf Entdeckungstour. Auf der anderen Seite des Flüßchens Öxará liegt die kleine Kirche mit den weißen „Reihenhäuschen“, die in jedem Reiseführer abgebildet sind, aber in so einem Sonnenlicht sieht man das Ensemble selten.

Die kleine Kirche gefällt mit ausnehmend gut. Der Holzbau mit dem winzigen Glockenturm und de Miniempore hat etwas gemütliches, beschauliches. Drinnen ist es kühl, alles aus Holz - filigran und voll Liebe zum Detail gemacht. Sogar auf die Gesamgbücher ist in goldener Schrift der Name der Kirche geprägt.

Draußen ist es schier zum verrückt werden! Die Sonne taucht alles in goldenes Licht, das Moos leuchtet, das Wasser glitzert - es ist so schön hier! Tief und beinahe bedrohlich sind dagegen die Spalten[2], die breit den Talgrund zerschneiden. Unten steht ruhig kristallklares Wasser, in dem man nicht einmal den Grund sehen kann. Ich kann mir beim besten Willen nicht vorstellen, warum die Isländer gerade hier beim Thing Verbrecher ertränken mußten.

An einer Stelle mit weichem Moos legen wir uns in die Sonne und machen Pause. Ich kann die Wärme der Strahlen auf meinem Gesicht fühlen und kann kaum glauben, daß ich in Ísland liege. Neben mir raschelt Rebecca mit einer Papiertüte - dann steigt mir der Duft eines Pizzateilchens in die Nase, ein Mitbringsel aus Grindavík - wirklich lecker!

Nach ausreichender Pause marschieren wir weiter. Immer mehr habe ich das Gefühl, mich in ein Geologiebuch verirrt zu haben. Am Horizont stehen schwarze Stufen vor dem grünbraunen Moos und auch bei der Spalte, an der wir gerastet haben, kann ich mir bildlich vorstellen, wie hier Ísland langsam aber sicher auseinandergedrückt wird. Und wenn das Tausende von Jahren hindurch passiert, sind eigentlich zusammengehörende Teile eben weit auseinanderliegende Stufen.

Auf eine dieser Stufen klettern wir hoch. Je höher wir kommen, desto mehr Wolken aus Gischt leuchten vor uns golden in der Sonne. Auf der andern Seite des Kamms geht es wieder hinunter, dann schauen wir um eine Ecke: Vor uns tost der Öxarárfoss! Weiß schäumt und spritzt die Gischt, um dann in einem breiten Bachbett in Richtung Þingvellir abzubiegen. Am liebsten möchte ich die Schuhe ausziehen und durch das Wasser waten - es ist so warm! Dann legen wir uns aber doch nur am Ufer ins Gras und genießen einmal mehr das schöne Wetter. Am Wasser entlang laufen wir dann in Richtung See. Am Lögberg, dem Platz von dem aus der Gesetzessprecher früher die Gesetze verkündete, machen wir kurz Halt und klettern dann noch einmal ganz nach oben. Vor uns breitet sich der Þingvallavatn in der Abendsonne aus, das Tal der Öxará liegt wie ein breites grünes Band unter uns. Aber ich kann mich nicht richtig auf den Blick konzentrieren. Der Wind hat so aufgefrischt, daß ich ständig mit meinem Hut kämpfen muß.

Die Sonne steht schon tief, als wir am Hotel Valhöll unsere Rucksäcke einsammeln und uns in Richtung Campingplatz auf den Weg machen. Es macht Spaß so zusammen zu laufen und die Zeit vergeht wie im Flug.

Als wir unser Zelt auf einem wunderschönen Fleckchen Erde nahe des Seeufers aufgeschlagen haben, ist es noch immer warm. Wir sind auf der letzten Strecke doch ziemlich ins Schwitzen gekommen. Wir schauen uns an - warum sollen wir nicht noch ein Bad nehmen? Unsere Badesachen haben wir heute schnell griffbereit und Rebecca läuft in ihrem schlabberigen Badeanzug zum See, ich hinterher. Zügig geht sie ins Wasser. „Komm rein, es ist nicht rutschig!" Beim ersten Schritt rutsche ich fast aus und kann ein sehr schnelles Bad nur noch mit wildem Armrudern verhindern. Und die Temperatur - ich wollte mich abkühlen und nicht schockgefroren werden! Als ich fast schon mit dem Gedanken spiele, wieder auf Zehenspitzen aus dem Wasser zu schleichen, sitzt Rebecca gerade drin. Das reicht. Entschlossen drehe ich mich um: Beine naß, Arme naß und dann sitze ich auch im Wasser. Der Blutkreislauf beschränkt sich augenblicklich auf die lebensnotwendigen Organe und mit letzter Kraft schaffe ich es wieder aus dem Wasser und bis in den warmen Schlafsack.

Ich krabbele nur noch nach draußen, um Abendessen zu machen und uns einen Tee zu kochen. Die Sonne ist verschwunden, aber der Himmel im Westen leuchtet noch orange, rot, hellblau; dunkel wird es noch nicht. Der See steht wie ein Spiegel. Es ist still. Ich schaue von meinem Schlafsack aus nach draußen und bin glücklich!

Auf dem Kongsvegur zum Geysir

Ich blinzele - unser zweiter Morgen in Ísland und es scheint wieder die Sonne. Gut, daß der Bus nach Laugarvatn, von wo aus wir eine Wanderetappe auf dem alten Reitweg „Kongsvegur“ beginnen wollen, erst heute Nachmittag fährt. So haben wir Zeit, daß Wetter zu genießen. In aller Ruhe frühstücken wir vor dem Zelt und fangen dann an, in den Tagebüchern zu schreiben. Es ist warm, die Sonne scheint und eigentlich hätte ich allen Grund, froh zu sein. Wäre da nicht diese deutsche Reisegruppe, die in der Nähe campiert hat und nun lautstark ihre Zelte abbaut und in ihre Kleinbusse packt.

Der Reiseleiter hat nichts besseres zu tun, als über den ganzen See zu brüllen: „Wenn wir nachher nach Reykjavík kommen, schaut euch unbedingt dies und das an... - die Kisten hierher! Ihr könnt aber auch an den Bussen warten!“ So geht es in einer Tour. Am liebsten würde ich dem Reiseleiter den Bleistift, mit dem ich über dem Tagebuch sitze, sonstwohin rammen... da klopft mir jemand auf die Schulter. Mit schmalen Augen und Zornesfalten auf der Stirn drehe ich mich um. „Entschuldigung, wir sind den letzten Tag in Ísland - könntest du wohl ein Abschiedsphoto von uns machen?“ Mein Lächeln ist sehr gequält. So gequält, daß Rebecca sich das Lachen kaum verkneifen kann. „Natürlich kann ich!“ nuschele ich ergeben. Insgesamt hat die Gruppe siebzehn Teilnehmer und zwei Minuten später sehe ich aus wie ein Christbaum, der sich in der Jahreszeit geirrt hat: Sage und schreibe acht Kameras habe ich umhängen und in jeder Hosentasche noch eine. Ein Abschiedsphoto?!? Es bleibt mir nichts anderes übrig, als über mich selbst herzlich zu lachen. Immerhin wurde ich belohnt: Nach dem Photo rückt die Gruppe ab und es wird ruhig - endlich! An einem windgeschützten, warmen Plätzchen verbringen wir den Rest des Tages, bis zum Aufbruch. Wir schlürfen Tee, strecken alle Viere von uns, entspannen und lassen die Seele baumeln. Ich bin froh, mit Rebecca hier zu sein. Als wir endlich aufbrechen hängt die Sonne schon tief, die Schatten sind länger geworden und ein kühler Wind wirbelt den Staub der Straße auf. Trotzdem rinnt der Schweiß nur so. Auf halber Strecke kommt uns der Bus entgegen, der uns nach seiner Schleife zum Hotel Valhöll mitnehmen soll. An der Kreuzung angekommen, die uns gestern im Hotel als Haltestelle beschrieben worden ist, setzen wir uns auf die Rucksäcke und warten. Bald nähert sich ein kleiner weißer Punkt, der eine riesige Staubfahne hinter sich her zieht - der Bus. Noch ein ganzes Stück von uns entfernt, setzt er den Blinker und biegt auf eine andere Straße ein. Der Bus wird wieder zu einem weißen Punkt, nur die Staubfahne steht noch einen Moment lang in der Luft. Wir haben an der falschen Kreuzung gewartet!

Als erstes laufen wir zu der Abzweigung, an die der Bus abgebogen ist. „Laugarvatn 16 km“ steht auf einem Schild. „Schaffen wir das heute noch?“ frage ich Rebecca und sie nickt. Die Straße ist nichts, als eine lehmige Piste, die mitten über eine knochentrockene Hochfläche führt, so trocken, daß die Hitze flimmert und das wenige Moos, das es hier noch gibt, verdorrt ist. Wir haben genau 1½ Liter Trinkwasser. Dennoch laufen wir los und ich beginne mich zu fragen, worauf ich mich da bloß eingelassen habe.

Aber wir haben Glück: Zunächst versuchen wir nur große Autos anzuhalten, wenn ab und zu mal eines vorüberdonnert, dann hält auf einmal ein kleines neben uns, ohne daß wir den Daumen rausgestreckt hätten. Wir sind erst so verdutzt, daß es einen Moment dauert, bis ich die Tür aufmache und Rebecca den Fahrer fragt, ob er uns bis Laugarvatn mitnehmen kann. Der Mann wohnt in der Nähe von Laugarvatn und nimmt uns gerne mit. Unsere Rucksäcke sind so groß, daß sie kaum in den Kofferraum passen. Die Fahrt ist rasant, die Landschaft atemberaubend. Über weite Ebenen, vorbei an schroffen sandfarbenen Bergen rasen wir dem Städtchen entgegen. In den Kurven will das Auto hinten ausbrechen, aber unser Fahrer hat lässig eine Hand am Lenkrad, die andere am Schalthebel. „It's a little bit like rallye-driving!" kommentiert er. Derweil steht mir der Angstschweiß auf der Stirn. Ich wäre ohnehin dankbar, wenn ich diese wundervolle Landschaft genauer sehen oder sogar photographieren könnte. Immerhin sehen wir vor uns in der Ferne schon die Hekla[3] mit ihrer weißen Haube, und obwohl der Berg noch weit entfernt ist, scheint er in der klaren Luft zum Greifen nahe! Als unser Fahrer, der uns eigentlich am Campingplatz absetzen wollte, erfährt, daß wir den Kongsvegur laufen wollen, ist er begeistert. Er ist den Weg zwar schon einige Jahre nicht mehr geritten, aber er erzählt uns, daß der Weg manchmal nicht ganz leicht zu finden sei. Als wir schließlich direkt am Beginn des Weges abgesetzt werden, gibt er uns noch einen wertvollen Ratschlag: Immer den Pferdespuren nach - „Wenn ihr gar keinen Pfad mehr findet, sucht nach Pferdespuren!“

Am Anfang ist der Weg einfach, breit und klar zu erkennen. Die Sonne wärmt uns immer noch den Rücken, aber mit jedem Schritt werden die Schatten länger. Nach einer Weile biegt der Weg ab und wir kommen in den Schatten der Berge. Es wird kühl, aber noch ist kein Lagerplatz in Sicht. Noch immer fehlt uns Wasser und das Birkengestrüpp ist zu dicht, um irgendwo einen Platz für das Zelt freizugeben.

Langsam fangen wir an zu überlegen, wozu wir unseren mittlerweile kläglichen Rest Wasser benutzen wollen - Tee oder Suppe, das ist hier die Frage. Noch geben wir die Hoffnung auf Wasser nicht auf, obwohl wir inzwischen an einem trockenen und sehr breiten Bachbett stehen. Wo ist das Wasser bloß hin? Ich spüre, daß mein Hals trocken ist und mein Mund klebt. Ich will etwas trinken! Ein paar Blaubeeren helfen über den ersten Durst, dann ist es so schlimm, wie zuvor. Plötzlich rauscht es neben uns im Gebüsch , es gluckst und plätschert - Wasser! Wir glauben maximal einen 30 cm breiten Bach zu finden, aber an einer leichten Wegbiegung stehen wir auf einmal an einem Bach der mindestens drei Mal so breit sein muß. Wasser für Tee und Suppe! Das Gras neben dem Bach ist weich, der Boden eben und für unser Zelt bietet sich ein Plätzchen unter einer Krüppelbirke an. Ich bin so froh, als ich das kühle Naß durch meine Kehle rinnen fühle! Nach dem Abendessen will ich nur noch in den Schlafsack. Ich bin hundemüde! Daß Rebecca noch lange in ihrem Tagebuch schreibt, merke ich nicht mehr.

Als ich aufwache leuchtet unser Innenzelt hellgrün - die Sonne scheint und im Schlafsack ist es viel zu warm - ich fühle mich so richtig klebrig. Aber wir haben ja den Bach, der neben unserem Zelt munter gluckst und gurgelt: Ich beschließe ein erfrischendes Bad zu nehmen, während Rebecca lieber Wäsche wäscht und die Sache vom sicheren Ufer aus betrachtet. Die Luft ist nicht zu kalt, als ich mir im Wasser zwei Steine zum Stehen suche - aber das Wasser! Ich hocke mich hin und schütte mir mit dem Kochtopf Wasser über den Kopf. Eigentlich rechne ich damit, daß mir sämtliche Haare bei dem Temperaturschock einfach ausfallen werden, aber sie sind hartnäckig. Ich beeile mich, um diese Tortur hinter mich zu bringen und springe ans Ufer - immerhin: Die Luft kommt mir jetzt, als das Leben wieder so richtig in meinen Körper zurückfließt, unerhört warm vor.

Dummerweise glauben wir, unser kleiner Bach sei der Bach, von dem in unserer Wegbeschreibung die Rede ist. Fröhlich laufen wir los, aber auf einmal ist jede Andeutung eines Pfades verschwunden und eigentlich sollten wir inzwischen in einem markanten Hohlweg wandern. Auf einer Wiese bleiben wir stehen, diskutieren wo es weitergehen könnte, geraten uns fast in die Haare und folgen dann einem zweiten, etwas breiterem Bach. Unsere Hoffnung ist, daß das bereits die Bruará ist, an der wir auf einen Wasserfall und eine Brücke treffen sollen. Wir folgen dem Fluß am Ufer entlang. Die Vegetation aus ineinander verfilzten, brusthohen Krüppelbirken ist nahezu undurchdringlich. Bei jedem Schritt sinke ich tief im Schlamm ein. Ich schwitze, kämpfe mich durch und bis an die Oberschenkel schlammbespritzt. „Mußt du dich immer so einsauen?“ kommt es ironisch von hinten. Wir wissen immer noch nicht, wo wir genau sind, als eine Furt vor uns auftaucht - Pferdespuren! Hinter dem Bach verschwindet der Reitpfad im Gestrüpp und ist breit und ausgetreten - der Hohlweg? Ich bin verflixt erleichtert, daß wir den Weg gefunden haben und meine Laune bessert sich schlagartig. Also packe ich mein Liederbuch aus und fange an zu singen. Rebecca lernt die Texte schnell und bald singen wir im Duett - nicht besonders schön, aber glücklich. Das laute Rauschen eines Wasserfalls reißt uns aus unserer musikalischen Darbietung. Wir treten aus dem Gestrüpp: Vor uns liegt eine Brücke und darunter tost die Bruará. Von der Brücke aus schauen wir auf den Wasserfall. Früher gab es hier eine natürliche Steinbrücke, die der Bischof von Skálholt abreißen ließ, um sich die Bettler vom Leib zu halten, die hier über den Fluß kamen. Ohne die Brücke wären auch wir hier aufgeschmissen, bei diesem Fluß gibt es kein Durchkommen. In der Mitte schießt das Wasser hellblau in einer Art Kanal dahin und am Wasserfall selbst durchzieht eine lange Spalte das Plateau, von dem das Wasser in einer einzigen Kaskade nach unten stürzt. Ich halte Rebeccas Hand - wir stehen alleine am Wasserfall, außer uns ist niemand da. Die wenigsten Touristen kommen an solch

Der Bruarafoss nahe Laugarvatn

zauberhafte Plätze im Innern des Landes - fernab der Ringstraße, sie wissen noch nicht einmal von ihnen.

Ein Weg, bei dem man ansatzweise noch erkennen kann, daß es einmal ein Fahrweg war, führt in ein breites Hochtal. Hinter uns am Horizont steht breit und mächtig die Hekla, unter uns blüht Erika, Moos bedeckt die grauschwarze Lava. Das Tal scheint sehr lebendig, so in der Sonne, aber obwohl das Licht Wärme vorgaukelt, ist ein starker Wind aufgekommen, der durch und durch geht und uns frösteln läßt. Am Fuß eines Berges wird Sand in großen gelben Fahnen verweht, die tiefen Runsen[4] in der Flanke der Berges Bjarnafell wirken wie schwere Wunden in dem ansonsten makellosen Grün des Mooses am Berghang. Seit Stunden laufen wir über Stricklava[5]. Die Landschaft ist von Wind und Wasser gezeichnet, auch wenn es im Moment unvorstellbar erscheint, wo in dieser staubtrockenen Landschaft all das Wasser herkommen soll, das hier massiv Sand und Erde abgetragen hat. Am Ende des Bjarnafell queren wir das Hochtal, laufen auf den Berg zu, an dem wir jetzt seit Stunden entlangwandern. In der Mitte des Tals kreuzen wir ein Flußbett. Feiner Sand wird aufgewirbelt und läßt sich in Augen und Nase nieder. Das Tal ist hier so trocken, daß der Wind den Sand zu Rippelmarken[6] aufgehäuft hat. Wir folgen Pferdespuren hangaufwärts und gelangen über einen Steilanstieg auf eine Hochebene. Zwar kann ich mich auf die Wanderstöcke stützen aber meine Fersen fühlen sich an, als wären die kleinen Blasen von gestern riesig geworden und aufgerieben. Jeder Schritt schmerzt. Dazu ist mein Hals knochentrocken, Wasser ist nicht in Sicht und ein Lagerplatz auch nicht. Die Hochebenen besteht aus lauter Þufuren[7], kleinen Kuppeln die durch Bodenfrost in ihrem Innern entstehen und hier etwa einen Meter Höhe erreichen. Campieren ist unmöglich. Rebecca ist guter Dinge, hockt sich hier und da hin und nascht Blaubeeren, aber ich will weiter, bin ungeduldig, möchte trinken, ausruhen, fühle mich, als hätte ich mich total verausgabt. Ich schaue auf den Boden, versuche mich zu beruhigen, aber es gelingt mir nur schwer.

Durch ein weiteres trockenes Flußbett laufen wir zu einem Paß. Im Frühjahr müssen die Wasserläufe sich in reißende Bäche verwandeln, aber jetzt? Nur ein bißchen Wasser, bitte!! Zwar haben wir noch Wasser in unseren Flaschen, aber viel ist es nicht mehr und wir wollen nichts trinken, bevor wir nicht wissen, ob wir heute noch einen Bach finden.

Der Paß entschädigt ein bißchen für die Anstrengung. Wenngleich ich nur noch auf dem „Zahnfleisch“ krieche, als ich oben ankomme, merke ich doch, wie schön es hier ist. Die Sonne ist hinter uns verschwunden, vor uns liegt eine weite Ebene, nur von einer kleinen Hügelkette durchtrennt, über der sich ein tiefblauer Himmel wölbt. Hinter den Hügeln steigen ab und an weiße Dampfwolken auf: Dort muß der Große Geysir[8] sein!

Vor uns liegt nur noch der Abstieg ins Tal. Unten sehen wir Wiesen und einen kleinen Bach! Ich will weiter! Aber der Abstieg ist schwierig, schlimmer, als wir dachten. Vor lauter Konzentration merke ich keine schmerzenden Blasen mehr. Wir klettern über Geröllfelder, Steilhänge und Bachbetten. Nur langsam nähert sich uns der Talgrund, Kanten mit Steilhängen zwingen uns zu Umwegen und Birkengestrüpp versperrt uns den Weg. Ich traue mich kaum, durch diese empfindlichen Wäldchen zu laufen und als wir uns entscheiden, es doch zu tun, habe ich en sehr schlechtes Gewissen dabei. Ich weiß, wie lange diese Bäumchen zum Wachsen brauchen und bemühe mich, vorsichtig zu sein. Hin und wieder schlagen uns Äste ins Gesicht und Zweige krachen auf dem steinigen Boden unter unseren Füßen. Dann sind wir endlich unten. Kurz über dem Bach machen wir Halt und essen ein paar Blaubeeren um den ersten Hunger und Durst zu stillen.

Ein paar Meter vom Bach entfernt ist ein schönes Plätzchen, auf dem wir unser Zelt aufschlagen. Ich ziehe meine Schuhe und Socken mit größter Vorsicht aus - die Haut an meinen Fersen hängt in blutigen Fetzen. Wie soll ich morgen nur weiterlaufen? immerhin weiß ich jetzt, warum ich mir die Blasen gelaufen habe: Bei den Trekkingsocken, die ich trage, gehört die linke Socke an den linken Fuß, nicht an den rechten! Ich behandele meine Fersen mit Echinacin und stelle fest, daß wir die Pflaster in Deutschland vergessen haben. In der Hoffnung, morgen am Großen Geysir Pflaster zu bekommen, schlafe ich ein. Ich bin satt, habe getrunken und von meinen Fersen abgesehen, fühle ich mich pudelwohl.

Was soll ich nur tun? Nach dem Frühstück habe ich meine Wanderschuhe wieder angezogen und versuche nun zu packen. Meine Fersen tun ziemlich weh und ich kann mir kaum vorstellen, wie ich so bis zum Großen Geysir oder bis zum Gullfoss kommen soll - aber hierbleiben?

Es bleibt mir nichts anderes übrig, als in den sauren Apfel zu beißen und es dennoch zu versuchen. Nachdem wir mehrere Weiden überquert haben, klettern wir über einen Zaun auf die Straße. Auf dem glatten Untergrund geht das Laufen besser, so daß wir die kleine Hügelkette, die wie gestern abend vom Paß aus gesehen haben, doch relativ schnell umrunden können.

Schon von weitem sehen wir die Dampffahne des Strokkur blütenweiß am blauen Himmel. bevor wir aber in das Thermalgebiet des Großen Geysirs gehen, rufen wir vom Hotel aus zu Hause an und schauen in den Laden an der Tankstelle: Souvenirs, Postkarten, Filme, Damenbinden und Kondome - alles kann man kaufen, nur keine Pflaster! Rebecca versucht ihr Glück auf dem Parkplatz: Wo Autos sind, sind normalerweise auch Verbandskästen. Der Fahrer eines Kleinbusses hilft uns auch gerne - nur müssen wir erst lernen, daß „Pflaster" auf isländisch „plaustur" heißt. Mit dem Pflaster in der Hand stakse ich über die Straße zu den Rucksäcken und verarzte meine Füße - ein ganz neues Gefühl, ich kann laufen!

Jetzt können wir das Thermalgebiet erkunden - es ist sagenhaft. So etwas habe ich noch nicht gesehen und allein die Vorstellung, welche Kräfte im Untergrund brodeln müssen, ist - nun, so beeindruckend, daß mir fast ein bißchen flau im Magen ist. Im Boden sind Löcher, in denen Wasser blubbert und aus denen Dampffahnen in den Himmel steigen. Das Wasser ist so heiß, daß man die Wärme fühlen kann, wenn man nur daneben steht. Manchmal sieht man auch nichts, als ein bodenlos tiefes, dunkles Loch aus dem es blubbert oder aus dem geisterhaft taumelnd Luftblasen aufsteigen. Das Wasser ist ganz klar, schimmert in den verschiedensten Blautönen und stinkt barbarisch nach Schwefel. Ich kann nicht anders, ich muß mir jedes Loch genau anschauen, photographieren und am liebsten wüßte ich, wie es unter unseren Füßen im Untergrund aussieht. Ein „Schweizer Käse" dürfte der Wahrheit recht nahe kommen. Mitten in all diesem Tohuwabohu steht alle paar Minuten eine große weiße Säule aus Dampf:

Der Strokkur im Haukadalur

Der Strokkur, der einzige noch aktive Springquell hier. Selbst der Große Geysir, der allen Springquellen den Namen gab, ist nicht mehr aktiv. Dafür gibt sich der Strokkur alle Mühe. Aus Kalksinter[9] hat sich eine faßähnliche Öffnung gebildet, daher der Name „Strokkur", was so viel wie „Butterfaß" heißt. Das dampfende Wasser wabert träge auf und ab. Langsam steigt der Wasserspiegel und unvermittelt wölbt sich das Wasser zu einer beinahe durchsichtigen blauen Kuppel auf, die plötzlich oben aufplatzt. Eine weiße Fontäne schießt mit ungeheurer Wucht fauchend in den azurblauen Himmel. Zwanzig bis dreißig Meter hoch werden Dampf und Wasser katapultiert. Einige Sekunden scheint die perfekt geformte Säule in der Luft zu verharren, dann bricht sie in sich zusammen und kochend heißer Regen geht auf die Umgebung nieder. Ein atemberaubendes und wunderschönes Spektakel, das sich alle paar Minuten wiederholt. Jedesmal, wenn der Strokkur springt, rennen die Leute, die zuvor möglichst nahe am Geschehen sein wollten, zu allen Seiten weg - sie spritzen förmlich auseinander.

Den anschließenden Ausflug zum Großen Geysir macht Rebecca alleine. Ich betrachte den beinahe teichgroßen, glatten, dampfenden Wasserspiegel nur aus der Ferne. Meine Entdeckungsfreude hat nachgelassen und allmählich tun mir auch die Fersen wieder weh.

Ich warte bei unseren abgestellten Rucksäcken, schaue mißmutig mit einer großen Sorgenfalte auf der Stirn auf den Boden und denke wie heute morgen: „Was soll ich bloß tun?“ Aber Rebecca greift in ihre Jackentasche und packt zwei leckere kleine Kuchen aus, die sie vorhin noch heimlich gekauft hat. Der Teig ist locker - luftig, schmeckt ein bißchen nach Zitrone und ist zur Hälfte in Schokolade getaucht. Das motiviert: „Wo ist der Feind?“

Leider ist mir der „Feind“ sozusagen dicht auf den Fersen und äußerst hartnäckig ist er außerdem. Die Sandkörner in meinen Socken reißen mit jedem Schritt winzige Löcher in das offene Fleisch und ich stakse immer mehr, damit sich meine Fersen nur ja nicht im Schuh bewegen - wenn wir doch nur schon am Gullfoss wären!

Rebecca schaut mich mitleidig an, ich laufe immer langsamer, schnell geht es einfach nicht mehr. Um mich herum ist ein wunderschöner Tag aber das merke ich kaum. Ich würde am liebsten rennen, weil es hier so schön ist, aber ich kann nichts dergleichen und das ärgert mich maßlos, macht mich wahnsinnig. Da passiert ein Wunder: Es sind wohl noch drei bis vier Kilometer bis zum Gullfoss, als ein Auto neben uns anhält. Verdutzt schaue ich Rebecca an. Was das wohl soll? Der Fahrer steigt aus: „You've been walking far enough!“ - mir klingen die Ohren, hinsetzen, die Füße ausruhen können, diesen Mann muß der Himmel schicken!

Im Auto sitzt noch ein Freund von ihm, der in Ísland studiert hat, dabei aber Amerikaner südafrikanischer Herkunft ist und jetzt in Thailand lebt. Und ich hab' mir bisher was darauf eingebildet, Halbösterreicher mit französischen Einsprengseln zu sein....

Am Gullfoss entdecke ich einen VW-Bus aus Nürnberg. Während Rebecca einen Pulloververkäufer, der vor einem Informationshäuschen in einem Zelt sitzt, nach einem Weg in Richtung Hekla fragt, warte ich auf die Besitzer des Busses. Hoffentlich haben sie Pflaster dabei - hoffentlich! Die beiden kommen mit Rebecca zusammen an und sind wirklich nett. Sie sind seit ein paar Wochen unterwegs und haben bislang keine Pflaster gebraucht. Ich darf mich an der Pflasterrolle zum Abschneiden also richtig bedienen.

Jetzt erst betrachten wir den Gullfoss genauer. Die Sonne hinter uns steht schon recht tief. Die vom Wind hochgewirbelte Gischt ist ein einziger Regenbogen, der über dem Gullfoss glitzert. Ich

Der Gullfoss

verstehe, warum „Gullfoss“ „Goldwasserfall“ heißt... Auf einem Vorsprung stehen wir fast schon mitten im Tosen und Brüllen des Falls. Vor uns donnert das Wasser in Kaskaden abwärts und ich bin erleichtert, daß Rebecca mir sagt: „Keine Angst, da würde ich mit dem Kajak nicht mehr runtertrauen!“ - und selbst wenn, es wäre nur ein Vorgeschmack auf die große, eigentliche Stufe, mit der das Wasser knappe hundert Meter weiter endgültig in die tiefe, schmale Schlucht der Hvítá stürzt.

Mit steifen Beinen, damit die Fersen nicht an den Schuhen reiben, klettere ich hinter Rebecca auf einem schmalen Pfad fast senkrecht hinauf zum Rand der Schlucht. Auch von hier oben wirkt dieser Wasserfall noch so groß, ist das Tosen so laut, daß ich am liebsten ehrfürchtig flüstern würde, aber gegen den

Gullfoss muß man schon anbrüllen. Auf diese Art einigen wir uns darauf, daß ich hier oben einen schönen abgelegenen Lagerplatz suchen soll, während Rebecca beide Rucksäcke holen geht. Irgendwie widerstrebt mir das, aber obwohl wir beide Dickschädel sind, setzt sich Rebecca durch. Und wo sie schon dabei ist, verordnet sie mir auch noch einen Ruhetag für meine Blasen. Also bleiben wir länger hier.

Ich wandere etwa hundert Meter an der Hvítá entlang, passiere ein Zelt und entdecke dann ein nettes Plätzchen hinter einer kleinen Bodenwelle. Hier findet uns niemand so schnell. Der Platz ist Klasse: Weiches Gras, auf der einen Seite der Fluß, auf der anderen sieht man in einiger Entfernung noch ein Stück von der weißen Eiskappe des Langjökull. Dunkel stehen ehemalige Vulkanschlote in großen Schutthalden davor. Während ich auf Rebecca warte, sitze ich auf einem Stein und rede, aber nicht laut. Das brauche ich auch nicht, denn ich bin mir sicher, daß mich Trolle und andere Bewohner dieses Platzes auch so verstehen. Irgendwie habe ich das Bedürfnis, mich bei ihnen zu entschuldigen, bevor wir hier für zwei Nächte unser Zelt aufschlagen. Komisch, ich bin erst ganz kurz hier, aber dieses Land hat schon seine Spuren an und vor allem in mir hinterlassen. Auch gestern und Vorgestern habe ich mich schon beim Hulduvolk entschuldigt.

Aus Rebeccas Rucksack, der inzwischen angekommen ist, packe ich das Zelt aus und fange an, es aufzubauen. Ich schlage gerade den letzen Häring ein, als Rebecca mit meinem Rucksack ankommt. Schnell räume ich meine Isomatte samt Schlafsack ins Zelt und dann kommt der schönste und der schrecklichste Moment des Tages: Ich zieh meine Schuhe aus, der Druck auf den Blasen ist weg, der Schmerz läßt nach. Aber beide Füße bluten wieder, schlimmer als gestern und die offenen Stellen haben etwa die Größe von 5-DM-Stücken. Jetzt bin ich doch froh über den Ruhetag. Nach dem Abendessen balsamiere ich meine Fersen mir Echinacin ein, dann ziehe ich den Schlafsack zu. Es ist kühl, im Westen ziehen langsam Wolkenbänke auf und kündigen schlechteres Wetter an. Ich rücke meinen Schlafsack, der als Kopfkissen herhalten muß, zurecht und lasse mich vom Rauschen des mächtigen Gullfoss langsam in den Schlaf singen.

Wo der Sturm Zuhause ist

Es regnet die ganze Nacht. Ich träume intensiv, aber es ist ein Traum, aus dem ich verwirrt und unzufrieden aufwache. Der Regen trommelt gleichmäßig auf die Plane und das Licht ist nicht zum Wachwerden geeignet. Christian schläft noch und ich beobachte die Wassertropfen, die vom Überzelt herabgetropft sind und sich perfekt rund von dem hellen Froschgrün des Innenzeltes abheben. Zwischen den Planen hat eine Fliege Schutz gesucht. Ich sehe den Umriß ihres Körpers und die sechs Pünktchen ihrer Füße. Die Fliege putzt sich. Vorderbeine, Hinterbeine - upps - die Fliege kann ein Kunststück! Sie kann auf drei Beinen stehen. Sie bildet sich jetzt in Form von drei Pünktchen im Dreieck auf der Plane ab. Sie steht sozusagen so breitbeinig wie möglich. Mit den drei erhobenen Beinen wirtschaftet sie emsig in der Luft herum. Wahrscheinlich putzt sie sich die Flügel. Ich werde es müde, der Fliege zuzusehen und döse wieder ein.

Als Christian aufwacht, ist er demoralisiert. Die Füße sehen gar nicht gut aus. Alles was wir tun können, ist warten. Gegen Mittag kochen wir aus dem letzten bißchen Wasser Tee und frühstücken. Dann laufe ich zu dem einsamen Informationshäuschen, hole Wasser und wasche mir mit warmem Wasser die Haare. Leider ist gerade ein dicker Reisebus angekommen und eine Dame nach der anderen betritt das WC. Die Blicke sind mit Worten nicht zu beschreiben: Ich bemühe mich um eine legitimierend selbstbewußte Körperhaltung, was angesichts meiner etwas verdrehten Lage - denn die Waschbecken sind winzig - nicht ganz einfach ist. Schließlich bin ich fertig. Ich stecke den Kopf also direkt unter den Handtrockner und übersehe weiterhin geflissentlich die Blicke meiner lieben Mitmenschen. Endlich sind die Haare oberflächlich trocken. Ich schlüpfe wieder in den Pullover, werfe mir die Jacke über, stülpe meinen Hut auf, schnappe meine Wasserflaschen und stapfe hocherhobenen Hauptes quer durch die Busgesellschaft im Ausstellungsraum in den Regen hinaus und davon.

Unser Zelt ist so versteckt, daß man es erst sieht, wenn man schon fast davor steht. Auf einer großen Weide neben uns spielen zwei junge schwarze Hengste so niedlich miteinander, daß ich eine Weile stehenbleibe und zusehe. Einer zwickt den anderen in die Beine, sie stupsen und knuffen einander, steigen voreinander auf die Hinterbeine und schütteln wild ihre Mähnen um dann ganz plötzlich mit hoch erhobenen Schwänzen über die Weide davonzujagen.

Wieder im Zelt präsentiere ich stolz mein seifenduftendes Haar. Wir schreiben beide lange Zeit an unseren Tagebüchern und naschen ab und zu eine Rosine. Als es schließlich Abend wird, erzähle ich die Geschichte von Agaguk und Christian lauscht gespannt. Wir kochen indonesischen Reistopf, neben den ungarischen Nudeln die „Nr. 1", und schreiben noch ein Weilchen in unseren Büchern.

Als wir aufwachen, regnet es immer noch. Ich versuche eine Weile, Entschlossenheit zu sammeln, um den warmen, trockenen

Schlafsack zu verlassen. Endlich raffe ich mich auf. Wir müssen heute zum ersten Mal die Frühstücksration halbieren, denn es wird absehbar, daß wir mit Christians Füßen nicht so schnell wie erwartet unser Depotpäckchen in Leirubakki erreichen werden, aber das Frühstück ist reichlich genug, da macht das nichts aus. Wir packen zusammen und verlassen unseren Platz am tobenden Gullfoss. An der Information füllen wir die Wasserflaschen auf, während bereits die ersten Busse anrollen. Wir machen uns auf den Weg zur Brücke über die Hvítá südlich des Gullfoss. Bis dahin wollen wir auf jeden Fall zu kommen versuchen. Christian fängt an zu singen und so gerne ich dieses Lied auch mag, heute bringe ich nur so grauenhaft falsche Töne hervor, daß es mir durch Mark und Knochen geht. Außerdem kommt man ständig außer Atem. Der Weg zieht sich dahin, aber das Wetter meint es heute wieder gut mit uns. Als wir aufgestanden sind, hörte der Regen auf und die Sonne lugt jetzt sogar ab und zu durch die Wolken. Es ist relativ warm.

Gegen Mittag erreichen wir die Brücke. Der Fluß durchfließt hier eine tief eingeschnittene Engstelle. Die Felsen müssen unterspült sein, wie man an der Form der „Pilze" im Wasser erkennen kann. Wir machen eine kurze Rast, setzen uns auf unsere Rucksäcke und essen ein paar Trockenfrüchte. Der Rest des Weges ist wenig aufregend. Bis zu einem Gehöft folgen wir der Straße und biegen dann in ein Flußtal ein. Die Sonne ist jetzt endgültig verschwunden und es wird kalt. Einen Höhenzug erklimmen wir noch und fangen dann an, nach einem Platz für die Nacht

Ausschau zu halten. Wir müssen uns jetzt beinahe gegenüber von unserem gestrigen Platz befinden, denn wir sind fast wieder auf einer Höhe mit dem Gullfoss.

An einem kleinen Bach in einer Mulde unweit des Weges bauen wir unser Zelt auf. Rings herum gibt es Blaubeersträucher, die auch ganz ordentlich Beeren tragen. Nicht so viele, daß man sich hinsetzen und um sich herum pflücken kann, aber genug, daß es sich im Vergleich zum Zeitaufwand lohnt. Während ich Beeren pflücke, fängt Christian an zu kochen und versorgt seine Füße. Sie sehen jedenfalls nicht schlimmer aus, als heute morgen und das finde ich schon ganz gut. Auch wird die neue Haut heller und sieht nicht mehr so sehr wie rohes Fleisch aus. Als das Essen fertig ist, gebe ich das Pflücken auf. Vier volle Tassen habe ich geschafft. Das ist eine ganze Menge. Es tut gut, das heiße Chilli zu essen und die erstarrten Hände am Topf zu wärmen. Obwohl ich eine Mütze und an der Hand, die gerade nicht im Einsatz war, einen Handschuh getragen hatte, wurde es draußen immer kälter. Während Christian abspült, ziehe ich mich um und rolle den Schlafsack aus. Nur hinein mit den Beinen. Wir wärmen uns noch eine Weile auf und kuscheln uns mit den Schlafsäcken eng aneinander. Dann koche ich die Beeren mit etwas Zucker auf. Heiß und duftend gieße ich die Köstlichkeit in die Teller. Es schmeckt himmlisch! Danach rollen wir uns noch ein bißchen zusammen um die wohlige Wärme und das Sattsein so richtig zu genießen. Als ich wieder aufwache, ist es schon fast dunkel. Ich muß noch mal raus und versuche möglichst leise über Christian hinwegzusteigen. Draußen herrscht ein eigenartiges schwarzes Zwielicht. Es ist vollkommen windstill. Ich gehe ein paar Meter hinters Zelt und will mir dann noch die Zähne putzen. Die Nacht, die mich umgibt ist lebendig. Kein Stern zeigt sich am Himmel. Nur die unzähligen Grasbuckel und Krautsträucher heben sich aus dem Dämmerlicht ab. Ich habe nicht das Gefühl mich fürchten zu müssen und doch - etwas schwingt in der Luft, etwas erfüllt die Nacht, etwas macht die Grasbuckel lebendig. Ein norwegischer Freund von mir, würde jetzt sagen, daß das kleine dunkle Volk hier ist, die Unterirdischen. In Gedanken grüße ich sie und frage sie höflich nach dem Wetter, so wie er das zu tun pflegte. Ich schöpfe Wasser aus dem Bach und spucke die Zahnpasta sorgsam daneben, so daß sie das Wasser nicht schmutzig macht. Dann krieche ich zurück ins Zelt. Christian ist inzwischen aufgewacht. Wir schreiben noch eine ganze Weile im Schein der Kerze, aber noch immer schwingt etwas um das Zelt herum und als wir uns zum Schlafen hinlegen, lausche ich noch eine Weile in die Nacht.

Als ich aufwache, regnet es. Weder Christian, noch ich haben die geringste Lust aufzustehen. Wir schieben es immer weiter vor uns her und genießen lieber noch etwas die wohlige Wärme: Aufstehen bedeutet naß werden. Endlich ringen wir uns durch, ziehen uns an und beginnen den Tag. Wir stinken beide leicht vor uns hin. Die letzten vier Tage war es zu kalt zum Waschen, und die ständig neu durchgeschwitzten Sachen, die die Nacht zum Trocknen im Schlafsack verbringen, duften auch nicht gerade wie Veilchen. Wir frühstücken unsere halbe Portion Müsli ohne Tee, denn wir haben nur noch zwei Mundvoll Wasser und keiner von uns will zum Bach gehen. Die Löffel liegen auch draußen und so müssen die Finger herhalten. Endlich sind wir soweit und kriechen hinaus in Wind und Regen. Die kurze Zeit, die wir zum Einpacken brauchen, reicht aus um mich, meinen Rucksack und dessen Inhalt so ziemlich durchzuweichen, denn der Rucksack verbringt die Nacht in meinem Regenponcho. Ich werde also naß, damit der Rucksack nicht durchweicht, während Christian das Zelt räumt. Dann ziehe ich den pitschnassen Umhang über und wir bauen das Zelt ab. Da das in meinen Rucksack muß, muß vorher alles raus, damit das Zelt reinpaßt. Der, inzwischen also auch nasse, restliche Inhalt wird um das Zelt herumgepackt und schon sind wir fertig!

Nach kurzer Zeit können wir den Gischtschleier des Gullfoss links von uns sehen und eine Weile später auch die Hochspannungsleitung, die uns in den nächsten Tagen führen wird. Plötzlich stehen wir vor einem Zaun mit einem massiven Eisentor, hinter dem sich eine Herde Schafe zusammendrängt. An dem Tor ist ein Schild angebracht, das verkündet, daß sich auf der anderen Seite „WILDERNESS“ befindet. Wir gehen hindurch und schlagen das Tor hinter uns zu. Die Schafe spritzen auseinander, während wir mit gesenkten Köpfen gegen den peitschenden Wind und die Regenböen anlaufen. Ab jetzt werden wir dem Linuvegur nach Osten folgen bis wir auf das Tal der Þjórsa treffen, Meine Hose ist inzwischen vom Po abwärts völlig durchweicht. In Christians Schuhen steht schon das Wasser und ich bin dankbar für meinen heißgeliebten breitkrämpigen Filzhut, der immer an der Seite, von der der Wind kommt, umschlappt, so daß mein ganzer Kopf warm und trocken vor dem scheußlichen Wetter geborgen ist. In meinen Schuhen quietscht es inzwischen auch. Wie das Wasser da reingekommen ist, weiß der Geier, denn ich trage sogar noch Gamaschen, aber es ist da. In meinem Kopf formen sich Gedanken zu Sätze, Sätze zu Versen:

Es ist, als wären wir auf hoher See,

aber das Meer ist aus Stein

und die Wellen sind Hügel

und die Gischt sind die Wolken,

die der Wind vorwärts treibt.

Gegen Mittag möchte Christian eine Pause machen. Nur wo? Schließlich finden wir einen kleinen Absatz, hinter dem der Wind nicht ganz so arg ist und setzen uns. Christian zaubert ein Stück BP5-Trockenbrot hervor. Das Zeug schmeckt ganz gut und macht sehr satt. Es ist so eine Mischung aus zu harten Sandkuchen und Zwieback, nur unheimlich komprimiert. Leider wird uns schnell kalt und wir müssen weiter. Die Landschaft verändert sich. Zuvor waren die Hügel sämtlich mit schwarzem Schutt bedeckt. Jetzt ist der Schutt von dickem grünen Moos und etwas Gras überzogen. Auf eine wilde Weise sieht es großartig aus. Vor uns taucht ein Fluß auf - die Leirá - und wir stapfen einfach hindurch. Nasser können wir unmöglich werden.

Es wird etwas ruhiger und für kurze Momente setzt der Regen ganz aus, aber nur um gleich darauf um so heftiger über uns herzufallen. Wir singen ein bißchen gegenan, aber für längere Darbietungen fehlt uns die Puste. Noch ein paar kleine Bäche sind zu furten. Daneben durchziehen wilde Canyons die grünen Hügel. Das Laufen wird zum Vorwärtskämpfen. Wir wollen so weit wie möglich kommen, damit sich diese Schinderei wenigstens gelohnt hat. Als am Hang über uns zwei Häuschen auftauchen, schlägt Christian vor, in ihrem Windschatten eine Pause einzulegen. Die Idee ist gut und wir schlagen den Pfad zu den Hütten ein. Es ist wohl eine Art Jugendherberge für Reiter, aber die Tür ist verschlossen. Wir beschließen, uns hinter das Nebengebäude zu setzen, weil das direkt auf den Boden und nicht auf Pfähle gebaut ist. So zieht es nicht darunter durch. Ich denke, jetzt ist es an der Zeit, meine „Überraschung für schlechte Zeiten", einen Schokoriegel, hervorzuzaubern. Es sieht nicht mehr ganz so aus, wie im Geschäft, schmeckt aber wunderbar. Danach essen wir noch ein Stückchen BP5 und stehen dann voller Grauen mit steifen Beinen wieder auf. Christian bringt die Sache auf einen Punkt: „Ich traue mich gar nicht um die Ecke zu gehen." Da wir hier keine Wurzeln schlagen können, fassen wir unseren ganzen Mut zusammen, und verlassen den wunderbaren Windschatten.

Nur um ganz sicher zu sein, daß wir nichts unversucht gelassen haben, probieren wir im Vorbeigehen noch, ob sich die Tür dieses Gebäudes nicht öffnen läßt. Wir sind beide sprachlos vor Staunen, als der Riegel in Christians Hand nachgibt und die Tür sich öffnet.

Wir stehen in einem Stall. Der Boden ist mit Heu bedeckt - und mit Pferdeäpfeln. An der einen Seite ist eine lange Futterkrippe angebracht, in einer Ecke liegt ein Stapel Säcke mit Brennholz drin und im hinteren Teil des kleinen Stalls, der durch ein Gatter abgetrennt ist, sind Heuballen aufgestapelt. Wir schieben den Riegel von innen vor die Tür und lehnen uns aufseufzend dagegen. Wenn wir auch eben ausgemacht hatten, noch ein oder zwei Stunden zu laufen, ein Blickwechsel genügt und wir sind uns einig: Hier kriegt uns keiner mehr weg! Der Stall ist wirklich ein Geschenk. Endlos langsam, mit fahrigen Bewegungen und erfrorener Fingermotorik, befreien wir uns vom Regenschutz und von den Rucksäcken. Wir lassen alles auf den Boden fallen und versuchen zu begreifen, daß wir in Sicherheit sind, geschützt vor den tobenden Elementen. Und wie die toben! Der Sturm donnert gegen die Stallwand und der Regen peitscht wie verrückt. Oh, wie ist es gut so geborgen zu sein. Einen Augenblick bewegt sich keiner von uns. Dann fangen wir an, die Rucksäcke auszuräumen. Wir stellen das Zelt ohne Überzelt auf und ich hänge selbiges über zwei Deckenbalken. Gleich daneben kommt mein Regencape und schließlich sind Gatter, Krippe und Balken mit unseren Hüten, Hosen Hemden, Jacken Pullovern und Socken behängt. Christian wagt sich noch einmal zum Wasserholen und dann öffnet keiner von uns mehr einen Spalt breit die Tür.

Himmel, bin ich froh, daß mein Schlafsack trocken geblieben ist! Auch meine Fleecehose, das Wollhemd und ein Paar Socken, die alle im Schlafsack verstaut waren, sind trocken geblieben. Ebenso ein Fleecepulli und meine „Flußschuhe“. Ich habe also eine völlig trockene „Garnitur“. Alles andere schwimmt - von kleinen Ausnahmen in besonders gut verschnürten Tüten abgesehen. Wir machen erst mal Tee, das heißt wir versuchen es ... aber der Kocher gibt kein Fünkchen mehr von sich. Na das hat nun gerade noch gefehlt! Christian macht sich daran, das verdammte Ding im Halbdunkel des Stalls auseinanderzunehmen. Ich kauere neben ihm und versuche nicht angespannt auszusehen. „Erzähl mir ‘was“, bittet Christian während seine, vom Ruß pechschwarzen, öligen Finger an einem der Schräubchen herumfingern. „Was denn?“, frage ich, „’was Schönes, am liebsten eine Geschichte“, kommt es hoffnungsvoll zurück. Ich denke nach, durchwühle im Geist mein verfügbares Repertoire an Geschichten und fange an. Ich glaube, ich erzähle heute nicht sehr gut, aber plötzlich schrecke ich von einer hellen Stichflamme auf. Der Kocher funktioniert! Christian ist der Held des Abends. Wir machen also Tee und dann heiße Brühe. Langsam werden wir wieder warm.

In einer etwas ruhigeren Regenphase muß Christian noch mal raus, um seine Finger zu waschen. Alles, was er berührt, wird rabenschwarz und stinkt barbarisch nach Benzin. Unser letztes Problem ist Christians Schlafsack. Der ist nämlich naß geworden. Wir krabbeln, soweit es geht beide hinein, um ihn schneller zu trocknen und decken uns mit Meinem noch zu. Endlich wird es halbwegs warm und ich erzähle weiter, bis wir zu hungrig werden. Es gibt den guten Stroganoff und noch ein bißchen Schokolade zu Nachtisch. Anschließend schreiben wir noch ein paar Seiten, aber bald brennen meine Augen zu sehr und ich mache Schluß. Es ist kalt in dieser Nacht.

Als ich aufwache, ist es immer noch kalt. Christian ist so tief in seinen Schlafsack gekrochen, daß kein Zipfelchen von ihm zu sehen ist. Draußen heult noch immer der Sturm, nur der Regen ist anscheinend weniger geworden. Eine lange Zeit über stellen wir uns tot. Wir verkriechen uns tiefer und tiefer in die Schlafsäcke und weigern uns standhaft anzuerkennen, daß der Tag begonnen hat. Schließlich macht Christian den Fehler, ein Auge zu öffnen, als ich auch gerade eines offen habe. „Wollen wir diesen Tag nicht langsam beginnen?“ frage ich vorsichtig. „Es hat keinen Sinn zu warten und der Regen hat aufgehört.“ Ein zögerndes „Ja“ brummt mir aus den Tiefen hinter dem Wärmekragen entgegen. Wir beginnen also zu packen, aber langsamer können sich selbst halb betäubte Schnecken nicht bewegen. Wir trödeln umeinander herum, verrichten tausend winzige Handgriffe zum dritten Mal, räumen Gegenstände von der einen Seite auf die andere und wieder zurück und befühlen ein ums andere Mal unsere aufgehängten Kleider. Sie sind fast ebenso naß wie am Abend, aber wenigstens abgetropft. Schließlich verlasse ich den Stall um Teewasser zu holen und die Zähne zu putzen. Da - ein Strahl Sonne bricht durch die Wolken und taucht für einen Moment die graue Landschaft in Farben. Als ich wiederkomme, schnappe ich meine Hose und mein Hemd und hänge sie nach draußen in den Wind. Im Stall werden sie nie trocken. Es ist so kalt, daß unser Atem in bedächtigen weißen Fahnen über Müsli und Teetassen hängt. Plötzlich wird es draußen dunkel und die ersten Tropfen schlagen auf das Dach. Ich stürze raus, pflücke die Kleider vom Zaun und flüchte mich wieder nach drinnen. Wir kuscheln uns noch einmal ins Zelt, ich erzähle eine Geschichte und dann frösteln wir still vor uns hin. Endlich geben wir uns einen Ruck und fangen ernsthaft an zu packen. Der schlimmste Moment ist der, als wir aus den warmen trockenen Flußschuhen in die eiskalten, pitschnassen Schuhe und Strümpfe von gestern „umsteigen“ müssen. Zwar schwappt das Wasser jetzt nicht mehr in den Stiefeln, aber sie sind so vollgesogen, daß man sie auswringen könnte. Endlich ziehen wir los. Ein letzter Blick zurück in den Stall. Ich habe gestern abend die ganze Zeit an die Weihnachtsgeschichte denken müssen. So froh wie wir, wahrscheinlich noch ein ganzes Stück froher, müssen die beiden damals gewesen sein.

Leider haben wir schon die erste Tortur vor uns - einen breiten Fluß, die Stora-Laxá. Ich habe den ganzen Morgen darüber nachgedacht, in welchen Schuhen ich durch diesen Fluß gehen soll. Etwa in den mollig warmen Flußschuhen, meiner einzigen Rettung, wenn ich diese hier endlich ausziehen kann oder in den Wanderstiefeln, damit wieder wie gestern eiskaltes Wasser darin schwappt? Die einzig logische Entscheidung ist, wenn der Untergrund es zuläßt, barfuß zu gehen. Christian hat sich ebenso

Beim Furten auf dem Linuvegur

entschieden und so schlittern wir barfuß, zum Glück mit Hilfe der Stöcke, durch die Strömung. Drüben angekommen zwänge ich meine erstarrten Füße mühevoll wieder in ihre Hüllen und tröste mich damit, daß ich sie ganz schnell warmlaufen werde. Meine schöne, fast trockene Hose, über deren Zustand ich mich gerade so gefreut hatte, ist bis an die Oberschenkel naß geworden. Ich hatte sie so weit wie möglich hochgekrempelt, aber ein paar tiefe Stellen im Fluß machten alles zu nichte. Wir sind noch kein zehn Minuten unterwegs, da stehen wir wieder vor dem verflixten Fluß. Er hat eine schöne große Schleife gemacht und da hat er uns wieder. Das darf ja wohl nicht wahr sein! Wieder Schuhe aus und hinein ins Vergnügen. Die Hose krempele ich schon gar nicht mehr hoch. Das Spiel wiederholt sich während der nächsten

Stunde noch drei Mal! Wir kommen kaum vom Fleck. Immer, wenn meine Füße gerade wieder Gefühl bekommen und meine Hose gerade angefangen hat zu trocknen, sehen wir unter uns den nächsten Fluß liegen. Es ist zum Verzweifeln. Endlich, nach dem Fünften, scheinen wir das ärgste hinter uns zu haben. Es geht jetzt höher hinauf und der Wind bekommt uns wieder so richtig zu fassen. Mit schöner Regelmäßigkeit kommt immer genau dann der nächste Guß, wenn meine Hose gerade wieder trocken ist! Schließlich ist es soweit und in meinen gehüteten Schuhen quietscht wieder das Wasser. Na bravo! Da hätte ich auch in Schuhen durch die Flüsse laufen können!

Mein Rücken tut inzwischen scheußlich weh, wenn ich versuche, mich zu bücken. Das ewige Schuhebinden mit dem Gewicht auf dem Rücken ist nicht das Wahre, aber absetzen will ich den Rucksack dazu nicht, denn es ist ein unbeschreiblicher Akt, den Regenponcho jedes Mal wieder über alles zu ziehen. Irgendwann am Nachmittag leuchtet vor uns auf einem Bergrücken eine kleine, in grellem Grün gestrichene Box. Sie erinnert stark an einen Bauwagen. Wir beschließen, in ihrem Windschatten eine Rast einzulegen und ein paar Früchte zu essen. Zu unserem größten Erstaunen ist die Box offen. Es ist eines der Rettungshäuschen, die eigentlich in Notfällen alles Überlebensnotwendige enthalten sollten. Wehe dem, der hier wirklich in Not geraten ist! Die Hütte enthält zwei Doppelbetten, einen Tisch, zwei Stühle und ein Regal, in dem man eigentlich Lebensmittel finden sollte. Es ist ein Bild des Jammers. Verdreckt und geplündert enthält das Regal nur noch zurückgelassenen Müll und Reste von verdorbenen Lebensmitteln. So dankbar wir für den trockenen und windgeschützten Rastplatz sind, ich bin wirklich nicht böse, daß wir zu früh hier angekommen sind, um die Box als Nachtquartier in Erwägung zu ziehen. Wir bleiben eine Weile, lesen im Gästebuch, essen ein Stückchen BP5, meinen letzten Schokoriegel und den Rest der Früchte. Schließlich friere ich derart, daß wir wieder loslaufen. Wenige Minuten später prasselt schon der nächste Guß auf uns nieder. Wir stolpern die Piste hinunter und patschen durch die Pfützen so schnell es geht. Wenn wir viel Glück haben, können wir heute noch ein Dorf erreichen. Vielleicht gibt es dort ein Schwimmbad - in Ísland gibt es an den entlegensten Orten Schwimmbäder - oder auch einen kleinen Supermarkt. Vielleicht können wir ein paar Eier und ein bißchen Speck bekommen oder sogar ein winziges bißchen Gemüse? Bei dem Gedanken lege ich noch etwas an Tempo zu, bis Christian mich bittet, doch nicht so zu sprinten. Der Himmel will uns offenbar noch einmal versöhnlich stimmen, denn mitten im Regen bricht die Sonne hervor und zaubert die intensivsten Regenbögen, die man sich nur vorstellen kann. In prachtvollen Farben stehen sie über den blaugrauen Schutthängen an deren Fuß das Moos und Gras ein so leuchtendes Grün angenommen hat, wie ich es noch nirgendwo gesehen habe. Wir laufen und laufen, schlittern an den Hängen abwärts und stapfen verbissen an der anderen Seite wieder hinauf. Schließlich öffnet sich vor uns der Blick in das weite Tal der Þjörsa. Am Horizont schimmert der Fluß als silbernes Band und die Ebene ist in orange-grüne Farben getaucht.

Gegenüber, auf der anderen Seite des Flusses, erhebt sich die Hekla, von der wir allerdings nicht allzuviel sehen, denn sie hüllt sich in Wolken.

Plötzlich stehen wir wieder vor einem Fluß, der Fossá. Links von uns fällt sie über mehrere Stufen abwärts und rauscht dann gurgelnd und brausend dahin. Ich habe jetzt die Nase voll und ziehe auch noch meine Hose aus, denn die ist gerade mal wieder trocken geworden. In dem kurzen Moment, den wir brauchen, um unsere Schuhe und Hosen auszuziehen, fällt aus dem heiteren Nichts eine dicke graue Wolke auf uns und plötzlich beträgt die Sicht nur noch wenige Meter. Als roten Fleck im grauen Nichts sehe ich Christian vor mir herlaufen. Ufer, Felsen, der kleine Wasserfall - alles ist verschwunden. Trotzdem ist die Durchquerung leichter, als wir dachten, denn der Untergrund besteht aus großen rundgeschliffenen Steinplatten.

Wir hasten weiter. Es fängt wieder an zu regnen, und langsam senkt sich graue Dämmerung über uns. Auf einmal blinken in der Ferne Lichter. Was für ein Anblick! Wir laufen verbissen, aber im Grunde ist uns beiden völlig klar: Das schaffen wir heute nie mehr! Inzwischen ist es fast ganz dunkel geworden und wir müssen jetzt wirklich Schluß machen, aber wir brauchen noch Wasser. Wir laufen und laufen - nur Pfützen aber kein Bach. Endlich stiefelt Christian einfach so ab vom Weg und sucht nach Sickerwasser in den Rillen und Furchen der Hügel. Er findet ein Rinnsal und damit ist Schluß für heute. Oberhalb des Rinnsals entdecken wir eine von Schafen plattgetrampelte Stelle, die eben groß genug ist, für unser Zelt. Das Aufbauen wird zu einer elenden Schlammschlacht. Als soweit alles steht und der Wind nichts mehr fortreißen kann, nehme ich den Topf und die Flaschen und will Wasser holen, während Christian dem Kocher gut zuredet. Es ist zum Verzweifeln! Das Wasser sickert vor sich hin und steht nirgends höher , als einen Zentimeter. Ich versuche, es mit einer Tasse aufzufangen und so den Topf voll zu bekommen, aber ich kriege nur sandige, schlammige Brühe in die Tasse. Fluchend und schimpfend tappe ich im Dunkeln in der Rille entlang und versuche eine Stelle zu finden, wo das Wasser hörbar plätschert. Endlich finde ich, was ich suche: Ein dünner Strahl fällt etwa fünf Zentimeter nach unten und ich kann das Wasser mit der Tasse auffangen, ohne den Dreck mit hoch zu schaben. An diesem Abend gibt es „Försterin"; es ist nicht besonders toll, aber warm und kaum sind die Teller leer, fallen wir in die Schlafsäcke und sind schon eingeschlafen, bevor einer noch „gute Nacht" murmeln kann.

Als ich aufwache, traue ich meinen Augen kaum. Sonne! Wir blinzeln uns ungläubig an und ziehen die Reißverschlüsse auf. Vor uns liegt das Þjörsadalur in der Sonne. Als mächtiger Klotz ragt der Burfell vor uns auf und gigantische Wolkenschiffe jagen über den Himmel. Unser Zelt steht auf einem, von unzähligen Hufen zertrampelten Platz. Vor uns auf einem kleinen Hügel liegen mächtige Felsbrocken. Nichts wie raus! Wer weiß, wie lange die Sonne bleibt! Noch vor dem Frühstück drapiere ich alles, was naß ist auf den Felsklötzen vor uns. Mit Steinen beschwert flattern bald meine Hose, mein Hemd, unsere Jacken, Mützen und Handschuhe, unsere Socken und Hüte im Wind. Dann wird gefrühstückt. Wie so ein bißchen Licht so froh machen kann! Es ist trotzdem noch ziemlich kalt und wir genießen den Windschatten des Zelteingangs, während wir unseren Tee schlürfen und lange Atemfahnen vor unseren Gesichtern tanzen. Das Zelt wird geräumt und gewartet, bis das Innere getrocknet ist. Erst dann packen wir zusammen und ziehen los. Es ist sicher schon Mittag. Der Weg führt uns durch eine graue Ebene, die nur aus dem besteht, was man zu Hause als „Rollsplitt" auf die Straßen schmeißt. Es ist eine eigenartige Landschaft! Ab und zu ragen bizarre Lavabrocken aus der Einöde.

Nach einer ganzen Weile verlassen wir die Ebene und kommen in hügeliges Gelände. Grüne Hänge auf der einen, Lavabrocken und Ascheanwehungen auf der anderen Seite der Piste. Am Horizont erheben sich rötliche Berge ohne jede Vegetation, in die Wasser und Wind tiefe Rinnen gegraben haben. Vor diesen Bergketten ragen in einer langen Reihe kleine, zuckerhutförmige, schwarze Kegel aus der Ebene - wie eine Reihe von Pseudokratern. Ich würde zu gerne hingehen und mir das ansehen, aber das wäre doch ein ziemlicher Umweg. Endlich nähern wir uns „Stöng", einem nachgebauten Wikingerhof aus dem 12. Jahrhundert, aber der Hof enttäuscht uns beide sehr. So neu hatten wir ihn uns nicht vorgestellt! Es handelt sich sozusagen um einen Rohbau mit roten Ziegeldach, in dem innen massenweise Grassoden aufgestapelt sind. Etwas frustriert setzen wir uns darauf und essen ein paar

Früchte. Dann wollen wir endlich Hjalp, das Dorf, erreichen und machen uns wieder auf die Socken. Den Ursprung der Lichter, die wir gestern abend gesehen haben, hatten wir heute morgen nicht mehr entdecken können. Na ja, macht nichts, der Weg wird uns schon hinführen.

Wir laufen parallel der roten Berge und schwarzen Krater auf einer über die Maßen eintönigen grauen Ebene aus kleinen Gesteinssplittern entlang. Links von uns erhebt sich zum Glück ein grüner, flacher Höhenzug, der uns etwas Halt für die Augen bietet. Rechts begleiten uns die roten Berge. Nach Stunden dauernder Eintönigkeit begegnet uns die Fossá wieder. „Hallo, nett dich wiederzusehen und nett, dich nicht noch einmal überqueren zu müssen.“ So weit sind wir heute wahrscheinlich noch gar nicht gekommen, aber, wir wissen nicht warum, wir sind beide unheimlich müde und kaputt. Endlich trifft unser Weg auf eine Straße, eine asphaltierte noch dazu. Die eine Richtung führt nach Hjalp, die andere nach Burfell. Der Burfell ist eigentlich ein gewaltiger Berg, an dem sich ein Wasserkraftwerk befindet, das die Wassermassen der Þjörsa zu Stromerzeugung nutzt. Um das Werk herum hat sich scheinbar eine kleine Siedlung gebildet, die laut Karte aber größer sein muß, als Hjalp. Wir entscheiden uns also für Burfell und dackeln weiter, während es leise zu nieseln anfängt. Das erste, was wir von der Siedlung sehen, ist ein Golfplatz. Wo ein Golfplatz ist, muß es ja wenigstens einen kleinen Laden geben, oder eine Tankstelle. Unweit des Golfplatzes steht ein großes, weißes, scheinbar öffentliches

Gebäude. Ein Art Dorfgemeinschaftshaus vielleicht. Auf der anderen Seite der Straße ist eine Schule und gegenüber der Schule sechs oder sieben Flachdachhäuser für je zwei Familien. Dann stehen wir vor dem Kraftwerk und die Siedlung ist zu Ende. Das darf ja wohl nicht wahr sein! Was tun? Wir brauchen etwas zu essen, ganz abgesehen davon, was wir sonst noch brauchen würden, wie neue Pflaster, warmes Wasser, eine Waschmöglichkeit und einen Trockenraum.

Nach einigen erfolglosen Versuchen „Bettelversuchen“ bei den Flachdachhäusern, wo noch kaum jemand zu Hause ist, macht uns endlich ein junger Mann auf und schaut uns fragend an. Wir erklären ihm unsere Situation und fragen nach einer Möglichkeit Lebensmittel zu kaufen. Die traurige Wahrheit ist, daß es im Umkreis von etwa 30 km weder eine Tankstelle, noch sonst eine Einkaufsmöglichkeit gibt. Na bravo! Der Mann schickt uns zu dem weißen Haus am „Dorfeingang“. Dort ist die Kraftwerkskantine. Vielleicht können wir dort etwas bekommen.

Mit gemischten Gefühlen setzen wir unseren Bettelzug in Richtung des weißen Gebäudes fort. Die Tür ist offen. Wir betreten den Flur und ich rufe ein hoffnungsvolles „Hallo“ in die dahinterliegenden Räume. Ein netter Man, so um die fünfzig, bemerkt uns. Wir beginnen noch einmal mit unserer Geschichte. Es stellt sich heraus, daß die Tankstelle in Hjalp, die auf unserer Karte verzeichnet ist, vor fünf Jahren zugemacht hat. Auch hier wird uns bestätigt: Keine Einkaufsmöglichkeit innerhalb der nächsten 30 km. Der Mann mustert uns einen Augenblick und fragt dann, was für Lebensmittel wir denn brauchen würden. Fast wären wir ihm zu zweit um den Hals gefallen. „Alles, was man essen kann!“ ist meine begeisterte, wenig präzise Antwort. Christian ergänzt noch, daß wir natürlich einen Kocher dabeihaben. Der Mann verschwindet und als er nach einer ganzen Weile wiederkommt, trägt er eine prall gefüllte Plastiktüte in der Hand. Himmel, wie lieb! Wir bedanken uns überschwenglich und fragen dann noch, wo genau die Þjórsa zu überqueren ist, denn aus unserer Karte geht nur sehr ungenau hervor, wo sich Brücken über den, in mehrere Betten aufgespaltenen Fluß befinden. Es stellt sich heraus, daß fünf bis sechs Kilometer von hier, an der Stelle wo das Wasser ins Kraftwerk geleitet wird, eine Brücke existiert. Das gesamte Wasser ist in ein einziges Bett umgeleitet worden. Na was für ein Glück! Damit sind wir auf einen Schlag all unsere Sorgen los: Wir müssen nicht Ewigkeiten bis zur nächsten Brücke laufen und können morgen Leirubakki erreichen um dort unser Verpflegungspäckchen in Empfang zu nehmen, bevor der Campinglatz übermorgen geschlossen wird und unser Päckchen im schlimmsten Fall mit überwintern muß. Wir verabschieden uns und wenden uns in Richtung Dorfausgang am Kraftwerk. In unserer zauberhaften Tüte ist ein Brot, drei Stückchen Butter, ein Paket Käse, ein dickes Stück Wurst und zwei Trinktütchen mit Apfelsaft. Was für ein Geschenk! Inzwischen ist aus den Nieseln richtiger „Landregen“ geworden, aber das stört uns jetzt auch nicht mehr. Wir finden einen guten Zeltplatz auf dem Firmengelände und bauen unser transportables Heim auf. Dann wird geschlemmt! Es schmeckt zum Reinsetzen gut und es ist ein tolles Gefühl, mal wieder zu kauen. All unser sonstiges Essen ist so fein, daß man eigentlich ständig nur schlucken kann. Als wir das halbe Brot verputzt haben, geben wir uns geschlagen - satt! Wir teilen uns noch das eine Tütchen Apfelsaft und machen dann aus dem letzten bißchen Wasser Tee. Leider bin ich auch danach noch unheimlich durstig, aber mehr Wasser haben wir nicht und aus der aufgewühlten Þjörsa, die aus den Toren des Kraftwerks schießt, wollen wir nicht trinken. Schließlich wird der Durst so groß, daß ich mein Tagebuch zuklappe und beschließe zu schlafen. Da muß ich wenigstens nicht ständig an etwas zu Trinken denken.

Die dunklen Berge

Als wir aufwachen, stürmt es noch immer. Das hat es die ganze Nacht schon getan -da muß doch irgendwann mal Schluß sein! Unwillig schälen wir uns aus den Schlafsäcken. Das Erste, was mir direkt nach dem Aufwachen bewußt wird, ist mein Durst, aber da ist nichts zu machen. Die nächsten Stunden, wenn wir Pech haben bis zum Abendessen, bleibt uns nur das zweite Tütchen Apfelsaft und im Notfall Þjörsawasser. Wir fangen an zu packen. Als ich den Reißverschluß des Vorzeltes einen Spalt breit aufziehe, um den Teetopf von gestern abend reinzuholen, trifft mich fast der Schlag! Der Topf ist randvoll mit Regenwasser! Wir jubeln. Was für ein Geschenk und was für ein Glück, daß der Topf nicht schmutzig war.

Eine Regenpause abzuwarten, um das Zelt abzubauen, erweist sich als unmöglich. Die Pausen sind immer gerade so lang, daß wir beide die Schuhe anhaben und draußen stehen. Dann geht es wieder los. Na gut, dann muß es eben ohne Pause gehen. Mitten im Packen kommt Christian plötzlich die fürchterliche Idee, daß heute Samstag ist und das Kraftwerk vielleicht nicht mit voller Kraft arbeitet. Das könnte bedeuten, daß das zweite Flußbett, über das es keine Brücke gibt, wieder voll ist und wir bis Montag warten müssen. Ich kann das nicht ganz glauben, denn das hätte uns der nette Werksangestellte sicher gesagt, aber doch, etwas erschreckend ist der Gedanke schon. Wir stopfen die letzten Sachen in die Rucksäcke und los geht's.

Auf einer steilen, kurvenreichen Straße geht es den Burfell hinauf. Ich bin klatschnaß geschwitzt, als wir oben ankommen. Der Regen läßt etwas nach. Eine lange Zeit marschieren wir auf einem Damm an der Þjörsa entlang. Neben uns im Fluß taucht auf einmal ein Strudel auf, so groß, daß er mühelos ein Kajak hätte verschlucken können! An dieser Stelle wird Wasser in einen tiefer gelegenen Seitenkanal abgezweigt. Endlich erreichen wir die Brücke - nur ist sie im Moment ein absoluter Rohbau. Ihre Vorgängerin liegt zerschmettert im Flußbett. Mit einem sehr unguten Gefühl im Bauch klettere ich über die Absperrung und wage die ersten Schritte hinaus auf die nassen, wackeligen Bohlen. Einige Meter müssen wir über einen, ca. 20 cm breiten Betonträger balancieren, Während unter uns das Wasser mit der ungeheuren Wucht eines Stromes dahindonnert, der in ein schmales Bett gezwungen worden ist. Wohl dem, der ein gutes Gleichgewichtsgefühl hat! Mit dem Gewicht auf dem Rücken zu balancieren ist keine so ganz einfache Sache. Zu unserem Glück, macht der Wind gerade eine kleine Pause und bläst nur mäßig, sonst wäre das hier nicht möglich gewesen. Ich bin äußerst erleichtert, als ich drüben wieder ein festes Betonfundament betrete. Wir machen noch ein paar Bilder und verlassen dann den Fluß, der uns schon seit Tagen so viel Kopfzerbrechen bereitet hat.

Eine schwarze Aschewüste beginnt. Ab und zu versuchen Büschel von leuchtend grünem Strandhafer, eine Spur von Leben in die Einöde zu bringen. Nach einiger Zeit erreichen wir die

Hauptpiste, an der, noch etwa 15 km entfernt, Leirubakki liegt. Der Regen hat inzwischen aufgehört, dafür ist der Wind zum ausgewachsenen Sturm geworden, der uns genau von links erwischt und das Laufen zum Taumel-Stolper-Trott macht. Die Böen werfen uns wie Spielzeug durch die Gegend und wir müssen die ganze Breite der Piste Abstand halten, um nicht ständig aneinander zu krachen. Der Sturm und das Flattern unserer Regenhüllen machen einen derartigen Krach, daß wir erst aufschrecken, als es von hinten hupt. Wir haben eine Schlange von zwei Geländewagen, einem Bus und einem LKW hinter uns, deren Insassen uns ungläubig anstarren. Wir starren mindestens ebenso fassungslos, denn es ist schon ein überwältigender Anblick, wenn man sich alleine in der Wüste glaubt, fern jeder Zivilisation gegen einen Urzeitsturm ankämpfend und sich dann umdreht um zu bemerken, das sich die ganze Bandbreite der isländischen Transportmittel von hinten angepirscht hat. Wir sind so fassungslos, daß keiner von uns daran denkt, den Daumen rauszuhalten.

Der Sturm wird immer stärker. Er fegt uns gnadenlos von einer Seite der Straße auf die andere und oft genug über ihren Rand hinweg ein Stück die Böschung hinunter. Ein Kleinbus nähert sich von hinten, hält aber nicht für uns an, denn er ist voll besetzt. Etwa alle halbe Stunde kommt ein Auto pro Richtung, aber niemand nimmt uns mit, obwohl wir wirklich mitleiderregend aussehen müssen. Geraume Zeit später überholen wir den Kleinbus, der am Straßenrand geparkt hat. Schwarz dehnt sich die

Wandern auf dem Weg nach Leirubakki

Ebene vor uns. Direkt links von uns müßte jetzt die Hekla aufragen, aber sie ist dicht von Wolken verhüllt. Wieder sehen wir ein Auto von hinten kommen, wieder nehme ich den Hut ab, um mit blondem, weiblichen Haar zu locken, was inzwischen in Anbetracht des Zustandes meiner Haare nur noch auf Entfernung funktionieren kann und stecke den Daumen in die Luft. Als das Auto näher kommt, entpuppt es sich als der nun schon bekannte Kleinbus und ich lasse meinen Daumen wieder sinken - der ist wirklich zu voll. Ich denke, ich seh' nicht richtig, als das Fahrzeug langsamer wird und neben uns anhält. Das gibt's doch nicht! Der Fahrer kurbelt das Fenster runter und fragt, wo wir hinwollen. „Nach Leirubakki", erklären wir ihm. „Etwa 8 -10 km von hier." -

„8 km - das geht“ ist die wunderbare Antwort. Die Schiebetür wird aufgerissen und Christians Rucksack und er selbst auf den schon voll besetzten Rücksitz verfrachtet. Meinen Rucksack, dieses nasse Ungetüm, nimmt der Beifahrer auf den Schoß und für mich wird in der zweiten Reihe der Notsitz ausgeklappt. Kaum sind wir drinnen, da braust der kleine Bus schon los. Die Insassen sind, wie sich herausstellt, Franzosen. Zwei von ihnen waren auf einem Geologenkongreß in Reykjavík, die anderen vier sind gute Freunde, die sie begleiten, und nun schauen sie sich zusammen noch das Land an. Ich krame mein stark vernachlässigtes Französisch hervor und zeige unseren Rettern unsere Tour auf der Karte. Der Wagen donnert über die schwarze Piste. Wieviele Stunden hätten wir dafür gebraucht? Endlich kommt ein kleiner Gebäudekomplex in Sicht - Leirubakki. Wir werden bis auf den Hof gefahren und dann mit den besten Wünschen für die weitere Reise ausgekippt. Was für entzückende Menschen!

Glücklich stehen wir in Sturm und Regen auf dem geschotterten Hof. Wir lassen die Rucksäcke erst einmal stehen und halten auf ein flaches Gebäude zu, das nach Verwaltung aussieht. Unser Päckchen ist da! Was für eine Freude. Leirubakki ist nicht nur ein einfacher Campingplatz, wie wir geglaubt hatten, sondern eine ganzjährig geöffnete, höchst komfortable Jugendherberge plus Zeltplatz. Wir beschließen kurzerhand, diese Nacht unter einem festen Dach zu verbringen. Es sieht ganz so aus, als hätten sie Duschen! Beim Gedanken an eine Dusche rieseln mir kleine Schauer den Rücken runter. Unser Geruch ist in den letzten Tagen äußerst penetrant geworden. Beim morgendlichen Aufwachen im Zelt fühle ich mich regelmäßig ans Raubtierhaus im Frankfurter Zoo erinnert! Außerdem klebt meine Haut derart, daß ich abends in dem ebenfalls verklebten Wollhemd in dem ich schlafe, immer länger brauche, um halbwegs warm zu werden. Es gibt nicht nur heiße Duschen, sondern auch zwei heiße Pools draußen und eine Sauna! Alles im Übernachtungspreis von umgerechnet etwa 30 DM pro Person inbegriffen.

Wir bekommen ein hübsches, kleines Zimmer mit Heizung! All' diese Herrlichkeiten befinden sich im Keller. Im Erdgeschoß ist in einem Raum ein Tisch aufgestellt, der sich vor Kuchen und Torten nur so biegt! Mir fallen fast die Augen aus dem Kopf und Christian scheint es nicht besser zu gehen. Im Hintergrund sind lange Tischreihen liebevoll gedeckt. Eine Busgesellschaft wird zur Kaffeepause erwartet.

Bevor wir es uns gemütlich machen, gehen wir noch schnell zum Mini-Shop an der angegliederten Tankstelle. Der hat natürlich keine Pflaster, sonder führt als einzige Hygieneartikel Kondome und Damenbinden - die allerdings in rauhen Mengen. Das ist eine mittlere Katastrophe, denn Christian hat heute morgen die letzten beiden Pflaster auf die Wunden geklebt. Naja, wir werden später die Herbergsbesitzer um Hilfe fragen. Auch die Auswahl an Eßbarem ist äußerst beschränkt. Wir erstehen eine Tüte Nudeln, zwei Dosen Thunfisch und drei Tafeln Schokolade und kehren in unser Zimmer zurück. Ich habe keine Nerven mehr, um jetzt, wie Christian erst in aller Ruhe eine Generalinventur meines

Rucksacks zu machen. Ich will unter die Dusche und zwar sofort! Es ist ein einziger Genuß! Ich seife mich ein, bis meine Haut vor Sauberkeit quietscht. Auch die Haare werden eingehend eingeseift und dann lasse ich mich aus reinem Genuß noch ein Weilchen berieseln. Es ist so herrlich warm! Als ich aus der Dusche steige, stoße ich im Flur mit Christian zusammen, der auch gerade einer Kabine entstiegen ist. Eigentlich müßten wir jetzt zusammen Geburtstag feiern - wir fühlen uns wie neu geboren. Ich räume jetzt auch meinen Rucksack aus und suche zusammen, was unbedingt gewaschen werden muß. Wir fangen beide an, Tagebuch zu schreiben. Der Gedanke an einem Tisch statt auf den Knien zu schreiben, hat etwas Verlockendes. Christian geht nach oben, um zu fragen, ob wir uns an einen der inzwischen abgegessenen und abgeräumten Tische setzen dürfen. Als ich nachkomme, sitzt er strahlend vor zwei dampfenden Tassen Kaffee und zwei Stück Schokoladentorte von geradezu gigantischen Ausmaßen! Auf seine Bitte hin, ob wir etwas von den, noch immer quälend schönen, Resten der Tortenschlacht bekommen könnten, haben zwei supernette Isländerinnen all diese Herrlichkeiten vor ihm aufgebaut. Als die Torte verschwunden ist, ist uns fast schlecht, aber es war so gigantisch, daß das auch nicht mehr wichtig ist. Wider Erwarten, kommen wir später am Abend überein, daß so ein paar Nudeln mit Thunfisch zum Abendessen trotz Torte nicht zu verachten sind. Wir kochen und essen zusammen mit einer isländischen Reitergruppe und rollen dann pappsatt und glücklich auf unsere Betten zu.

Das Aufwachen ist herrlich. Ich räkele mich eine ganze Weile und genieße es in vollen Zügen. Die Sachen auf der Heizung sind ziemlich trocken geworden, so daß wir, nachdem wir noch einmal ausgiebig die Dusche genossen haben, ganz abartig sauber zum Frühstücken gehen. Dann packen wir unsere Sachen und verlassen all die Herrlichkeit - nicht ohne einige bedauernde Blicke auf die Sauna zu werfen, für die wir gestern abend einfach zu müde waren. Jetzt müssen wir nur noch die Benzinflaschen auftanken und wenn möglich ein paar Pflaster erbetteln.

Die Blasen bluten zwar seit zwei oder drei Tagen nicht mehr, aber sie heilen auch nicht richtig. Ich frage die Leiterin der Herberge, aber sie reicht mir nur ein einzelnes, viel zu kleines Pflaster. Mehr hat sie wohl nicht, wenn wir einander richtig verstanden haben. Das ist schlimm. Christian sieht richtig verzweifelt aus. Ohne irgendeinen Schutz auf den Wunden stakst er herum wie ein Storch im Salat. Ratlos schaut er das eine mickrige Ding an, das ich ergattert habe. „Rebecca, ich kann so nicht laufen. Wirklich nicht, ich halte das nicht lange aus.“ Ich glaube ihm das gerne, aber was sollen wir bloß tun? Irgendwie hat eine der isländischen Reiterinnen, mit denen wir gestern zu abend gegessen haben, unsere Sorgen mitbekommen. Es sei ihr letzter Tag heute und bis jetzt hätten sie keine Pflaster gebraucht, erklärt sie uns - wir können ihre haben! Sie verschwindet und taucht kurz darauf wieder auf - mit einer nagelneuen Packung Pflaster in der Hand! Wir sind gerettet! So etwas Liebes! Wir dürfen die ganze Packung behalten. Während Christian tankt, kaufe ich noch zwei

Schokoriegel und eine 500 g Tüte Rosinen. Dann geht es endlich wieder los. Die Füße spielen mit den neuen Pflastern auch wieder mit und das Wetter ist ganz erträglich. Wir marschieren die Straße zurück, auf der uns die Franzosen gestern aufgelesen haben. Genau dort, wo sie ihre Mittagspause gemacht hatten, müssen wir abbiegen. Die Straße ist ziemlich langweilig und der Anblick des Burfell, den wir jetzt seit Tagen umrunden und auf den wir uns schon wieder zubewegen, hängt mir langsam zum Hals raus! Wir versuchen mitgenommen zu werden, aber heute fahren nur sehr wenige Autos diese Route und wir haben vorerst kein Glück. Dann hält auf einmal ein weißes Auto mit drei deutschen Touristen. Es ist schon komisch! Immer die Autos von denen man es am wenigsten erwartet hätte. Die Leute sind unheimlich nett, stopfen die Rucksäcke in den riesigen Kofferraum, uns auf die Rückbank und los geht es. Das Auto ist trotz der hervorragenden Federung nicht gerade für diese Straßen geschaffen. Zu Fuß wird man deutlich weniger durchgerüttelt.

An der Abzweigung zum Landmannaleið, dem Weg nach Landmannalaugar, lassen sie uns aussteigen. Wir sind gerade rechtzeitig wieder draußen, um den ersten Regen des Tags mitzubekommen. Die Landschaft ist sagenhaft! Eine einzige schwarze Wüste aus Schlackebröckchen und Asche der Hekla, auf der hier und da ein paar Büschel Strandhafer in intensivstem Grün Fuß gefaßt haben. Wovon sie hier leben, ist mir schleierhaft. Lange Zeit verändert sich die Landschaft kaum, aber sie bleibt beeindruckend, ohne langweilig zu werden. Schließlich wird das

Land hügelig und der Boden stellenweise ganz bunt, weil hier auf den Aschehügeln überall zwergenhafter Sauerampfer rot blüht. Daneben versuchen Moos und Gras sich in dem krümeligen Untergrund zu behaupten. Einige wenige Schafe weiden verstreut in den spärlich bewachsenen Hügeln.

Bald kommen wir an eine Lavazunge, wo sich die erstarrte Schmelze fünf bis sechs Meter hoch zu bizarren Formen aufgetürmt hat. Es sieht aus wie eine erstarrte Momentaufnahme des Ausbruchs. Die einzelnen Zungen scheinen noch immer in die Höhe zu spritzen. Man könnte meinen, wir hätten unsere Welt verlassen. Die erstarrten Brocken sind teilweise mit phosphoreszierendem Moos bewachsen und sehen aus, wie Bilder von einem anderen Planeten oder aus einem Science-Fiction-Film. Wir biegen von der Piste ab und folgen einem Pfad in die Hügel hinein an der Lavazunge entlang. Wir wollen zum Grænavatn, dem kleinen, kreisrunden See unterhalb des Hekla-Gipfels. Schon zu Hause hatten wir uns vorgenommen, genau hier unser Zelt aufzuschlagen. Wir klettern über einen Schafzaun und umrunden die Lavazunge. Dann geht es einen Ascheberg hinauf. Dahinter müßte der See liegen.

Bleiern schimmernd taucht die Wasserfläche vor uns auf. Der aus Asche und Tuffen bestehende Untergrund ist so abgrundtief schwarz, wie es selbst die schwärzeste aller Nächte nicht sein könnte. Wir laufen den Ascheberg hinunter, der zum See hin leicht abfällt. Für einen kurzen Moment bricht ein Strahl Sonne durch die dahinjagenden, düsteren Wolkenmassen und uns wird,

Der Grænavatn am Fuß der Hekla

für den Bruchteil einer Minute ein Blick auf die schneeweiße Flanke der Hekla direkt über uns gewährt. Den Gipfel sehen wir nicht. Die Sonne verschwindet so schnell, wie sie gekommen ist und statt dessen jagt peitschender Regen horizontal über das Wasser auf uns zu. Wenn man mal alle Nostalgie außer acht läßt, ist das eigentlich ein scheußlich ungemütlicher Platz. Der Sturm, der plötzlich enorme Stärke erreicht hat, reißt uns fast von den Beinen und peitscht erbarmungslos. In dem losen Untergrund ist es ein Ding der Unmöglichkeit, ein Zelt ohne Windschutz zu verankern. So etwas wie Windschatten ist aber weit und breit nicht zu finden.

Wir entschließen uns, zu gehen, und das Zelt weiter unten in den Hügeln aufzubauen, wo die Lavazunge Deckung gewährt. Wir haben uns schon zum Gehen gewandt, da fällt Christian ein, daß das hier der einzige Platz weit und breit ist, wo es Wasser gibt. In dem lockeren Untergrund versickert jeder Tropfen sofort - da kann sich kein Bach bilden. Verdammt, das ist richtig! Wir überlegen hin und her, aber es bleibt uns nichts anderes übrig. Wir müssen hierbleiben. Außerdem hoffen wir immer noch, morgen auf die Hekla steigen zu können. Der Wetterbericht für morgen verspricht ausgesprochen schönes Wetter, wie uns in der Herberge erzählt wurde. Zuerst bleibt aber die Frage: Wohin mit dem Zelt? Wir entschließen uns, den See linksherum zu umrunden und am linken gegenüberliegenden Ufer am dort auslaufenden linken Hang eine schwache Lee-Lage zu suchen. Als wir fast da sind, wird uns langsam klar, daß da auch nicht viel Windschatten zu finden ist. Als wir an einer kleinen, vermutlich von Menschen aufgeschütteten Wall von etwa 30 cm Höhe vorbeikommen, bleibt Christian stehen. Ich glaube erst er, macht Scherze, aber ihm ist es völlig ernst, als er vorschlägt, das Zelt in eine Art Strandburg einzubuddeln. Da ich keine bessere Idee zu bieten habe, fangen wir an. Mit den Füßen scharren wir eine Grube mit relativ hohen Seitenwände aus, die gerade eben groß genug für unser Zelt ist. Schließlich scheint uns die Sache gut genug und wir bauen das Zelt in der Grube auf. Es ist zu einem Drittel verschwunden. Wir bemühen uns, die Häringe so fest wie möglich im Untergrund zu vergraben und dann ist die Wohnung wieder mal bezugsfertig. Christian schmeißt den Kocher an, während ich versuche mit einer

Tasse etwas Wasser in den Topf zu schöpfen, denn das Ufer ist hier unglaublich flach. Kaum mehr, als einen Zentimeter tief, so weit, wie ich mich hinauslehnen kann. Endlich ist der Topf voll. Der Kocher macht ausnahmsweise auch keine Schwierigkeiten und so kocht das Wasser schnell. Der Kakao ist ein einziger Genuß! Ich schlürfe ihn so heiß wie möglich und alle Lebensgeister kehren zurück. Der Wind gibt sich die ganze Zeit hindurch größte Mühe das Zelt abzubauen, aber es gelingt ihm nicht. Wir studieren noch einmal eingehend den Weg auf die Hekla und kommen zu dem Schuß, daß wir es mit größter Wahrscheinlichkeit nicht bis auf den Gipfel schaffen werden, denn das sind hin und zurück insgesamt 36 km und 1100 Höhenmeter. Trotzdem - wir wollen versuchen, so weit zu kommen wie möglich. Nachdem dieses Kapitel in allen Einzelheiten durchdiskutiert ist, widmen wir uns dem Essen. Man kann nur sagen: Jetzt haben wir es hinter uns. Aus Verzweiflung über seine Geschmacklosigkeit haben wir den Risottoreis so totgewürzt, daß er hinterher eigentlich noch scheußlicher schmeckte, falls das überhaupt möglich war. Außerdem macht das Zeug wirklich nicht satt. In unserer Verzweiflung suchen wir Trost bei der 500 g Tüte Rosinen, die ich heute morgen in weiser Voraussicht erstanden hatte. Die Kerze will heute abend überhaupt kein Licht geben, was wahrscheinlich daran liegt, daß sie bei dem Wind seekrank ist, und schreiben ist unmöglich. Also wird dieser Abend dem Geschichten erzählen gewidmet und urgemütlich aneinandergekuschelt, Rosinen mampfend, erzählend und lauschend verbringen wir diesen Abend im Dunkeln.

Ich wache zehn Minuten vor 7.00 Uhr auf. Um 7.00 Uhr soll der Wecker klingeln, damit wir nachsehen können, ob wir eine Chance haben, auf die Hekla zu kommen, oder ob wir uns wieder zusammenrollen können. Ich schalte den Wecker aus und rolle mich wieder zusammen, denn der Regen schlägt nur so auf das Zelt ein. Als ich wieder aufwache, zeigt der Wecker sieben Uhr, ist aber stehen geblieben. Draußen ist es relativ still. Der Wind heult auf erträglicher Lautstärke. Als ich mich auf den Bauch drehe um mich aufzustützen, wacht Christian auf. Er sieht total übernächtigt aus. Auf meine Frage, ob er schlecht geschlafen hat, murmelt er nur: „Ich hab` die ganze Nacht mit einem Ohr auf das Zelt aufgepaßt. Rechts in der Mitte hat sich ein Häring losgerissen. Ist es sieben Uhr?“ Wir wagen einen Blick ins Freie. Düstere Wolken jagen über die schwarzen Hänge und auf dem See tanzen Schaumkronen. „Jetzt passe ich mal auf‘s Zelt auf und du schläfst noch eine Runde, ja?“ schlage ich vor. Wir vergraben uns wieder in den Schlafsäcken und bald darauf merke ich, daß Christian eingeschlafen ist. Obwohl ich nach der durchstandenen Sturmnacht eigentlich keine Bedenken habe, daß das Zelt hält, kann ich jetzt nicht mehr richtig schlafen, weil ich ständig mit einem Ohr die Häringe abtaste. Ich überlege, ob ich etwas Tagebuch schreiben soll, aber ich bringe es nicht über mich, mich aus dem warmen Schlafsack zu schälen. Draußen ist es so saukalt! Endlich beginnen wir beide mit den morgendlichen Aktivitäten und ich laufe zum See um das Geschirr zu spülen, damit wir Tee kochen können.

Es hat sich langsam so eingespielt, daß Christian das Kochen übernimmt und ich somit, sobald das Zelt steht, nach drinnen darf um mich umzuziehen und in den Schlafsack zu krabbeln. Ich bekomme sozusagen Kakao und Abendessen ans Bett serviert. Dafür muß ich natürlich spülen, was in dem Eiswasser eine widerliche und äußerst langwierige Sache ist. Man muß Sand oder Gras zum Scheuern nehmen, sonst sind die Töpfe nicht sauber zu kriegen. Endlich habe ich es geschafft und dem Tee würde jetzt eigentlich nichts mehr im Wege stehen, wenn nicht ausgerechnet jetzt mal wieder der Kocher versagen würde. Die nächste halbe Stunde bastelt Christian daran herum, dann funktioniert das eigenwillige Gerät wieder. Das Wetter draußen spottet jeder Beschreibung und ist an Scheußlichkeit nur schwer zu überbieten. Wir frühstücken in aller Gemütsruhe und legen danach noch ein Tagebuchstündchen ein. Es ist ja so scheußlich draußen! Endlich, es geht wahrscheinlich schon auf Mittag zu, beschließen wir aufzubrechen.

Es dauert noch eine ganze Weile, bis wir wirklich loskommen, denn ich will eine Regenpause abwarten, damit das Innenzelt und der Inhalt meines Rucksacks nicht so naß werden. Ich muß den Rucksack jedesmal fast ganz ausleeren, um das Zelt richtig zu plazieren. Nach langen, vergeblichen Startversuchen, die immer vom nächsten Guß vereitelt wurden, können wir endlich los. Die Regenpause war gerade lange genug, um alles trocken zu verstauen. Über dem See hängt ein leuchtend bunter Regenbogen in den schwarzen Wolken über dem schwarzen Land.

Auf dem Landmannaleið

Wir laufen unseren Weg von gestern wieder zurück bis auf die Piste und dann auf ihr entlang in Richtung Landmannalaugar. Eine Weile verändert sich die Landschaft nicht stark. Wir finden rote Lavaklumpen, zu verrückten Gebilden zusammengeschmolzen. Es ist kaum zu glauben, daß das natürlich ist! Es regnet mal mehr und mal weniger, aber ohne Pause. Der Wind ist dafür erträglich geworden. Er ist zwar stark, aber wenigstens kann man geradeaus gehen. Wir passieren mehrere Lavazungen und durchqueren Täler, deren begrenzende Berge in Streifen von irrsinnig intensivem Grün leuchten. Hinter ein paar großen Felsbrocken am Fuß eines Berges machen wir Pause und essen ein Stückchen Schokolade. Die Früchte sparen wir uns auf, nachdem wir heute morgen den Rest der riesigen Rosinentüte aufgegessen haben. Leider sind wir innerhalb weniger Minuten so ausgekühlt, daß wir weiter müssen. Es regnet und regnet und wir laufen und laufen. Die Berge sehen großartig aus, aber leider ist es zum Photographieren schon zu dunkel. Wir müssen noch bis zum nächsten Bach kommen und werden ihn wahrscheinlich mal wieder im letzten Büchsenlicht erreichen.

Genau so kommt es auch. Als es schon ganz dämmrig ist, reißen über uns plötzlich die Wolken auf und Fetzen von blauem Himmel werden sichtbar. Weit oben treiben, von der offenbar untergehenden Sonne angestrahlte Wölkchen. Hinter uns wabern weiße Nebelbänke durch das Tal, das wir eben durchquert haben. Wir flüchten uns auf den Paß hinauf und tauchen in die Dämmerung des dahinterliegenden Tals ein. Links von uns erstreckt sich eine Lavazunge und an deren Ende muß der Bach sein, den wir erreichen wollten.

Weiß schimmert das Wasser in der Dunkelheit. Zwischen eigenartig geformten Lavaskulpturen und vereinzelten Büscheln von Strandhafer, nehmen wir unseren Platz in dieser Mondlandschaft ein. Als wir zum Zähneputzen am Bach kauern, dreht Christian sich um und stellt fest, daß das Zelt verschwunden ist. Es ist wirklich einfach von der Nacht verschluckt worden! Ich bin als erste fertig und suche mir mit Hilfe unserer Fußspuren den Weg zurück. An diesem Abend essen wir Indisches Curryhuhn, das sehr gut schmeckt. Eigentlich wollten wir danach noch einen Tcc trinken, aber ich möchte noch ein kleines Weilchen liegenbleiben und das Huhn bzw. meinen angenehm gefüllten

Bauch genießen, bevor ich mich zum Spülen in die Nacht stürze. Ich zögere den Moment immer weiter hinaus und plötzlich murmelt es neben mir: „Machst du noch das Licht aus?“ Na gut, dann eben kein weiteres Abendprogramm. Ich bin nicht böse drum und puste die Kerze aus.

Als ich wach werde, stecke ich die Nase aus dem Wärmekragen und blinzele hoffnungsvoll nach draußen. Nein, keine Sonne, dabei rissen die Wolken doch gestern so vielversprechend auf. Ich rolle mich noch mal zusammen und schlafe noch ein bißchen. Es ist absolut windstill. Als ich wieder aufwache, glaube ich es kaum. Da ist sie - lange vermißtes Gestirn - die Sonne! Durch mein freudiges Herumgewurschtel, wecke ich Christian. Wir ziehen die Reißverschlüsse auf und blinzeln Kopf an Kopf auf die sonnige Ebene vor uns. Die Sonne tut der Seele gut, nur der Wind ist wieder erwacht und wir frösteln, während wir anfangen, draußen herumzuwirtschaften. Wie schön warm ist es doch im Zelt. Ich brauche eine Weile, um das höllisch klebrige Huhn von gestern aus dem Topf und den Tellern zu scheuern. Hinterher sind meine Hände völlig erstarrt. Zum Glück gibt es gleich Tee zum Aufwärmen.

Als wir nach dem Frühstück zum Aufbruch rüsten, können wir ein ganz trockenes Zelt einpacken. Das hat Seltenheitswert. Dafür ist der Wind wieder bis an die Sturmgrenze angewachsen und macht uns das Laufen schwer. Nach kurzer Zeit passieren wir die Grenze des Nationalparks. Die erste Furt ist zum Glück überspringbar. Hinter einem Felsbrocken machen wir Pause und essen ein paar

Früchte und ein bißchen Schokolade. Wir haben sogar etwas zum Gucken, denn während wir da sitzen, kommt ein PKW die Piste entlang und versucht, die Furt zu durchfahren. Wider Erwarten schafft er es sogar. Die Furten sind an den Stellen, wo sie von Fahrzeugen durchquert werden, zwei bis dreimal so breit, wie der übrige Bach. Daher heißt es nichts, wenn wir den Bach überspringen konnten, für das Auto ist er ein paar Meter breit. Die Pause ist nicht länger als fünf Minuten auszuhalten. Die Sonne ist verschwunden, es ist sehr windig und wir sind so naßgeschwitzt, daß wir schnell auskühlen. Zum Glück haben wir heute keine größere Steigung mehr vor uns, denn der Wind ist wirklich gemein. Ich bin nur dankbar, daß es nicht regnet. Die meiste Zeit scheint jetzt sogar wieder die Sonne.

Wir kommen an die zweite Furt. Der Bach verläuft hier in mehreren verschiedenen Betten und wir suchen bachauf und bachab nach einer Stelle, wo wir die Schuhe nicht auszuziehen brauchen. Das Gehopse beginnt und wir kommen von Kiesbank zu Kiesbank langsam dem anderen Ufer näher. Schließlich stehen wir vor einem Bacharm, der deutlich zu breit ist, um trockene Füße zu behalten, zumal mit Gepäck und ohne Anlauf. Christian versucht es doch, platscht mit einem Fuß voll ins Wasser, ist aber offenbar so schnell gewesen, daß der Fuß nicht naß geworden ist. Ich bin hin- und hergerissen, ziehe aber schließlich die Schuhe aus, denn von permanent nassen Füßen habe ich die Nase gestrichen voll! Einen Bacharm weiter muß auch Christian aufgeben. Der Bach ist chancenlos zu breit. Also wackeln wir nebeneinander über die unangenehm spitzen Steinchen der Kiesbank und überqueren noch einen Arm, bis wir glücklich wirklich das andere Ufer erreicht haben. Füße abtrocknen, Schuhe wieder anziehen und noch ein Stückchen Schokolade zur Belohnung.

Die Sonne leuchtet an den sattgrünen Berghängen, an denen zufrieden die Schafe weiden. Die kaum fünf Zentimeter hohen, flach kriechenden Sträucher in der Ebene leuchten gelb und rot in beginnender Herbstfärbung. Leider frischt der Wind jetzt wieder sehr ordentlich auf und das Gehen wird erneut anstrengend, denn der Wind kommt wie gewöhnlich direkt von vorne. Schließlich können wir die Dächer der Hütten von Landmannahellir vor uns sehen. Der Gedanke, heute nacht ein Dach über dem Kopf und einen Tisch zum Schreiben zu haben, ist schön. Langsam kämpfen wir uns näher heran, während der Wind nichts unversucht läßt, auf den letzten Metern noch zum Sturm zu werden und uns den Eintritt in einen Engpaß zwischen zwei Bergen, in dem die Hütten liegen, zu verwehren. Ein selten dämlicher Platz für eine Hütte und einen Campingplatz!

Endlich erreichen wir unser heutiges Ziel, aber der Anblick ist recht entmutigend. Alles ist verlassen und verschlossen. Nacheinander probieren wir sämtliche Gebäude durch. Nur der Stall ist offen, allerdings enger und dreckiger, als der am Linuvegur und ein schmaler, dunkler Flur, der vom Stall in ein äußerst gemütlich aussehendes, natürlich verschlossenes Zimmer führet. Na gut, zur Not ist der Flur auch nicht der schlechteste

Platz um darin ein Zelt aufzubauen. Jedenfalls wind- und wetterfest, nur etwas düster. Bevor wir unsere Sachen nach drinnen schaffen, stöbern wir noch etwas zwischen den Hütten herum. Ein Stück von den Gebäuden entfernt, machen wir eine tolle Entdeckung. Das Quartier ist wohl deshalb an dieser ungünstigen Stelle gebaut worden, weil hier eine natürliche Höhle im Fels ist, die schon seit hunderten von Jahren von Reisenden und Hirten als Unterschlupf genutzt wird. Jetzt wird uns auch der Name des Ortes verständlich. Der Platz heißt „Landmannahellir“ - Höhle der Landmänner. Die Höhle ist geräumig und bietet guten Schutz vor Wind und Regen. Der sandige Boden ist beulig und festgetrampelt mit einzelnen, lose herumliegenden Steinen. Wir müssen nicht lange diskutieren: Hier bleiben wir! Das ist hundert mal besser und auch viel heller, als der blöde Flur. Am Boden liegt lose altes, teilweise etwas angefaultes Heu herum. Ich sammele alles zusammen und bedecke damit eine Fläche, die der Größe des Zeltbodens entspricht. So wird man die vielen Dellen und Beulen kaum fühlen. Wir holen die Rucksäcke und bauen das Zelt auf. Es steht wunderbar, während draußen der Sturm heult. Auf dem ausgewiesenen Zeltplatz würde heute kein Zelt stehenbleiben, ganz abgesehen davon, daß er zehn Zentimeter unter Wasser steht. Es ist urgemütlich in der Höhle. Ich putze in aller Ruhe meine Schuhe, die endlich trocken genug dazu sind, und Christian muß mal wieder den streikenden Kocher überreden. Seine Finger sind ölig-schwarz vor Ruß und spotten jeder Beschreibung!

Es ist verflixt kalt geworden. Wir kauern uns zusammen und beschäftigen uns mit kleineren Ausbesserungsarbeiten und unseren Tagebüchern, während das Abendessen vor sich hin kocht. Heute gibt es „Nudeln ungarisch“ - traumhaft! Leider ist der Topf nur wieder viel zu schnell leer. Während wir so sitzen und essen, bilde ich mir ein, dauernd jemanden rülpsen zu hören. Irgendwann frage ich Christian vorsichtig, ob er es auch hört. Er lauscht und gibt mir Recht. „Das muß ein Schaf sein,“ diagnostiziert Christian. Ich kann mir nicht so ganz vorstellen, wo in all den Sturmgeheul ein Schaf herkommen soll, das noch dazu so laut und vernehmlich rülpst. Ein Blick aus dem Zelt löst das Problem. Es ist tatsächlich ein Schaf! Es steht ganz gemütlich auf der Mauer, die vor Ewigkeiten aufgeschichtet worden ist, um die Höhle bis auf einen schmalen Durchgang zu verschließen und die obenauf dick mit Gras bewachsen ist. Gemütlich rupfend und mampfend hebt es kurz den Kopf und gönnt uns einen gelangweilten Blick, während der Sturm an seinen langen Wollzotteln reißt. Ich warte höflich bis das Schaf fertig gefressen hat und von der Mauer gesprungen ist, bis ich mit Topf und Tellern zum Bach laufe.

Kaum verlasse ich den Windschutz der Höhle, da reißt der Sturm mir die Teller aus der Hand und trudelt sie, wie kleine Räder ein ganzes Stück die Wiese entlang. Ich beeile mich, die Dinger wieder einzufangen, bevor sie im Bach landen und auf nimmer Wiedersehen verschwinden. Das Wasser ist widerlich eisig, das Zähneputzen eine Qual und der Topf so verklebt wie eh und je.

Als ich wieder ins Zelt krieche, kann ich meine Finger weder fühlen, noch bewegen. Wir kochen noch einen schönen, heißen Tee und schreiben noch ein bißchen. Dann schlafen wir ganz geborgen ein, während draußen sämtliche Trollweiber Íslands ein Freudenfest feiern!

Als wir erwachen, tobt der Sturm noch immer. Ich verlasse nur ganz kurz die Höhle, aber schon in den zwei Minuten werde ich fast weggeweht. Der Himmel ist nicht allzu düster und es regnet ausnahmsweise nicht. Wir machen Tee und frühstücken, sorgsam jede daneben gefallene Haferflocke aus dem Schlafsack klaubend. Zum Loslaufen haben wir beide keine Lust. Aber es hilft nichts, wir müssen wohl oder übel weiter und hoffen nur, die Hütte in Landmannalaugar heute Abend nicht verschlossen vorzufinden. Wir packen zusammen und stellen uns dem Sturm und dem heutigen Tag, was immer er auch bringen mag. Es könnte sein, daß der starke Wind etwas abnimmt, wenn wir den Engpaß hinter uns haben, aber nach einer halben Stunde sind wir längst mitten im nächsten Tal und der Wind hat keinesfalls abgeflaut. Ab und zu späht die Sonne zwischen den Wolken hervor und gönnt uns wenigstens etwas aufmunterndes Licht. Als wir das Tal schon fast verlassen haben, beginnt es zu nieseln und quer über unseren Weg wölbt sich ein zauberhafter Regenbogen. Ich entscheide mich, den Regenumhang nicht überzuziehen, denn im Moment sieht es nicht nach richtigem Regen aus und bei dem Sturm knallt und schleudert das Cape so, daß es wirklich keine Freude ist.

Wir arbeiten uns auf den Paß hinauf und dann wieder hinunter ins nächste Tal. Das Tal ist lang und wir torkeln, zwangsläufig die ganze Breite der Piste nutzend, langsam wie die Schnecken hindurch. So sehr wir uns auch anstrengen, gegen diesen Sturm kann man nur kriechen. Durch unser Schneckentempo der letzten Tage steuern wir schon wieder auf den nächsten Lebensmittengpaß zu. Seit heute Morgen haben wir wieder angefangen zu rationieren. Der Sturm wirbelt den Sand in gelben Vorhängen vor sich her und am laufenden Band müssen wir zusammengeduckt stehenbleiben und warten, bis eine neue Ladung Sand über uns hinweggegangen ist. Einmal bekomme ich von einer unerwarteten Böe eine Handvoll groben Kies an den Kopf geschleudert. Nur gut, daß ich die Kapuze so tief ins Gesicht gezogen hatte.

Wir machen uns daran, den Paß zu erklimmen. Er ist nicht sehr hoch, aber die Steigung bringt uns bei dem Gegenwind doch dazu, bis zum Kragen im eigenen Saft zu stehen. Oben angekommen, suchen wir im Schutz eines Felsbrockens ein windgeschütztes Plätzchen um schnell ein paar Früchte zu essen. Diese Pause ist alles andere, als ein Vergnügen, denn der Wind fegt um den Brocken herum und bedeckt uns völlig mit einer Schicht aus ganz feinem, schwarzem Sand. Es knirscht nur noch zwischen den Zähnen und meine Augen sind so voller Sand, daß ich sie gar nicht mehr richtig zumachen kann. Wir stopfen die restliche Früchteration in den sandsicheren Mund und ergreifen die Flucht. Beide sehen wir aus, als wären wir gerade Zeugen eins

Vulkanausbruchs geworden oder eben durch einen Kamin gekrochen! Ich hatte gehofft, die Piste würde gleich wieder ins nächste Tal hinunterführen, aber nichts dergleichen! Vor uns breitet sich eine hochgelegenen Landschaft aus Hügeln von schwarzem Sand- und Schlackebrocken aus. Der Sturm peitscht meterhohe Sandfahnen vor sich her. Halb blind und mit eingezogenen Köpfen stolpern wir abwärts. Meine Nase läuft und meine Augen tränen. Aus beiden wird bröckchenweise schwarzer Sand gespült. Endlich erreichen wir die Ebene, die sich allerdings kaum vom Paß unterscheidet.

Die smaragdgrünen Berge, die die schwarze Sandfläche begrenzen, bilden einen Kontrast, den man nur wahrnehmen, aber nicht begreifen kann. Wir nähern uns dem Frostaðavatn und stoßen bald darauf auf eine Weggabelung mit einem so abartig zivilisierten Wegweiser, wie man ihn auch zwischen zwei Kleinstädten in Deutschland finden könnte. Es fängt an, richtig zu regnen. Was für ein Segen, dann kann nicht mehr so viel Sand und Staub aufgewirbelt werden. Ein Stück von der Kreuzung entfernt, gönnen wir uns etwas Schokolade. Als ich sie aus meiner Jackentasche nestele, lasse ich unbedacht meine Mütze los, die ich als notdürftigen Schutz vor dem Sand um meine Kamera gewickelt hatte. Erst als wir weiterlaufen und ich wieder nach ihr greifen will, fährt mir der Schreck durch die Glieder. Jetzt bin ich es, die eine Staubfahne aufwirbelt, denn jetzt heißt es rennen, so schnell ich nur kann, wenn ich Wert darauf lege, meine Mütze jemals wiederzusehen und das tue ich! Klein und grün sehe ich sie weit weg bei dem Wegweiser durch den Sand tanzen. Endlich - ich habe sie erreicht - uff! Christian zeigt sich von meinem plötzlichen Sprint durchaus beeindruckt. Das war auch gar nicht schlecht mit dem Gewicht auf dem Rücken.

Der Regen legt jetzt so richtig los und es gießt wie aus Kübeln, aber ich habe keine Nerven mehr noch großartig das Regencape auszupacken. Ich bin so und so klatschnaß und völlig verdreckt und viel zu fertig, um bei dem Sturm noch den Kampf mit dem flatternden Cape aufzunehmen. Wir kriechen langsam nur noch vorwärts. Die nächsten eineinhalb Stunden sind kaum zu beschreiben. Wir quälen uns noch einen kleineren Paß hinauf aber ich komme überhaupt nicht mehr vorwärts. Der Regen drischt auf uns ein und der Sturm schleudert uns quer über die Piste. Ich taumele nur noch vorwärts. Christian ist inzwischen ein ganzes Stück vor mir und rennt auch nur noch stur geradeaus. Ich kann nicht mehr mithalten. Als uns ein Bus entgegenkommt - es ist unfaßbar, wo hier überall Busse fahren - muß Christian anhalten und ich hole ihn ein. Gemeinsam krabbeln wir über den letzten Hügel und sehen die Hütten von Landmannalaugar vor uns liegen. Zu unserem Entsetzen liegt noch etwas zwischen uns und den Hütten - ein Fluß! Ein ziemlich breiter Fluß mit mehreren Armen. Ich beschließe, einfach hindurchzulaufen. In meinen Schuhen steht ohnehin das Wasser. Das Durchlaufen ist zum Glück gar nicht nötig, denn es gibt eine, wenn auch halb eingestürzte, Fußgängerbrücke. Wir stolpern darüber und auf das Haus zu. Davor stehen mehrere Kleinbusse und Geländewagen und rings herum eine ganze Menge Zelte. Wenn die Hütte nur nicht zu ist! Wer zeltet denn bei diesem Hundewetter draußen, wenn er in eine Hütte kann?

Wir haben Glück, die Hütte ist offen und bricht fast vor Menschen. Ob wir wohl noch ein Plätzchen finden? Oder ist alles voll und wir müssen wieder hinaus? Die Rucksäcke lassen wir vor der Tür stehen und betreten den Innenraum. Ich fühle, wie das Wasser von mir rinnt und tropft und ich weiß, daß ich allen im Weg stehe und meine Schuhe und Jacke ausziehen sollte, aber ich kann meine Finger sowieso nicht bewegen und überhaupt begreife ich gerade erst, daß ich im Warmen bin und der Regen weg ist und der Sturm. Meine Gedanken waren die letzte Stunde wie ausgeschaltet und die Wirklichkeit rieselt nur ganz langsam in mein Bewußtsein. Alle Gedanken, Empfindungen und erst recht Bewegungen sind unglaublich träge. Ich glaube Christian hat mich mehrmals gerufen, bis ich reagiere. „Zieh die Schuhe aus!“ „Was? - Ja, ja, mache ich ja schon.“ Ich fingere an meinen Schnürbändern herum und kann endlich den Fuß aus dem durchweichten Schuh ziehen. Noch einmal die Übung mit dem anderen Schuh, Schuhe aufheben und ins Regal stellen. Ich schäle mich aus meiner Jacke, die ich seit ein paar Tagen wie einen Pullover an- und ausziehen muß, weil der Reißverschluß sich nicht mehr öffnen läßt. Endlich bin ich fertig und schlurfe hinter Christian her in das Kämmerchen, wo die Hüttenwärterin residiert. Beim Anblick dieser lachenden kleinen Frau kehren meine Lebensgeister zurück. Sie ist klein und stämmig, mit offenem, warmen herzlichen Lachen, warmen braunen Augen, einer Himmelfahrtsnase und einem kurzen braunen Pagenschnitt. Dürfen wir bleiben? Aber ja, natürlich. Himmel bin ich froh! Sie schiebt uns zwei Hocker hin und fragt, von wo wir bei diesem Sauwetter kommen. „Von Landmannahellir? Zu Fuß?“ Die Anerkennung in ihrer Stimme tut uns gut.

Christian muß den Wisch für die Kreditkarte unterschreiben, mit der wir bezahlen wollen, aber er kann seine Hände noch nicht bewegen, von Schreiben ganz zu schweigen. Mit entschuldigendem Grinsen schaut er die Hüttenwärtin an. „Ob wir hier vielleicht irgendwo einen Kaffee bekommen könnten, um die Hände aufzuwärmen?“- „Aber natürlich!“ Ein Mann holt uns zwei Becher und aus einer Thermoskanne sprudelt kochend heißer Kaffee. Sogar Milch und Zucker bekommen wir hingestellt. Glücklich umklammere ich meinen Becher, während wir ein bißchen nach woher und wohin ausgefragt werden. Ich spüre förmlich, wie das Leben zurückkehrt. Als die Becher leer sind, versucht sich Christian an einer Unterschrift. Sie sieht aus wie von einem Kind aus der zweiten Klasse. Aber alle sind zufrieden mir der eigenwilligen Handschrift. Wir bekommen ein Zimmer unter dem, Dach zugewiesen, holen unsere Rucksäcke nach oben und lassen uns auf eine Bank sinken. Ich bin patschnaß bis auf die Haut. Jede Bewegung ist unangenehm, denn sie bedeutet Kontakt mit den klatschnassen, eiskalten Kleidern.

Durch das Fenster kann ich die Dampfschwaden sehen, die von einem heißen Pool, ein Stück vom Haus entfernt aufsteigen. „Was machen wir jetzt?“, frage ich zaghaft. „Ich will mich nicht einfach so umziehen. Ich will mich vorher waschen und richtig warm werden!“ Christian meint, es müßte hier warme Duschen geben. Er ist zu kaputt für jeden Pool, meint er. Aber der Gedanke daran, mich ganz und gar in heißes Wasser sinken lassen zu können, ist zu schön! Als wir dann feststellen, daß es nur Toiletten und fließend kaltes Wasser gibt, bin ich nicht mehr zu halten und marschiere, Christian im Schlepptau, über einen Bohlenweg auf die Dampfschwaden zu.

Es ist gar kein Pool, sondern ein aufgestauter Bach, der so dampft. Auf einem Holzgestell kann man seine Sachen ablegen und steigt dann von da aus in den Bach. Ich hatte erwartet, daß das Wasser kalt sein würde und das man erst zu der warmen Stelle würde hinwaten müssen, wo die Köpfe einiger Badender aus dem Wasser ragen. Aber nein! Das Wasser des Baches ist wundervoll warm. Mit einem glücklichen Seufzen lasse ich mich ganz hineingleiten. Regen und Wind bleiben über der Wasseroberfläche zurück. Der Bach ist nicht sehr tief und vorsichtig darauf bedacht, keinen Zentimeter Haut mehr als nötig über die Wasseroberfläche zu halten, schlängele ich mich vorwärts. Mit jedem Meter wird es wärmer. Ich tauche den Kopf unter und genieße die Schauer, die mir über die Haut laufen. Dort wo ein zweiter Bacharm mündet und das Wasser etwas aufgestaut ist, ist es brodelwarm. Das Wasser aus dem anderen Bacharm schießt dampfend und brodelnd in den natürlichen Pool, dessen Boden mit kleinen runden Kieseln bedeckt ist. Der Boden ist ganz warm. Wenn man sich mit dem

Händen oder Füßen in die Kiesel wühlt, verbrennt man sich fast. Es tut ja so gut! Ich schließe die Augen und tauche ganz unter. Christian ist neben mir und bei seinem Anblick muß ich lachen. Wie Schlafkörner hängen ihm dicke Bröckchen des schwarzen Sandes in den Augen und in seinem, dem Wind zugekehrten, Ohr ist so viel Sand abgelagert, daß nur noch eine winzige Öffnung das Hören ermöglicht. Ich entsande ihm sein Ohr und dann macht er sich daran, mir ganz traumhaft Sand und Staub aus den Haaren und von der Kopfhaut zu waschen. Es ist eine Geduldsprobe. Nicht für mich allerdings - von mir aus könnte es Stunden dauern. Nur meine Nasenspitze guckt aus dem Wasser, während ich zwischen Christians ausgestreckten Beinen liege und er meinen Kopf abrubbelt. Der Sand rinnt uns nur so aus den Augen. Es kommt immer neuer nach, so oft man ihn auch wegwischt. Ich glaube zu fühlen, wie sich die Sandkörner hinter meinen Augen bewegen.

Endlich ist mein Haar größtenteils vom Staub befreit. Wir schwätzen noch eine Weile mit den anderen Poolbesuchern und hören den Gesprächen rund um uns zu. Christian wird leider langsam furchtbar hungrig und so lange ich es auch hinauszögere, schließlich verlassen wir den himmlisch warmen Ort und steigen aus dem Wasser.

Pfui, ist der Wind kalt! Wenigstens regnet es im Moment nicht. Bis wir am Haus angekommen sind, sind wir so gut wie luftgetrocknet. Nur der Kopf ist eiskalt geworden. Nachdem wir halbwegs trocken und angezogen sind, verziehen wir uns in die

Küche. Dort ist es gerappelt voll mit Menschen. Eine skandinavische und im Nebenraum eine französische Reisegruppe sitzen an den Tischen und warten auf ihr Essen. An den beiden Herdstellen überschlagen sich die Reiseleiter fast vor ihren überdimensionalen Kochtöpfen. Etwas verloren stehen wir am Rand herum und versuchen den rotierenden Köchen auszuweichen. Sitzplätze sind nicht mehr frei, dabei wäre es jetzt wirklich schön irgendwo sitzen zu können. Endlich wird eine Flamme frei, so daß wir eine kleine Packung Buchstabennudeln und Wasser für Brühe kochen können. Der Rest des Abends ist mehr oder weniger unerfreulich. Nach der langen Abgeschiedenheit im Zelt und unseren beständig knappen Essensrationen, sind die lärmenden Bustouristen und vor allem ihr Umgang mit Lebensmitteln schwer zu ertragen. Wir sind beide erleichtert, als wir in den Schlafsäcken liegen.

Bunte Berge, heiße Quellen

Krach - in der Diele unter uns schlägt jemand die Tür zu. Ich schrecke hoch, drehe mich um und schiele mit einem Auge aus dem Fenster. Der Himmel ist grau und so döse ich wieder ein. Heute werden wir den wohlverdienten Ruhetag nach den Strapazen von gestern einlegen. Rebecca rüttelt mich wach „Christian, schau mal - Sonne! Draußen ist blauer Himmel!“ So wie ich Rebecca kenne, bedeutet das Action und das ist eigentlich das Letzte, was ich im Moment brauchen kann. „Oh je, das hatte ich befürchtet!“ ist daher das einzige, was ich nuschele.

Als ich mich anziehe und dann nach unten gehe, sind meine Beine noch schwer wie Blei und ich kann kaum einen Fuß vor den anderen setzen. Ich will Ruhe! Aber Rebecca ist kaum zu bremsen. Der Tag ist aber auch verlockend. Nach dem Grau der letzten Tage und dem Sandsturm und Regen von gestern, ist der Himmel blau und makellos. Nicht ein einziges Wölkchen ist zu sehen und die Sonne strahlt. Die Berge schimmern bunt und scheinen zum Greifen nahe zu sein. Spätestens beim Frühstück hat mich Rebecca endgültig überredet. Wir werden zwar nicht weiterwandern, aber doch einen Tagesausflug machen.

Im Tal laufen wir erst den Weg von gestern ein Stück zurück und beginnen dann mit dem Aufstieg auf einen Kamm. Der Pfad führt fast in der Fallinie nach oben und wir gewinnen schnell an Höhe. Die Hütte von Landmannalaugar wird rasch kleiner, unser Ausblick immer grandioser. Im Licht der Sonne sind die Berge

Die Hütte von Landmannalaugar

tatsächlich bunt. Sie bestehen aus Liparit[10], einem Vulkangestein, das je nach Auskristallisation in allen erdenklichen Erdtönen, von karminrot über ocker, sandfarben, matt grünlich bis grau erscheint. Neben uns schimmert ein Berg rotbraun und eine Reihe von Steinsäulen, die mich an eine bergsteigende Gruppe von Mönchen erinnern, wirft lange, dunkle Schatten.

Der Lavastrom, an dessen Rand sich die Hütte von Landmannalaugar duckt, liegt breit und mattschwarz im Tal unter uns. Davor und dahinter glänzen verzweigte Flußsysteme mit unzähligen Armen in der Vormittagssonne. Hier und da sehen wir Dampfschwaden aus heißen Quellen aufsteigen. Wir wollen noch höher hinauf und an einem Steinmännchen vorbei erklimmen wir schließlich den höchsten Berg dieses kleinen Massivs. Oben weht ein Wind der Hemd und Hose durchdringt und mir eine Gänsehaut über den Rücken jagt. Aber die Aussicht ist atemberaubend: Zu unseren Füßen liegt der Frostaðavatn und als kleinen weißen Fleck erkennen wir am Horizont eine der Hütten von Landmannahellir. Der ganze Weg von gestern liegt in strahlendem Sonnenschein unter uns und sieht absolut harmlos aus.

Wir sitzen auf einer Felsplatte, essen Schokolade, ruhen uns aus und genießen die Aussicht. Unter uns ist ein riesiger zerknautschter Lavastrom, der wie gigantische Stricklava aussieht, in den Frostaðavatn geflossen. Weiter weg ist ein großer runder Krater, in dem noch ein Minivulkankegel aufragt, dessen Moosbewuchs grün in der Sonne leuchtet.

Eigentlich hätten wir beim Abstieg ins Tal ein Steinmännchen und einen Wasserfall passieren sollen, das wir aber irgendwie verpaßt haben müssen. So klettern wir querfeldein nach unten und als ich schließlich vom Tal aus nach oben schaue, weiß ich nicht mehr, wo wir da heruntergekommen sind, weil der Berg so steil ist. Vor uns fließt einer der vielen Arme des verzweigten Flußsystems, das hinter dem mächtigen Lavastrom von Landmannalaugar liegt. Am Ende des Tals steigen weiße Dampfschwaden auf und Rebecca will unbedingt noch zu den heißen Quellen[11]. Ich selbst würde die Quellen bei der Hütte deutlich vorziehen, denn dort kann ich mich wenigstens ins heiße Wasser setzen. Mal wieder ist Rebeccas Dickschädel der dickere und weil ich sie nicht alleine gehen lassen will, komme ich mit.

Mit riesigen Sätzen springen wir über die Bachläufe, bis wir ganz am Talende ein kleines Seitental entdecken, in dem es dampft, brodelt und blubbert. Die Wände des Tälchens sind leuchtend gelb und der intensive Schwefelgeruch läßt vermuten, daß es da einen Zusammenhang gibt. Ein vereinzeltes Schaf läuft vor uns davon, dann haben wir das Tal für uns alleine. Kurz vor den dampfenden Löchern laufe ich über einen Bach, kaum mehr als ein Rinnsal, dessen Wasser so warm ist, daß ich die Wärme von unten deutlich spüren kann. Der Dampf kommt aus kleinen Löchern im Untergrund - glitzernde Wassertropfen schießen hervor und funkeln in der Sonne. Geheimnisvoll wabern die heißen Dampfschwaden vor der schwefelgelben Kulisse. In manchen Löchern brodelt unter Zischen und Pfeifen kochender Schlamm. Kaum zu fassen, wie dieser Lärm einfach aus der Erde kommen kann. Im Vergleich zu den Solfataren[12] am Großen Geysir sind die Quellen in diesem Tal klein, aber irgendwie doch beeindruckender ohne all den Touristenrummel rundherum. Hier hat man, im Gegensatz zum Gebiet am Großen Geysir, das Gefühl, daß dieses unfaßbare Schauspiel zu diesem Land gehört. Unser Staunen ist eine Spur ehrfürchtiger.

Die Sonne senkt sich langsam, als wir über den breiten Lavastrom zur Hütte zurückkehren. Meine Beine sind wieder bleischwer und ich bin müde, so müde, daß ich mich in der Hütte nur noch auf die Matratzen fallen lasse und mich nicht mehr rühre. Ich schlafe ein. Als ich wieder aufwache, regt sich frischer Tatendrang und ich schnappe mir mein Tagebuch, um nach Rebecca zu suchen und

Im Hinterland von Landmannalaugar

mich zu ihr zu setzen. Ich stelle das ganze Haus auf den Kopf, aber Rebecca bleibt verschwunden. Als ich zufällig einen Blick aus dem Fenster werfe, staune ich nicht schlecht, denn da kommt sie gerade von den Berghängen herunter. Was hat sie nur gemacht? In der Tür erwarte ich Rebecca. „Ich habe Blaubeeren gesammelt, für's Abendessen", erklärt sie mir und hält mir ihren vollen Beutel unter die Nase.

Bevor wir uns dic Köstlichkeit in der Küche zurechtmachen, zieht es uns in den „Hot Pot". Das Schlimmste ist das Stück von der Hütte bis zum Pool. Nur in Hemd und Badehose rennen wir über den Knüppeldamm, dann tauchen wir in das wunderbar warme Wasser ein, lassen die kalte Luft und den Wind hinter uns. Wir dümpeln im Wasser, setzen uns da hin, wo es am wärmsten ist, lassen uns treiben. Es ist so schön zu fühlen, wie alle Anspannung langsam aber sicher aus mir herausrieselt, sozusagen ausgewaschen wird. Eine tiefe seelige warme Weichheit macht sich in mir breit. Das einzig Schlimme ist, daß man das Wasser irgendwann verlassen muß. Ich bemühe mich, die Wärme in mir aus dem Wasser mitzunehmen, versuche, schnell zum Haus zu rennen, aber dazu bin ich einfach zu entspannt. Ich spüre die Kühle um mich herum kaum.

In der wärme des Hauses werde ich dafür schlagartig schläfrig. Ich sitze an einem Tisch in der Küche und versuche, mich auf mein Tagebuch zu konzentrieren. Auf dem Herd köchelt unser Chilli. Dazu gibt es Brot, das uns einer der Reiseleiter geschenkt hat. Ich bin wirklich hungrig und auf einmal ist der Laib verschwunden, das Loch in meinem Bauch aber noch immer spürbar. Während ich dann, immer noch hungrig, wieder mit dem Tagebuch anfange, unterhalten sich zwei junge Männer am Nachbartisch mit deutschen Mädels aus München. Die beiden Männer sind ja so unglaublich toll und cool. Ihr Interesse für die holde Dämlichkeit der deutschen Mädels läßt aber schnell nach, als Rebecca unsere Baubeeren in Zucker kocht. Normalerweise recken wir die Hälse, wenn die anderen etwas kochen: Jetzt ist es umgekehrt! Selbst die Verschwender, die vorhin halbe Mahlzeiten in den Abfall gekippt haben, schauen gierig nach unserem Nachtisch, aber das wären die allerletzten, denen ich irgend etwas abgeben würde. Voller Genuß schlürfen wir unsere Blaubeeren.

Oben in unserem Zimmer sind mittlerweile andere Gäste angekommen. Ein Ehepaar aus Österreich, die mit Tochter und künftigem Schwiegersohn eine Inselrundreise machen und ein Mädchen aus Karlsruhe. Die Ärmste stieg vorhin aus dem Bus und war danach so kaputt, daß sie schon tief und fest schläft, als wir jetzt das Zimmer betreten. Bevor wir in die Schlafsäcke kriechen, lachen wir noch herzlich über den jungen Österreicher und künftigen Schwiegersohn. Auf dem Kopf trägt er eine bunte Reggae-Schlappmütze über seinen Rastalocken und in seinem Gesicht wachsen hier und da über zehn Zentimeter lange, rötliche Haare, die er einen Bart nennen würde.

Ein Reißverschluß ratscht - der österreichische Vater klettert aus seinem Militärschlafsack, streift einen nagelneuen Íslandpulli über und packt seine Sachen. Ich drehe mich um, versuche weiterzuschlafen, aber ich kann es nicht mehr. Ich wälze mich hin und her, atme die warme stickige Luft, liege durchgebogen auf der alten Matratze und wünsche mich in unser Zelt auf meine Isomatte.

Unten im offenen Waschhaus stehe ich vor einem echten Rätsel: Warum gibt es hier nur eiskaltes Wasser, wenn es doch rings herum dampft und blubbert? Beim Zähneputzen habe ich das Gefühl, daß sich mir das Zahnfleisch wegen des kalten Wassers zurückziehen muß. Es würde mich nicht wundern, wenn mir eines morgens die Zähne ausfallen würden! Glücklicherweise tun sie das zumindest heute morgen noch nicht. Beim Frühstück sitzen wir unten in der Küche und mampfen unser trockenes Müsli. Am

Nebentisch schwelgt man in Köstlichkeiten. Die Österreicher haben Milch und sogar ein richtiges Brot, nicht so ein isländischen Toastbrot, das man praktisch in einer Hand zusammenknüllen kann. Ich würde zwar nicht alles, aber doch sehr viel für ein bißchen Milch zum Frühstück geben, traue mich aber nicht zu fragen. Als wir gerade gehen wollen, bekommen wir noch mit, wie die Österreicher ganz freundlich die bayrischen Mädels fragen, ob sie den Rest Milch wollen. „Na ja, also ja eigentlich nicht, aber wenn es sein muß..." Ich könnte sie an die Wand klatschen, unangespitzt in den Boden rammen oder irgendwas Vergleichbares mit ihnen anstellen!

Der Himmel ist bedeckt als wir losmarschieren, aber ab und zu blitzt anfangs die Sonne durch die Wolken. Dann glitzern die unzähligen Arme des Flusses neben uns in der Sonne. Das Tal ist unglaublich breit! All das Wasser der tausend Arme sammelt sich in einem breiten Arm, über den es in die Tungnaá, ein riesiges, verzweigtes Flußsystem, fließt. Eine winzige Brücke führt über den Fluß. Wir folgen der Piste in Richtung Eldgjá in die Einsamkeit. Weit und breit ist kein Mensch zu sehen. Es ist unheimlich still. Graue Wolken jagen über die Berge, so daß wir sicherheitshalber die Regensachen in greifbare Nähe rücken. Die Berge haben scharfe Grate und Zacken und zu ihren Füßen liegen flache, sumpfige oder überflutete Flächen, die schon zur Tungnaá gehören. Mittendrin steht groß, starr und rechteckig ein Berg, der völlig aus dem Rahmen fällt. „Der hätte eigentlich keine Baugenehmigung bekommen dürfen", meint Rebecca. Der Berg ist wirklich so unförmig und irgendwie bedrohlich, daß wir uns erst entschließen können, eine Pause zu machen, nachdem wir ihn umrundet haben. Natürlich fängt es an zu regnen, als wir uns hinsetzen und als wir entscheiden, weiterzugehen, kommt die Sonne durch. Das ist auch gut so, denn mit der Grenze des Nationalparks von Landmannalaugar kommt auch die erste Furt. Mit den Schuhen um den Hals und hochgekrempelter Hose stakse ich durch das eiskalte Wasser. Jeder einzelne Kiesel bohrt sich mit seiner spitzesten Seite in meine Fußsohle. Natürlich rutscht in der Flußmitte ein Hosenbein ins Wasser. Es geht also mit nasser Hose weiter. Dafür entschädigt uns kurz nach der Furt eine grandiose Sandformation, die mich an die Kiemenöffnung eines Haifisches erinnert. Das ganze ist aus schwarzem Sand modelliert.

Der nächste Bach, der zu furten ist, ist so breit, daß er gerade nicht mehr per Sprung zu überwinden ist. Wir diskutieren: Springen oder Schuhe ausziehen? In Gestalt des Linienbusses Landmannalaugar - Skaftafell kommt auf einmal eine dritte Lösung in Sicht. Ich winke dem Fahrer und der Bus hält an. „Können Sie uns mit 'rüber nehmen?" - natürlich kann der Busfahrer und nach zehn Metern steigen wir trockenen Fußes wieder aus. Viel schneller als erwartet stehen wir auf einmal auf einer weiten Ebene, unserem eigentliche Tagesziel. Rings um uns Berge und die Wiesen stehen voll Wasser. An Zelten ist hier nicht zu denken und ein bißchen zu früh ist es auch. Also schauen wir noch einmal auf die Karte und marschieren weiter. Es fängt an zu regnen. Da wir schon von oben naß werden, müssen wir nun, allein um der Gleichmäßigkeit willen, auch von unten naß werden: Furt um Furt arbeiten wir uns voran. Irgendwann hören wir auf, sie zu zählen. Schließlich stehen wir wieder einmal an einem Bach und fragen uns, ob wir springen oder die Schuhe ausziehen sollen. Ich entscheide mich für den Sprung und lande - platsch - mit einem Fuß knapp im Bach, bin aber drüben. Rebecca ist unschlüssig und steht noch am anderen Ufer, da taucht hinter ihr ein Auto auf. Rebeccas Augen leuchten. „Vielleicht können die mich über den Bach bringen?“, aber der Wagen ist voll. So fährt das Auto durch den Bach und wir denken beide: von dem sehen wir nur noch die Rücklichter, aber oh Wunder, auf meiner Seite steigt der Beifahrer aus, der Jeep setzt zurück, durchquert die Furt im Rückwärtsgang und sammelt Rebecca ein. Ich bin baff und Rebecca grinst mich beim Aussteigen frech an: „Hättest du gewartet, hättest du jetzt keinen nassen Fuß!“

Zu allem Überfluß regnet es inzwischen richtig und der Weg steigt steil an. Diese Straße ist eindeutig nicht für Fußgänger gemacht! Nachdem wir eine Hochfläche überquert haben, senkt sich langsam die Dämmerung über uns. In der letzten Nacht war es schon beinahe richtig dunkel und heute ist es noch dazu bewölkt. Unter uns liegt eine weite Ebene, an deren Ende wir noch ein kleines grünes Zelt entdecken. Die Lage ist idyllisch, direkt an einem Bach am Ende der Ebene. In höflicher Entfernung zu dem anderen Zelt, ein Stück bachaufwärts, auf einem Fleckchen mit weichem Gras stellen wir das Zelt auf. Ich traue dem Wetter nicht und zur Sicherheit beschweren wir jeden der

Häringe, die in dem losen Untergrund nicht gut halten, mit einem Stein. Zum Essen haben wir noch Brot aus Landmannalaugar und unsere „Försterin“ wird damit zu einem absolut leckeren Abendessen. Wir sind heute gut vorwärtsgekommen, zünden aber die Kerzenlaterne nicht mehr an, sondern rollen uns in den Schlafsäcken zusammen und schlafen wohlig müde ein.

Im Zelt ist es unheimlich warm und ich wache auf, weil ich mich wie aus dem Wasser gezogen fühle. Das hellgrüne Innenzelt leuchtet und als ich mit Rebecca zusammen aus dem Zelt schaue, steht die Sonne hoch am Himmel und überflutet das Tal mit Licht und Wärme. Unsere Zeltnachbarn sind schon mit Packen beschäftigt, während wir das Bachwasser nutzen, um uns und unsere Wäsche zu schrubben. Als wir uns zum Frühstücken vors Zelt in die Sonne setzen, springen unsere Nachbarn gerade - platsch - in den Bach und mit einem weiteren Satz ans andere Ufer. Fürs morgendliche Lachprogramm ist also gesorgt.

So nach und nach kommen auch wir in die Gänge. An unserem Zeltplatz ist der Bach nicht ganz so breit, so daß wir hinüberspringen können, ohne uns nasse Füße zu holen. Der Morgen vergeht langsam, während wir uns in ständiger leichter Steigung Hügelkuppe für Hügelkuppe auf eine hohe Ebene hinaufarbeiten. Durch einen dünnen Wolkenschleier scheint die Sonne und es kommt uns vor, als seien wir erst kurze Zeit unterwegs, als wir von einer Anhöhe aus einen breiten Riß erkennen, der das Land vor uns teilt. Es sieht in etwa so aus, wie ein Kuchen in einer Kastenform, der beim Backen oben aufreißt.

Blick nach Süden in der Eldgjá – links ist „Europa", rechts „Amerika"

Im Prinzip passiert in der Eldgjá[13] genau das gleiche. Aus dem Erdinnern dringt Magma nach oben, die das Land durch den Druck aufreißen läßt. Gleichzeitig bildet diese große Spalte oder Schlucht die geologische Plattengrenze zwischen den Kontinenten Amerika und Europa. Wir stehen in „Amerika", unter uns die Eldgjá und blicken nach „Europa".

Nach dem Abstieg von der Höhe biegen wir in die Eldgjá ein und stehen bald vor einem Problem: Das Problem ist etwa 10 Meter breit, knietief, mit spitzen Kieseln am Grund...der Gedanke ans Schuheausziehen begeistert uns nicht gerade, aber was bleibt uns anderes übrig?

Gerade, als wir uns seufzend in unser Schicksal fügen wollen, röhren hinter uns mehrere Motoren und drei Jeeps kommen die Piste entlang. Nach dem Erfolgserlebnis von gestern hebt Rebecca die Hand. Der erste fährt vorbei, der zweite fährt vorbei, doch endlich hält der dritte Jeep an. Dem Mann, der dem Wagen entsteigt, ist offensichtlich mit einem Blick klar, daß wir uns gerne um die Flußdurchquerung herumdrücken würden, aber das Auto ist bis unters Dach mit Gepäck vollgestopft. Es sieht schlecht aus für uns! Der Fahrer ist da offenbar anderer Ansicht. Er klappt den unteren Teil seiner Heckklappe herunter und klopft einladend auf die knapp 40 cm breite Sitzgelegenheit. Die Heckklappe ist rutschig und da wir die Rucksäcke aufbehalten müssen, haben wir auf dem schmalen Brett kaum noch Platz fürs Hinterteil....Es ist schwer, sich festzuhalten, vor allem, als wir schwungvoll aus dem Fluß herausfahren und immer weiter nach vorne rutschen. Ich will schon abspringen, als der Wagen in einen zweiten Arm des Flusses einfährt, den wir vorher gar nicht sehen konnten. Trotz des etwas unsicheren Gefühls, macht die Fahrt Spaß! An diese Art vorwärtszukommen, könnte ich mich gewöhnen. Dann stehen wir auf dem Parkplatz, unterhalten uns noch kurz mit den Isländern, bedanken uns herzlich und folgen dann den Fluß in die Eldgjá hinein.

Bald wird der Weg beschwerlicher. Wir müssen über große Felsen klettern, bis wir zu einer Biegung kommen. Die letzten Meter hatte uns ein beständig anschwellendes Rauschen begleitet und plötzlich sehen wir den Ofærufoss vor uns, den Wasserfall, dessen natürliche Steinbrücke vor ein paar Jahren bei einem Frühlingshochwasser weggerissen wurde. Der Fall ist schier unglaublich! Das Wasser stürzt weiß in einem breiten Vorhang auf die halbe Höhe, um dort über ein paar Kaskaden zu laufen und dann in einem gebündelten Strahl weißlich-hellblau schimmernd ganz nach unten zu stürzen. Gerade in dem Moment, als wir den Ofærufoss zum ersten Mal sehen, bricht die Sonne hervor und bringt das Wasser zum Leuchten. Wir sitzen auf einem großen, flachen Stein am Fluß in der Eldgjá, der durch den Ofærufoss gespeist wird. Man kann jeden einzelnen Kiesel im glasklaren, ruhig dahinfließenden Wasser erkennen. Ganz in der Nähe, an einem Felsbrocken, der alleine etwas abseits liegt, stellen wir die Rucksäcke ab und gehen auf Erkundungstour.

Eine in den Hang gegrabene Treppe führt auf die halbe Höhe des Ofærufoss hinauf. Dort stehen wir und schauen auf den oberen Teil, der tosend und schäumend von der Kante der Schlucht herunterstürzt und sich dann auffächert. Wie ein weicher, schimmernder Vorhang fließt das Wasser in kleinen Rinnsalen über steinerne Stufen, sammelt sich dann wieder und verschwindet neben uns in dem Strahl, der den unteren Teil des Falls bildet.

Wir stehen wie gebannt vor dem Wasserfall, staunen, lauschen auf das Donnern und Tosen, das die Luft um uns füllt und ich frage mich, wie es so etwas Schönes geben kann. Wieder auf dem Grund der Schlucht wagt sich Rebecca noch bis zum unteren Teil vor, wo die mächtige, weiße Wassersäule in ihr tiefes, blaues

Becken donnert. Die Stimmung wäre wunderschön, wenn nicht eine französische Reisegruppe Hektik und Unruhe verbreiten würde. Also machen wir uns davon, um das Ende der Eldgjá zu erkunden. Zuerst folgen wir einer Art Pfad, der sich bald zwischen leuchtend grünem Moos verliert. Das Tal vor uns ist mit riesigen Felsbrocken übersät, die vom Rand der Schlucht abgebrochen und nach unten gestürzt sind. Die frischen Abbruchstellen leuchten dunkelrot, ältere violett. Die Farben der Schlucht sind im Licht der Sonne unglaublich vielfältig. Ausgetrocknete Bachbetten erscheinen rot, weil ihr Boden mit roten Kieseln bedeckt ist, die von einem Stück Wand am Ende der Schlucht stammen. Daneben wächst leuchtend hellgrünes Moos, Wasser läuft in dünnen Rinnsalen glucksend die Wände herab. Große dunkle Felsbrocken liegen gespalten auf dem Talgrund und schimmern graublau bis schwarz, in etwa so, wie die Farbe der Felswände am Ende der Eldgjá langsam von schwarz nach graublau wechselt um wenige Meter weiter in leuchtendem Rot zu erstrahlen. Nahe am Talende entdeckt Rebecca ein nettes Plätzchen und möchte unbedingt, daß wir dort campieren. Ich finde den Platz, an dem wir unsere Rucksäcke abgelegt haben, schöner und schiebe die Entscheidung hinaus, bis wir unseren Ausflug in die Eldgjá beendet haben. Hier könnte man in der Dämmerung bestimmt glauben, daß sich dic Steine in Trolle verwandeln. In der Hoffnung, daß das nicht auf alle Brocken zutrifft, bauen wir dann doch im Schatten des Felsens an dem wir die Rucksäcke zurückgelassen hatten, nahe beim Ofærufoss das Zelt auf. Langsam senkt sich die Nacht mit sternklarem Himmel auf uns nieder doch zuerst verbreitet nur der

Kocher sein blaues Licht. Vorher habe ich das dumme Ding in alle Einzelteile zerlegen müssen, damit er überhaupt ein Lebenszeichen von sich gibt. Jetzt schnurrt der Kocher nur so, so daß wir uns in der kalten Nacht an heißem Tee wärmen können. Rebecca muß noch einmal an den Fluß um den Topf zu spülen, denn heute gibt es als Krönung des Abends noch einen Nachtisch: Mousse au Chocolat! Es schmeckt so ausnehmend köstlich, daß ich nur hoffe, daß der Duft keine Trolle ins Zelt lockt - dazu ist es nun wirklich zu klein!

„Da hat doch eben ein Schaf geblökt!“ - noch halb im Schlaf lausche ich nach draußen. Ich mache die Augen auf, versuche, die Müdigkeit abzuschütteln und schaue nach draußen. Keine zehn Meter vom Zelt entfernt stehen dicht zusammengedrängt fünf Schafe und bestaunen unser grünes Heim. In der Kühle des Morgens waschen wir uns schnell im Bach, bevor die ersten Besucher kommen und packen dann, während sich die Sonne sehr langsam über die Kante der Eldgjá tastet. Als wir ihre Wärme später spüren, liegt die Schlucht schon weit hinter uns. Vorher müssen wir aber noch durch die zwei Furten. Hoffnungsvoll halten wir nach einem Auto Ausschau, aber es ist keines in Sicht, das uns mitnehmen könnte.

Am Parkplatz steht ein Häuschen mit Plumpsklo, in dem ich noch schnell verschwinde, als gerade ein Bus ankommt. „Bis die wieder wegfahren sind wir schon drei mal durchs Wasser gewatet“, sage ich zu Rebecca. Ich bin gerade wieder auf dem Weg nach draußen, als der Bus losröhrt. Der wird umdrehen oder rangieren, denke ich. Aber weit gefehlt! Der Bus ist schon in der ersten Furt, als ich die Tür öffne. Rebecca ist fassungslos und stottert fast: „Die sind nur ausgestiegen, haben ein Bild in Richtung Ofærufoss gemacht und sind dann weitergefahren!“ Ich überlege: „Wenn die das Tempo beibehalten, haben sie Ísland in drei Tagen besichtigt. Warum trödeln wir eigentlich sechs Wochen hier rum?“

Leider ist der Parkplatz wieder leer und nun bleibt uns doch nichts anderes übrig, als wieder einmal durch das kalte isländische Wasser zu waten. Glücklich am anderen Ufer, müssen wir uns noch eine Weile auf die Rucksäcke setzen, um in Ruhe ein Stück Schokolade zu essen. Wir machen uns endgültig auf den Weg und auf dem ersten Kilometer kommen uns ich weiß nicht wie viele Autos entgegen, die zur Eldgjá wollen. Irgendwie frage ich mich, ob wir nicht vielleicht zu früh dran waren. Nachdem meine Füße gerade wieder richtig warm geworden sind, stoßen wir schon auf den nächsten Fluß, an dem der Weg entlangführt. Wir müssen hier irgendwann abbiegen und das bedeutet die nächste Flußdurchquerung! Meine Lust darauf hält sich in Grenzen, aber schließlich haben wir ja keine andere Wahl.

Nach einer Biegung staunen wir nicht schlecht: Da führt eine Fußgängerbrücke aus Holz über den Bach. Es ist kaum zu glauben, aber die Brücke ist echt! Wir brauchen doch nicht durchs Wasser zu laufen! Von der Bücke aus schauen wir auf die breite Skaftá, in die dieser Fluß ein Stück weiter mündet.

Das Tal der Skaftá ist sehr breit mit flachen Hügeln auf beiden Seiten. Am Horizont im Westen sehen wir ab und zu die blendend weiße Eiskappe des Myrdalsjökull blitzen. Im Osten steht, mitten in einer tiefergelegenen Ebene, ein großer, tief zerfurchter Einzelberg, der hellgrün in der Sonne leuchtet. Ganz in der Nähe einer Reiterunterkunftshütte setzen wir uns etwas abseits in einen kleinen Lavastrom und machen Pause. So ohne Bewegung merke ich zum ersten Mal heute, wie frisch der Wind eigentlich ist. Nach den Früchten gibt es zum Nachtisch noch Schokolade, dann sind wir wieder unterwegs. Wir sind beide sehr guter Dinge und reden über den Rest des Weges bis zur Ringstraße. Wenn wir uns auf diesem Stück nicht mitnehmen lassen, sind wir von Laugarvatn bis an die südöstliche Ringstraße gelaufen. Eine stolze Leistung! Kaum haben wir den Gedanken zu Ende gedacht, als ein Auto neben uns hält: Deutsche Touristen, wie ich heraushöre. Die beiden staunen nicht schlecht, als ich sie auf deutsch anrede. „Können wir euch mitnehmen?“, fragen sie freundlich. Rebecca und ich tauschen kurz einen Blick und erklären dann, daß wir gerne laufen, fragen aber doch, ob sie vielleicht unsere Rucksäcke ein Stück mitnehmen könnten. Das tun sie gerne und versprechen, das Gepäck acht Kilometer weiter an den Straßenrand zu legen. Wunderbar erleichtert setzen wir unsere Wanderung fort, während das Auto am Horizont kleiner und kleiner wird und schließlich ganz verschwindet.

Wir sind wieder allein. Die Sonne senkt sich schon, als wir weit vor uns zwei auffällige Punkte am Straßenrand ausmachen und kurz darauf unsere Rucksäcke wieder einsammeln. Wir schauen auf die Karte, sind äußerst erfreut über unsere ordentliche Tagesleistung und peilen einen Bauernhof als Nachtquartier an. Leider merke ich bald, daß hier etwas nicht stimmt. Wir sind eine Hügelkette weiter zurück, als wir glaubten. Unser neues Tagesziel ist also ein Bach inmitten eins weiten, von Schafen bevölkerten Tals, das im Abendlicht beinahe orange vor uns liegt. Je näher wir menschlichen Siedlungen kommen, desto größer wird die „Schafsdichte“ in den Tälern und auch an dem Bach, an dem wir uns ein nettes Plätzchen für die Nacht suchen, haben die Schafe deutliche Spuren hinterlassen. Als die Sonne endgültig hinter den Bergen verschwunden ist, machen wir das Zelt zu und kriechen in die Schlafsäcke. Der vierte Tag mit gutem Wetter geht zu Ende und im Licht der Kerzenlaterne planen wir für morgen. Wir wollen versuchen, den Bus aus Reykjavík zu erwischen, der ungefähr um die Mittagszeit auf der Ringstraße vorbeikommt und nach Höfn fährt. Gemeinsam hängen wir über der Karte. Bis zur Ringstraße sind es ungefähr 18 km. Wir müssen morgen in aller Herrgottsfrühe aufstehen. Der Bus wartet nicht. Ich rolle mich im Schlafsack zusammen, fühle Rebecca neben mir und bin glücklich.

In eisiger Höhe

Als ich zum ersten Mal aufwache, hat mich eine Schar Gänse geweckt, die schreiend und mit rauschenden Schwingen direkt übers Zelt flog, aber draußen ist es noch fast ganz dunkel. Das ist wirklich noch zu früh. Zum zweiten Mal werde ich wach, weil ein ganzer Chor von Schafen draußen steht und aus Leibeskräften blökt. Sie können keine zwei Meter vom Zelt entfernt sein und müssen es ganz umringt haben. Draußen herrscht „Vor-Sonnenaufgangs-Licht". Ich rüttele den Berg unter dem sich Christian verbirgt. „Aufwachen, der Wecker blökt!" Christian schielt sehr wenig begeistert aus seinen Sehschlitzen. Erst als ich fertig angezogen bin, Zähne geputzt und Teewasser aufgesetzt habe, und beginne, meinen Schlafsack einzupacken, hat Christian sein hartes Los akzeptiert und fängt an, sich anzuziehen. Die Schafe blöken immer noch, etwas weiter entfernt jetzt und der Himmel beginnt zu leuchten, obwohl die Sonne noch nicht aufgegangen ist. Wir löffeln unser Müsli, schlürfen den heißen Tee und der Morgen ist schön. Die Luft ist klar und absolut ruhig. Der Wind schläft noch. Wir packen das Zelt zusammen und laufen los. Als wir aus dem tiefen Bachbett auf die Ebene klettern, geht gerade die Sonne auf. Ich bin froh. Es ist schön, diesen zauberhaften, stillen, hellen Morgen zu erleben. Die Straße schlängelt sich sanft hügelauf und hügelab und bald ziehe ich den Pulli aus und laufe im T-Shirt weiter. Die kühle Morgenluft kribbelt angenehm auf der Haut und die Sonne beginnt schon richtig zu wärmen. Ein paar Pferde stehen auf einer Hügelkuppe und schauen uns an. Ihr Fell und ihre dicken Mähnen leuchten in der Sonne. Trotz unseres flotten Tempos, erscheint alles zeitlos langsam und unwirklich zerbrechlich in dem zarten, weichen Licht. Schließlich erreichen wir die Skaftá mit ihrem schäumenden schlammbraunen Wasser. An ihrem Ufer liegen mehrere Höfe, deren Hunde sich fast umbringen vor Gebell, als wir vorübergehen. Kühe und Pferde weiden friedlich. Zu unserem größten Erstaunen, sind wir bereits 10 km vorangekommen. Das ist eine stolze Leistung! Wir sind bestimmt erst eineinhalb Stunden unterwegs und das Licht ist immer noch frühes Morgenlicht. Es ist etwas diesig und seit die Sonne höher steht, ist ein leichter Wind aufgekommen. Wir laufen immer weiter in ein weites grünes Tal hinein, mit Viehweiden und Schafställen.

Ganz weit vor uns, am Talausgang, kann man eine Brücke erkennen. Da müssen wir hin, denn dort verläuft die Ringstraße. Jetzt ist längst völlig sicher, daß wir lange vor dem Bus ankommen werden. Wir passieren einen Hof und eine kleine, einsame Kirche vorbei. Auf der anderen Seite des Weges ist ein Schaftrenngehege (rettír). Ich bin zwar nicht müde, aber meine Fuße schmerzen recht kräftig. Normalerweise fangen sie damit immer erst in den letzten beiden Stunden an, aber in den vergangenen Tagen ging es immer früher damit los und sie erholten sich auch nicht mehr so richtig über Nacht. Nach einer langen, zähen Weile erreichen wir die Brücke. Das nützt uns, wie sich herausstellt, leider wenig, denn unsere Karte, die ja immerhin von 1938 stammt, zwischendurch nur leicht korrigiert wurde und damit immer noch das neuste Exemplar darstellt, ist schlicht falsch. Die Ringstraße verlief vielleicht einmal hier, heute jedenfalls ist das eine ganz gewöhnliche Nebenstraße. Na Bravo! Ich hoffe noch, daß wir nur über den nächsten Hügel müssen, aber nichts da. Ganz weit weg sehen wir das, in der Sonne glänzende Dach eines Autos, die Eldhraun-Wüste vor uns durchqueren. Christian beschäftigt sich eine Weile mit derbem Fluchen und ich ziehe es vor, still weiter zu laufen, bis der Anfall hinter mir vorüber ist. Wir haben noch etwa sechs Kilometer zu laufen, bis wir endlich die dämliche Straße unter uns sehen. Als Christian ein paar Photos macht und dann noch etwas mit dem Farbfilter herumspielt, bleibe ich solange neben ihm stehen. Als wir weitergehen, kann ich nur noch keuchen, als ich die ersten Schritte mache. Verdammt noch mal tut das weh! Nach ein paar Metern „eiern" haben sich meine armen Füße wieder eingelaufen und als Christian hundert Meter weiter noch einmal mit der Kamera herumspielt, traue ich mich nicht, stehen zu bleiben und laufe wie ein Tiger im Käfig hinter ihm auf und ab. Endlich! Wir überqueren eine Brücke über die Skaftá und erreichen die Ringstraße. Es ist auf jeden Fall noch früh genug und wahrscheinlich müssen wir noch eine ganze Weile warten.

Vor ein paar Wegweisern lassen wir uns auf unsere Rucksäcke fallen und rühren uns nicht mehr. Das waren jetzt 23 Kilometer am frühen Morgen. Wir sind wirklich zufrieden mit uns. Als erstes ziehe ich die Schuhe aus und knete und massiere meine heißen füße. Dann essen wir beide unsere Früchte und belohnen uns mit einem Stückchen Schokolade. Vor uns hält ein Geländewagen und läßt zwei Tramper aussteigen. Christian geht hinüber und erkundigt sich bei dem Fahrer nach der Uhrzeit.

Die Wüste hinter uns besteht aus moosüberwachsenen Lavabrocken. Das Moos ist so dick und die Lavabrocken weit genug auseinander, daß der Boden äußerst einladend aussieht. Ich schlurfe hinter einen Hügel, suche mir ein weiches, windgeschütztes, sonnenwarmes Plätzchen und rolle mich zusammen. Ich strecke meine gequälten Füße der Sonne, dem Licht und dem Heidekraut entgegen, stopfe mir noch ein paar Handvoll Moosbeeren in den Mund und schlummere selig ein. Christian hat sich auf sein Tagebuch gestürzt - also, den Eifer bringe ich einfach nicht auf. Alles zu seiner Zeit!

Ein Schrei weckt mich: „Rebecca, der Bus kommt!“ Mit einem Satz stehe ich senkrecht, schlüpfe in die Schuhe und haste die Böschung zur Straße hinauf. Tatsächlich, da kommt ein Bus. Ich habe gerade noch Zeit die Socken anzuziehen und wieder in die Schuhe zu steigen, da ist das Ungetüm schon da. Auf unser Winken hält der Busfahrer, steigt aus und macht uns die Gepäckklappe auf. Glücklich laden wir unsere Sachen ein und steigen in den Bus. Geschafft!

Zwanzig Minuten brauchen wir für die zwanzig Kilometer bis Kirkjubæjarklaustur, die für uns eine knappe Tagesetappe gewesen wären. Die Geschwindigkeit kommt mir ungeheuerlich vor. Der Bus hält vor dem Edda-Hotel. Unser erster Weg führt natürlich zur Post, wo uns ein Verpflegungspäckchen erwartet. Mit dem Paket unterm Arm ziehen wir zum Campingplatz. Der ist groß und leer; wir sind die einzigen Menschen weit und breit.

Zuerst einmal wird das Zelt aufgebaut, dann gehen wir den Supermarkt plündern. Auf ihn mit Gebrüll! Mit ehrfurchtsvoll leuchtenden Augen, durchforsten wir die Regalreihen. Ich weiß nicht, wieviele Minuten ich gebraucht habe, um genau die richtige Packung Kekse auszusuchen. Wir wählen bei allem lange. Welches Brot wollen wir nehmen, ein rundes oder ein eckiges? Der Teig ist sowieso bei allen der gleiche. Jede Entscheidung scheint von größter Wichtigkeit zu sein. Was für einen Käse soll es sein, welche Milch ist die fetteste? Wir verlassen den Laden wider Erwarten noch vor Sonnenuntergang, nachdem wir für unsere Beute den stolzen Preis von umgerechnet etwa sechzig Mark bezahlt haben. Mit zwei prall gefüllten Tüten erreichen wir schließlich den Campingplatz. Dort suchen wir alles zusammen, was wir waschen wollen, denn an diesem himmlischen Ort gibt es nicht nur Duschen, sondern auch eine Waschmaschine! Eigentlich kostet das Benutzen der Waschküche 300 Kronen, aber wir dürfen sogar umsonst rein. Ob wir so waschbedürftig aussehen?

Schließlich finden wir uns in der Küche wieder - blitzsauber und in Erwartung der Köstlichkeiten, die der Tag noch so zu bieten haben könnte. Ich koche, was mit einem Topf und zwei Tellern nicht ganz unkompliziert ist, Nudeln, dünste Chinakohl mit Sahne und Pfeffer und mache Mais und Pilze aus der Dose heiß. Es schmeckt vorzüglich! Die Portion würde ohne weiteres für Vier reichen, aber mit einiger Mühe werden wir mit ihr fertig.

Inzwischen sind zwei nette Kerle, Thorsten und Niels, aus Norddeutschland angekommen, die eine Ewigkeit brauchen, um ihr Zelt aufzubauen und auch sonst etwas planlos wirken. Sie sind heute erst von Reykjavík bis hierher getrampt, eine Strecke für die wir drei Wochen gebraucht haben! Wir freuen uns sehr über die nette Gesellschaft und versorgen die beiden gleich mit Tee, denn wir haben einen ganzen Topf voll gekocht. Es wird ein fröhlicher Abend, der noch dadurch gekrönt wird, daß auf einmal das erste Nordlicht[14] über uns flackert! In einem breiten grünen Band weht es über den Himmel. Nur schade, daß es hier durch die Campingplatzbeleuchtung überall so hell ist, denn die Nacht ist heute zum ersten Mal schwarz und der Himmel ist mit Sternen übersät. Die Bänder des Nordlichtes bewegen sich, werden stärker und schwächer, legen sich zu Schlingen und flattern dann wir eine Fahne im Wind, nur in Zeitlupe. Die Zeichen sprechen für sich - der Herbst beginnt.

Dieser Morgen ist nicht so sonnig wie der gestrige, dafür aber viel klarer. Zusammen mit Thorsten und Niels, decken wir den Frühstückstisch auf der Terrasse vor der Küche. Das wird ein Frühstück! Christian und ich haben jeder einen halben Liter Milch zum Müsli. Schließlich sitzen wir satt und zufrieden auf der Bank vor der Küche und betrachten den weiß und blau leuchtenden Gletscher Vatnajökull, dessen mächtiger Eisschild sich im Norden erhebt. Gegen Mittag nehmen wir den Bus in Richtung Skaftafell am Fuß des Vatnajökull.

Der riesige Gletscher[15] vor uns rückt immer näher und bald fahren wir über endlose Sander[16], die von gigantischen Flußsystemen durchzogen sind. „Da, schau mal“, macht Christian mich aufmerksam, „der Hang da links von uns ist ganz weiß überpudert. Hier muß es geschneit haben!“ Wir können uns das beide nicht ganz erklären, bis mir die Erleuchtung kommt: Das ist kein Hang, sondern eine Gletscherzunge von riesigen Ausmaßen, die von Moränenschutt[17] bedeckt und so schwarz ist, daß das wenige Eis, das durchschimmert, wie Pulverschnee wirkt. Schließlich hält der Bus vor dem Campingplatz in Skaftafell. Zu unserem Glück ist der Aufseher nicht da. Er hat einen netten Zettel an seine Tür gehängt, der erklärt, daß er dringend für ein paar Tage weg müsse und das Campen so lange frei ist. Das ist ja toll!

Der Platz ist riesig und durch bis zu vier Meter hohe Birkenhecken in acht Rechtecke von Fußballfeldgröße unterteilt. Wir lassen uns im vorletzten nieder und bauen das Zelt auf. Im Innern der Trennhecken ist ein wenige Meter breiter Streifen freigelassen, wo Tische, Bänke und ein Grill stehen. Dort setzen wir uns in die eben hervorgekommene Sonne und essen Brot, Käse und luftgetrocknete Würstchen, die in unserem Paket waren. Um noch eine größere Wanderung zu machen, ist es schon zu spät, aber wir wollen auf jeden Fall noch zum Svartifoss, einem bekannten, von schwarzen Basaltsäulen[18] eingerahmten

Wasserfall, und ein Stück weiter auf einen Berg, von dem man eine gute Aussicht haben soll.

Zuerst einmal laufen wie zum Eingang des Campingplatzes, denn da hängt eine schöne, großmaßstäbige Karte an der Wand. Auf dem Weg dahin, sehen wir draußen auf einem Lavafeld vor dem Sander ein kleines Flugzeug aufsteigen. Das muß irre sein, hier über den Gletscher zu fliegen! Aber bestimmt wahnsinnig teuer - und doch... ich gerate ins Träumen. Wir betrachten die Karte, wegen der wir hergekommen sind und ich verschwinde schnell noch in den Waschräumen. Als ich wieder komme, hat Christian ein alarmierndes Glänzen in den Augen und druckst mit schuldbewußtem Grinsen etwas herum. Schließlich stehen wir wieder vor der Karte und ganz nebenbei bemerkt Christian: „Du übrigens, diese Flüge da, die sind gar nicht so teuer." „Was heißt - gar nicht so teuer - ?" erkundige ich mich, ohne den Blick von der Karte zu wenden. „Na ja, ich hab´ da vorne in dem Kasten eben zufällig einen Prospekt hängen sehen. 4500 Kronen für eine halbe Stunde." - etwas mehr, als hundert Mark. Das ist wirklich nicht so schlimm. Ich merke, wie ich innerlich ganz kribbelig werde. Ich wäre auf der Stelle bereit das für den Flug auszugeben, aber wie steht es mit Christian? Wir laufen erst einmal los in Richtung Wanderweg. „Eigentlich laufen wir in die falsche Richtung", sagt Christian nachdenklich. Ich verstehe nicht ganz, bis er in Richtung Flugfeld deutet, das genau hinter uns liegt. „Wollen wir...?" frage ich vorsichtig. „Ja!" Das Glänzen in Christians Augen wird zum Leuchten.

Der Svartifoss im Skaftafell-Nationalpark

Leider hat sich der Himmel inzwischen arg zugezogen. Obwohl ab und zu die Sonne durchkommt, hängen dunkelblaue Wolkenbänke über uns und den Gletscher hinweg und das Licht ist schon spätes Nachmittagslicht. Wir entschließen uns, bis Morgen zu warten und es auf jeden Fall zu tun, wenn das Wetter so wie jetzt oder besser ist. Mit sorgenvoll-freudigem, erwartungsfrohem Kribbeln im Bauch, laufe ich neben Christian her, den Weg zum Svartifoss hinauf. Im Gebüsch um uns wachsen Massen von Pilzen, die wir allerdings nicht kennen und daher stehenlassen. Bald sind wir am Svartifoss angelangt. Wunderschön, von schwarzen Basaltsäulen eingefaßt, stürzt der kleine Wasserfall in einem einzigen Strahl nach unten.

Nach einer guten Weile laufen wir weiter, kommen aber nicht weit, denn neben dem Weg wachsen dicke rote Preiselbeeren. Wir fangen beide an zu pflücken und kriechen lange kreuz und quer durchs Unterholz. Erst, als wir nichts mehr finden, ziehen wir weiter. Da, Christian hat eine Marone gefunden, ein Stück weiter noch eine und schon hat ihn der Pilzeifer gepackt. Wir verlassen den Pfad und durchkämmen mit wilden Blicken das Unterholz. Auf einmal stehe ich mitten in den Blaubeeren. Blaubeeren, so dick und saftig, wie man sie sich nur vorstellen kann. Während Christian, nicht ohne Erfolg, weiter Pilze jagt, pflücke ich wie gekniffen Blaubeeren. Es ist längst Abend geworden. Kein Mensch ist weit und breit zu sehen. Der Gletscher strahlt vor uns in makellosem Weiß und über ihm schweben orange angestrahlte Wölkchen. Überhaupt - dieser Abendhimmel! Wir reißen uns endlich los und steigen noch auf den Aussichtspunkt, der eigentlich unser Ziel war. Der Himmel ist ein Erlebnis! Die Luft ist ganz klar und ruhig. Die Wolken, die nur noch hier und da am hellblauen Himmel hängen, haben alle Blautöne, die man sich nur vorstellen kann und dazwischen leuchten einzelne in strahlendstem Orange. Es ist bezaubernd schön und ich bin sagenhaft froh! Jetzt sollten wir uns aber dennoch auf den Rückweg machen, damit wir nicht in die Dunkelheit kommen.

Wir nehmen einen anderen Weg zurück, entdecken einen weiteren kleinen Wasserfall und sammeln noch einige schöne Pilze. Schließlich laufen wir durch einen richtigen kleinen Wald abwärts und sehen damit die ersten ernstzunehmenden Bäume seit drei Wochen!

Als wir am Zelt ankommen, dämmert es schon. Ich mache mich an die Pilze. Einige müssen wir wegschmeißen, weil sie vor Maden nur so wimmeln, aber es bleiben genug übrig. Als ich den Kocher anschmeißen will, streikt das dumme Ding mal wieder. Das darf ja wohl nicht wahr sein! Obwohl man eigentlich schon gar nichts mehr sieht, zieht Christian seine Isomatte ins Freie und fängt an, den Kocher auseinanderzunehmen. Es ist mir völlig schleierhaft, wie er in der zunehmenden Dunkelheit jedes der Schläuchen an die richtige Stelle bekommen will. Wie auch immer - als er ihn wieder zusammengebaut hat, schnurrt das Ding nur so. Ich brate die Pilze in Margarine an und lasse sie noch etwas in Brühe köcheln. Mit Salz und Pfeffer wird das ganze abgeschmeckt und ist kurz darauf servierfertig. Es ist gemütlich im Schein der Kerzenlaterne und wir löffeln mit vor Genuß verdrehten Augen. Es ist wirklich einsame Spitze! Nach der köstlichen Vorspeise schmeckt unser „Beef Stroganoff“ verflixt banal. Die geplante Nachspeise aus heißen, gezuckerten Beeren, verschieben wir auf morgen. Wir können nicht mehr!

Der Himmel über uns ist sternenübersät und funkelnd klar. Die Nacht ist so warm, daß wir das Innenzelt offen lassen und auf die Schlafsachen verzichten.

Der Morgen ist sonnendurchflutet! Kein Wölkchen hängt am Himmel. Die Erkenntnis, was das bedeutet, durchrieselt mich langsam, während ich aus der Zeltöffnung blinzele. Das Frühstück geht schnell heute morgen. Wir einigen uns, erst alles zusammenzupacken und zum Parkplatz zu schleppen, von wo aus wir wieder den Bus nehmen wollen. Wir tun das und wenig später stehe ich in der Telefonzelle neben den Waschräumen und wähle die Nummer, die unter den Flugangeboten angegeben ist. Zehn Minuten später hält ein rotes Auto neben uns, in dem der Pilot sitzt, um uns abzuholen. Er ist noch jung und sehr nett. Wir rattern über ein Lavafeld zu der ansatzweise ebenen von den größten Lavabrocken befreiten Piste, die als Lande- und Startbahn dient. Nun ja... Christian bezahlt in einem kleinen Container neben der „Bahn" und ich schaue mir schon einmal das Flugzeug an. Es ist winzig! Der Gedanke, mich diesem winzigen Ding anzuvertrauen, kommt mir ziemlich abenteuerlich vor. Das Kribbeln in meinem Bauch wird fast zum Kneifen vor Aufregung und Freude. Christian kommt und der Pilot schiebt die Cessna per Muskelkraft in Startposition. Dann steigen wir ein. Der Pilot überprüft die verschiedenen Anzeigen und schmeißt dann den Motor an. Ein Zittern läuft durch die kleine Maschine und meinen Rücken herunter. Wir rollen los um ans andere Ende der Startbahn zu kommen. Dort bleibt der winzige Blechvogel stehen. Alles wartet. Der Pilot läßt den Motor aufheulen. Schneller und immer schneller dreht sich der Propeller. Die Maschine scheint kurz davor, vor Energie zerrissen zu werden, da läßt der Pilot die Bremse los und die Cessna rast die Piste entlang. Die Stöße und Schläge - zusammen mit dem ungeheuren Lärm - sind sagenhaft

Der Hvannadalsnukur am Südrand des Vatnajökull

als das Flugzeug über die Schlaglöcher jagt. Auf einmal ein letzter Hüpfer und die Schläge hören auf. Wir fliegen. Obwohl die Maschine einen Höllenlärm macht, entsteht ein Gefühl von Zeit- und Schwerelosigkeit. Unendlich langsam überfliegen wir die riesige Gletscherzunge, die uns auf der Herfahrt so irritiert hatte. Rechts von uns ragen Berge aus dem Eis. An ihren Flanken ist der Gletscher zerbrochen und riesige Eisbrocken, wie Eiswürfel sehen sie von hier oben aus, liegen kreuz und quer am Berghang. Es fällt mir schwer, die Größenverhältnisse zu schätzen. Nur anhand des winzigen Schattens, den das Flugzeug auf das Eis wirft, kann man ermessen, wie tief die Spalten[19] unter uns sind.

Wir drehen nach rechts ab und umfliegen die aufragenden Gipfel. Der Blick in ein Tal öffnet sich uns, das in Liparitberge eingekerbt ist, die sanft in allen Erdfarben leuchten. Einige kleine Gletscherzungen tauchen unter uns auf. Wunderschön sind die Bewegungen des Eises an den schwarzen Bändern der Moränen und die Spannungen an den plötzlich auftretenden Gletscherbrüchen[20] zu erkennen. Weit am Horizont sehen wir einen Gletschersee[21], auf dem in der Sonne schimmernde Eisberge schwimmen. Das muß der Jökulsárlón sein, der bekannte Eissee, den wir uns auch bald aus der Nähe ansehen wollen.

Vor uns kommt ein Berggipfel in Sicht, dessen höchste Spitze einsam aus dem Eis aufragt. Das ist der Hvannadalsnúkur, der höchste Berg Íslands. Wir umkreisen ihn, wobei das Flugzeug völlig auf der Seite liegt. Es geht weiter, entlang eines messerscharfen Grates, der einzig aus dem Eis hervorragt und über einer Gletscherzunge mit lehrbuchhafter Mittelmoräne abwärts. Wir verlieren an Höhe, der Druck auf den Ohren nimmt deutlich zu. Über eine Felskante stürzen Wasserfälle aus Schmelzwasser von der darüberliegenden Eisschicht auf die darunterliegende. Wir gleiten über tiefe Gletscherbrüche auf den Rand der Gletscherzunge zu und plötzlich ist kein Eis mehr unter uns, sondern Sander und in der Sonne spiegelnde Gletscherflüsse. Eine Piste taucht unter uns auf, ein paar einsame Höfe und kurz darauf der kleine Container auf dem Rollfeld. Rasend schnell kommt der Boden näher und ich erwarte jeden Augenblick einen Schlag, der mich bis an die Decke katapultiert, aber die Landung ist butterweich! Einen Moment scheint das Flugzeug schon halb zu rollen und doch noch halb zu schweben. Erst als der Pilot abzubremsen beginnt, machen sich die Schlaglöcher wieder bemerkbar, dann stehen wir.

Der Pilot dreht sich um und lacht uns an. „Great!“ kommt es von uns beiden wie aus einem Mund. „It was fantastic, it was great!“ Wir strahlen uns an und können uns vor Begeisterung kaum einkriegen. War das ein Erlebnis! Wir werden wieder zum Campingplatz gefahren und verabschieden uns, noch ganz närrisch vor Begeisterung.

Die Mittagssonne brennt geradezu vom Himmel. Man könnte in Badesachen herumlaufen. Jetzt stehen wir vor der schweren Entscheidung, ob wir schon in drei Stunden oder lieber erst morgen den Bus nehmen und weiterfahren sollen. Ich würde gerne noch etwas bleiben, aber natürlich ist die Chance, bei diesem Wetter den Gletschersee mit glänzenden Eisbergen in der Sonne funkeln zu sehen auch nicht zu verachten. Wir beschließen heute zu fahren. Bis der Bus kommt, bleibt aber noch reichlich Zeit. Ich liege auf dem Rücken in der Sonne, fühle die Wärme auf der Haut und den leichten Wind, der mich streichelt. Nicht zu fassen, daß dieses zarte Lüftchen mit dem elementaren Sturm verwandt sein soll, der uns in den letzten Wochen so oft gebeutelt hat. Ich schließe die Augen und träume, schwebe noch einmal über der glitzernden Eiskappe, entlang an den haarscharfen Graten und schuttbeladenen Gletscherzungen.

Ich bin eingeschlafen. Jäh werde ich wach, als Christian mich ruft. Der Bus kommt. Ich springe auf, ziehe mir ein Hemd über, springe in Schuhe und Strümpfe und stopfe die herumliegenden Kleinigkeiten in meinen Rucksack. Wir laden alles in den Bus und steigen ein, aber dieser Fahrer hat es nicht eilig. Er hat einen alten Bekannten betroffen und verdoppelt ohne mit der Wimper zu zucken seine planmäßige Aufenthaltszeit. Als es dann doch losgeht, ist die Freude von kurzer Dauer. Wir fahren direkt in eine schier undurchdringliche Nebelbank hinein, die vom Meer heraufgezogen ist und den Gletscher umwabert. Meinc Hoffnung, es könnte nur eine schmale Bank sein, erfüllt sich nicht. Die Suppe wird immer dicker. Bald sehen wir nur noch wenige Meter weit, es beginnt zu nieseln und wird schlagartig kalt. Es ist wirklich deprimierend, aber ich hoffe immer noch, daß der Nebel so schlagartig verschwindet, wie er gekommen ist. Schließlich erreichen wir den Jökulsárlón und meine schlimmsten Befürchtungen werden noch übertroffen! Man sieht nichts! Überhaupt nichts! Dann und wann taucht die Silhouette eines Eisberges vor uns auf, um gleich darauf geisterhaft wieder zu entschweben. Ich muß an die Schiffe denken, die früher auf den Eismeeren herumirrten. Es ist erschreckend wie nahe man an einen Eisberg herankommen kann, ohne etwas von ihm zu bemerken, nichts hebt sich von der Umgebung ab, die Konturen verschwimmen ganz und gar im Weiß der Umgebung. Ich bin froh, daß der Bus nach einem kurzen Aufenthalt weiterfährt und wir nicht verdammt sind, in dieser Trostlosigkeit das Zelt aufzuschlagen. Die Fahrt ist nicht besonders spannend. Das

Wetter bessert sich nur insoweit, daß der Nebel sich etwas lichtet. Überall entlang der Straße werden Schafe zusammengetrieben, sortiert und auf Wagen verladen. Eng wie die Sardinen sind die Tiere zusammengepfercht, während sie auf ihr weiteres Schicksal erwarten. Ich döse etwas ein und versuche mich innerlich mit der Erinnerung an den blauen Himmel über dem Skaftafell aufzubauen.

Wir erreichen Höfn und der Bus hält am Campingplatz. Der Platz und seine Umgebung sind so abgrundhäßlich, daß mir beim Gedanken hier zwei Tage bleiben zu müssen, ganz anders wird, aber der Bus fährt erst übermorgen weiter. Da läßt sich nicht viel machen. Nach einem kurzen Einkauf im Supermarkt gegenüber machen wir uns auf die Suche nach einem Schwimmbad. Der Gedanke mich in einen heißen Pool sinken zu lassen, ist das einzige, was mich heute noch mit der zweiten Hälfte des Tages versöhnen kann. Wir finden tatsächlich ein Schwimmbad. Allein die Dusche gleich nach der Umkleide ist schon fast den Eintrittspreis wert. Draußen gibt es ein großes Schwimmbecken, ein flaches Kinderbecken und zwei Whirlpools. Ich schwimme zuerst ein paar Bahnen. Das Wasser ist hat eine Temperatur wie in Deutschland nur am Warmbadetag. Schließlich wird mein Bedürfnis nach richtiger Wärme zu groß und ich fliehe in einen der Whirlpools - herrlich! Christian ist auch aufgetaucht und gemeinsam sitzen wir mit halbgeschlossenen Augen bis zum Kinn im Wasser und genießen, wie die Wärme unseren Körper durchströmt. Es macht Spaß, die Leute zu beobachten. Wir sind die einzigen Fremden. Hier wird uns ein Einblick in ein Stück „Ísland“ gewährt, wie man ihn sonst nur schwer bekommt. Es sind viele junge Leute mit kleinen Kindern da. Die Eltern sind bedeutend jünger, als es bei uns zu Hause normal ist. Auch viele Mütter, die man mit Kinderwagen auf der Straße sieht, sind kaum älter als achtzehn.

Wir bleiben lange, wechseln ab und zu die Becken, genießen und beobachten. Es ist eine wunderschöne Stimmung in dem Schwimmbad. Schließlich sind nach und nach alle Erwachsenen im Kinderbecken gelandet, sitzen da und lachen und erzählen, während die Kinder zwischen ihnen spielen und über ihre ausgestreckten Beine stolpern und krabbeln. Es ist schon ganz dunkel, als wir uns entschließen zu gehen. Ich genieße ausgiebig das Frotteehandtuch, das man an der Kasse leihen konnte, das erste richtige Handtuch seit Wochen!

Völlig weich, warm und entspannt trödeln Christian und ich zurück zum Campingplatz. Dort kochen wir Kakao, machen Wasser fürs Abendessen heiß und schreiben noch eine Weile. Mit vollem Bauch kriechen wir schließlich in die Schlafsäcke und vergessen wie unschön dieser Zeltplatz ist. Nur das Röhren einer Fischfabrik hindert mich nachhaltig daran, mir einzureden, das Zelt stünde in einem wunderschönen Tal an einem kleinen Bach.

Ausflug in die Zivilisation

Ich liege wach im Schlafsack und denke über eine Karriere als Terrorist nach. Die Fischfabrik, die einen entsetzlichen Lärm macht, würde ich am liebsten in die Luft sprengen. Aber es gibt ja in Höfn auch positive Dinge, zum Beispiel die Aussicht auf frische Brötchen zum Frühstück aus dem Supermarkt gegenüber! Da der aber höchst wahrscheinlich noch geschlossen hat, drehe ich mich nur im Schlafsack um und döse noch mal ein.

Eine Weile später kaufen wir nicht nur die ersehnten Brötchen, sondern noch allerlei andere nützliche Dinge, die man so braucht, um ein Frühstück zu einem Schlemmermahl zu machen. Zurück im Zelt veranstalten wir eine regelrechte Frühstücksorgie. Nachdem geraume Zeit später weder von den sechs Brötchen, noch von der neuen Packung Knäckebrot ein einziger Krümel übrig ist, können wir uns nur nach hinten fallen lassen und da weitermachen, wo wir durch das Frühstück unterbrochen wurden - beim Schlafen!

Es ist schon Mittag, als wir zum Hafenrundgang rüsten. Mal schauen, ob wir irgendwo etwas Fisch kaufen können. Ganz plötzlich kommt die Sonne zum Vorschein. Es wird warm und in dem sich lichtenden Dunst liegt das Meer glatt wie ein Spiegel in der Sonne. Auf dem Pier ist es relativ still, nur hier und da sehen wir jemanden im Blaumann von einer Halle in die andere gehen oder einen Gabelstapler mit Kisten voll Eis hin und her fahren. Im Hafenbecken liegen die Fischkutter inmitten ölig schimmerndem

Wasser, rostig, alt und nicht sehr vertrauenserweckend. Fisch gibt es nirgendwo zu kaufen, also suchen wir nach einem hübschen Plätzchen, an dem wir ein bißchen in den Tagebüchern schreiben können. Auf einem kleinen Hügel steht eine hölzerne Sitzgarnitur - geradezu perfekt! Mit Blick auf eine riesige Bucht machen wir es uns hier oben gemütlich. Vor uns verschwindet langsam der letzte Nebelschleier und gibt den Blick auf die Flanke des Vatnajökull frei. Zwischen den Bergspitzen quillt weißblaues Eis hervor und ergießt sich in breiten Strömen in Richtung Meer. Im Licht der Sonnc crscheint das Eis noch reiner, der Fels noch dunkler.

Ein leichter Wind kommt auf und plötzlich werden Nebelfetzen an uns vorbeigeweht. Als ich mich umdrehe, ist hinter uns alles in einem einzigen kalten, feuchten Nebelbrei verschwunden. Auch der Gletscher taucht in die Wolkenschicht, die bunten Häuser von Höfn verschwinden vor unseren Augen und wir sitzen völlig allein auf einer Insel im Nebel. Binnen Minuten wird es her an unserem Plätzchen so ungemütlich, daß wir uns ein warmes Café oder eine Kneipe suchen wollen. Die Kälte geht durch und durch und die Nässe kriecht die Hosenbeine hoch. Wir sind heilfroh, als wir bald eine Kneipe finden, in der es etwas heißes zu trinken und einen warmen Platz zum Hinsetzen gibt. Der Kaffee holt unsere Lebensgeister wieder zurück und langsam aber sicher werden auch Finger und Füße wieder warm. Ich breite auf dem Tisch die Karte vom Skaftafell-Nationalpark aus und wir stecken die Köpfe zusammen, fliegen in Gedanken noch einmal hoch in die Sonne, über Gletscher und Grate, über Eis und Spalten über Straßen und Flüsse. So entdeckt uns der Wirt und auf einmal beugen sich drei Köpfe über die Karte. Wir erzählen von unserem Flug bei bestem Wetter und der Wirt gerät richtig ins schwärmen, als er uns von einem Linienflug von Reykjavík nach Höfn erzählt, bei der der Pilot über dem Vatnajökull eine Schleife fliegen mußte und das ebenfalls bei Traumwetter mit blauem Himmel und gleißender Sonne.

Wenig später sitzen wir wieder alleine an unserem Tisch , versenken uns in die Tagebücher und sind in Gedanken überall, am Vatnajökull, im Skaftafell, am Jökulsárlón, nur nicht in Höfn, diesem kleinen Städtchen mit einer Fischfabrik, einem Campingplatz und zwei Supermärkten. Ich muß mir immer wieder vor Augen führen, daß das hier schon eine der größten isländischen Siedlungen ist.

Für heute abend haben wir Mehl, Butter und Kräuter gekauft, denn wir wollen noch Fladen auf dem Kocher backen. Unter Rebeccas fachkundiger Anleitung bastele ich aus dem Teig die Fladen. Aus den Kugeln werden bei mir aber immer irgendwelche ovalen Dinger, die zwar rundlich, aber niemals rund aussehen. Das Backen gestaltet sich noch schwieriger, denn an unserem Kocher gibt es ja nur zwei Stufen: Aus oder sehr heiß - und das ist für die armen Fladen deutlich zu viel. Mit dem ersten Versuchsexemplar wird die Pfanne kohlrabenschwarz. Es dauert endlos, bis alle Fladen gebacken sind und jeder von uns sitzt eine halbe Ewigkeit vor dem Kocher, um die Pfanne in gebührendem

Sicherheitsabstand über den Kocher zu halten. Dann packen wir unsere Sachen und ziehen uns ins Zelt zurück. Heißhungrig essen wir die Fladen mit Butter, trinken dazu heißen Tee und entspannen unsere, vom stundenlangen Hocken verkrampften Beine. Zum Entspannen war dieser Ruhetag ja eigentlich auch gedacht und irgendwann merke ich, daß ich wohl schon eine Weile geschlafen habe. Im dunklen Zelt ziehe ich mich aus und krieche in den Schlafsack. Morgen müssen wir früh aufstehen, um den Bus nach Egilsstaðir zu kriegen. Leider werden wir dort bis Montag festsitzen, bis ein Bus in Richtung Myvatn fährt, der uns an der Abzweigung zum Dettifoss absetzen kann. Aber im Moment versinkt alles um mich herum im Dunkeln und mir fallen die Augen zu.

„Was glaubst du wie spät es ist?“ - von Rebecca lugt nur ein Auge aus dem Schlafsack. „Zu früh!“ knurre ich und drehe mich wieder um. Wenig später wache ich aber wieder auf, weil ein Teil meines Bewußtseins partout nicht schlafen wollte, sondern ständig: „Du darfst den Bus nicht verpassen“ geflüstert hat. Also werfe ich einen Blick aus dem Zelt. Das Gras ist voller Tau, große Tropfen hängen an jedem Halm. Die Bucht vor uns liegt wie ein Spiegel, in dem sich jetzt das schönste Morgenrot spiegelt, das ich je gesehen habe. Kopf an Kopf liegen wir im Zelteingang, lautlos in andächtigem Staunen. Der schwarze Koloß von einem Berg mit zwei Spitzen hebt sich dunkel vom bunten Farbenspiel des Himmels ab. Über dem Wasser der Bucht steigen ganz leichte Nebel auf und der Himmel glüht. Die einzige Wolke, die an dem makellosen Morgenhimmel schwebt, ist dunkelrot angestrahlt, der Himmel aber wird von Minute zu Minute heller, leuchtender, lebendiger. Der Rand der nachtdunklen Berge beginnt in goldenem Gleißen zu zittern. Ich höre in mir den „Morgen" aus der Peer-Gynt-Suite von Edvard Grieg, das leichte Vorspiel, das den Morgenhimmel beschreibt, sich steigert und steigert bis es so hell ist, daß schließlich die Sonne zwischen den Zacken der Berge aufgeht. ich kneife die Augen zusammen, so hell ist es jetzt, denn nicht nur die Sonne leuchtet am Himmel, sondern auch jeder einzelne Tautropfen an den Grashalmen. Ich traue mich kaum, aus dem Zelt zu kriechen, um nicht mit einem Fußtritt all diese Herrlichkeit zu zerstören.

Aber da gerade erst die Sonne aufgegangen ist, heißt das auch, daß wir noch genügend Zeit haben, um zu frühstücken. Gemütlich packen wir unsere Sachen, tragen alles zur Bushaltestelle am Campingplatzhäuschen und warten. Der Bus soll est um acht Uhr dreißig fahren und so verschwinden wir beide um acht Uhr fünfzehn noch einmal in Richtung Toilette. Rebecca ist vor mir wieder draußen. Ich stehe gerade an einem Postkartenständer, als ich Rebecca draußen plötzlich rennen sehe. Schnell begreife ich was los ist: Unser Bus fährt gerade ab - eine Viertelstunde zu früh! Ruckzuck bin ich auch draußen und hinterher - wir trommeln im Rennen an die hintere Bustür, bis der Fahrer begreift und anhält. Ich mag gar nicht daran denken, was passiert wäre wenn....wir hier und unser Gepäck in Egilsstaðir...

Djúpivogur an der Ostküste

Die Busfahrt ist ein Genuß. Es geht die Küstenstraße entlang, rechts von uns liegt das tiefblaue Meer und links ragen sandgelbe Berge hoch in den Himmel. Die Straße ist dem Berg abgetrotzt und liegt inmitten riesiger Schuttkegel. Jede Wette, daß die Isländer diese Straße schon mehr als einmal neu gebaut haben, weil ganze Abschnitte einfach verschwunden sind, wenn Geröllawinen von oben herunterstürzen. Zwischen den einzelnen Gebirgszügen liegen tiefe Fjorde, umkränzt von grünem Land - fast unglaublich grün für diese Insel. Immer wieder sieht man Bauernhöfe als weiße Tupfen im Grün, an deren Scheunen stapeln sich die, in Plastikfolie eingepackten, Grasballen für den Winter stapeln - lange wird er nicht mehr auf sich warten lassen.

Unser ersten Halt ist das Fischerdorf Djúpivogur. Mittlerweile habe ich Durst bekommen und die Pause kommt wie gerufen. Erfreut schwinge ich mich aus der Bustür - und pralle förmlich gegen eine Wand aus widerlichem Gestank! Ich halte die Luft an, klettere aus dem Bus und atme so flach wie möglich, aber die Nase ist ein wunderbares Organ - nach fünf Minuten rieche ich von all dem Gestank nichts mehr. Dafür sehe ich, was da so erbärmlich stinkt: Vor mit liegt eine hübsche kleine Bucht, das Wasser bewegt sich kaum, die Fischkutter dümpeln träge am Pier und auf der anderen Seite steht - ein wahrer Betonklotz - eine Fischfabrik, deren Abfälle wohl für diesen „Duft“ verantwortlich sind. Die Häuschen wirken beschaulich in ihren bunten Blechfassaden, die auf die Entfernung so perfekt Holzwände vortäuschen, nur die Tankstelle und die Fischfabrik stören die Silhouette, die von einem Riesenberg überschattet wird. Durch seine Schichtung[22] sieht der kegelförmige Berg aus, wie eine aztekische Pyramide mit großen Stufen an allen Seiten aus. Im Hotel an der Bushaltestelle kaufe ich eine Cola, dann laufe ich Rebecca hinterher, die auf Erkundung in Richtung Meer unterwegs ist. Allerdings komme ich nicht ganz so weit, denn nach wenigen Metern „strande“ ich neben einem Fischkutter, die oberhalb der Bucht auf dem Trockenen liegt. Einen großen Unterschied zu seinen schwimmenden Kollegen entdecke ich nicht, aber dieses alte Ding ist faszinierend, dreckig, rostig, alt und genau richtig zum Stöbern. Ich untersuche das Schiff genau, betrachte das alte Steuerhaus, die zerbrochenen Positionslampen, während Rebecca irgendwo um die Ecke den Blick aufs offenen

Meer sucht. Meine Erkundung wird jäh unterbrochen, weil alles zum Bus zurückrennt und der Busfahrer energisch auf die Hupe drückt. Auch Rebecca kommt angewetzt und schon geht es weiter die Küstenstraße entlang.

Ich greife erst einmal nach der Dose, in die wir unsere restlichen Fladen gestapelt haben. Nachdem sie nun noch etwa durchgezogen sind, schmecken sie noch besser und herzhafter als gestern. Mir bleibt nicht viel Zeit um die Fjorde in der Sonne zu genießen, denn der Bus biegt von der Straße ab und fährt mitten nach Breiðdalsvík hinein. Noch einmal ist eine Pause angesagt. Schon wieder liegt ein Fischkutter auf dem Trockenen, aber mein Entdeckergeist ist vorerst befriedigt und wartet noch darauf, endlich an einen alten verlassenen Hof zu kommen, an dem es noch etwas zu sehen gibt. Die Sonne steht hoch am azurblauen Himmel und uns ist so warm, daß wir uns das erste Eis in Ísland gönnen - irgendwie muß diese Insel ja ihrem Namen gerecht werden. Ich für meinen Teil hätte sie eher „Windland“ als „Eisland“ getauft. Mit unserem Eis in der Hand besichtigen wir einen isländischen Vorgarten: Dicke Kieselsteine liegen da, ein Anker, ein Walknochen, Schwimmer von Fischernetzen und neben ein paar Plastiktüten ein Grill. Wachsen würde hier wohl nichts, aber mit der Ersatzdekoration ist man so einfallsreich und farbenfroh gewesen, wie irgend möglich. Wir folgen der Straße in Richtung Hafen und lassen den eigentlichen Ortskern, der sich eng an den Hang eines kleinen Berges duckt, hinter uns. Auf einer Böschung bleiben wir neben einem Schrotthaufen stehen, der ein nicht uninteressantes Spektrum der Autotypen der letzten Jahrzehnte aufweist, die hier nach und nach den Dienst quittiert haben. Vor uns verläuft ein Zaun, dahinter liegen saftig grüne Wiesen und am Horizont glitzert das Meer in der Sonne. Wie es hier wohl im Winter aussieht, wenn die kleinen Häuser der Isländer fast im Schnee versinken und es dunkel wird?

Die Fjorde liegen hinter uns und über eine Paßstraße fahren wir weiter gen Egilsstaðir. Die Stangen, die den Rand der Straße markieren, sind fast so hoch wie der Bus und lassen ahnen, wie hoch der Schnee hier im Winter liegen muß. Neben der Straße ziehen Felswände nach oben und an den einzelnen Schichten kann man noch die Zahl der Vulkanausbrüche ablesen, die einst diese Berge geschaffen haben. Dort, wo Bäche die Flanke des Berges zerschneiden, haben sich an jeder Stufe, wo die Schicht wechselt, kleine Wasserfälle gebildet, so daß das Wasser in unzähligen Kaskaden ins Tal rauscht. Auf einmal tauchen neben der Straße die ersten Krüppelbirken auf, dann ist es schon ein kleiner Wald und bald passieren wir das Ortsschild von Egilsstaðir. Als der Bus am Campingplatz hält, wollen wir aussteigen und hören nur so nebenbei auf das, was der Busfahrer noch durchsagt: „The bus to Myvatn goes in about one hour!“ - Ein Bus zum Myvatn? In einer Stunde? Während wir zur Post laufen, um eines unserer Päckchen, das hier auf uns wartet, zu holen, überlegen wir: Die Möglichkeit, den Bus zu nehmen, würde bedeuten, daß wir nicht bis Montag in Egilsstaðir bleiben müßten und das schöne Wetter, das vielleicht noch etwas anhält, auf der kommenden Wanderung zum Dettifoss nutzen könnten. Auch als wir mit unserem Päckchen wieder auf dem Rückweg sind, überlegen wir noch hin und her. Schließlich fällt die Entscheidung: Wir fahren weiter!

Im Laufschritt renne ich in den Supermarkt um Brot zu kaufen. Kaum bin ich mit einem richtigen Laib Brot - keinem klebrigen Toast-Brot - zurück, als Rebecca lossprintet: Uns fehlt noch Tee. Wir stopfen die Vorräte aus dem Supermarkt und dem Päckchen in die Rucksäcke und sind eben fertig, als der Busfahrer den Motor anschmeißt.

Als der Bus schon einen Moment unterwegs ist, greife ich in meine Brottüte und gebe Rebecca ein Kuchenstückchen - sie hat gar nicht mitbekommen, daß ich welche gekauft habe und freut sich unheimlich.

Nach dem sanften Grün der Wäldchen um Egilsstaðir ist das Land nun wieder rauher: Weite Lavawüsten, steile Täler mit reißenden Flüssen und wenig Leben. Zunächst stehen noch alle paar Kilometer vereinzelte Häuser an der Straße, dann verraten nur noch die Telegrafenmasten, daß wie uns in einem bewohnten Land befinden. An einem Café mitten im „Nichts“ machen wir Rast, aber es ist alles verschlossen, denn die Saison ist lange vorbei. Der Himmel hat sich zugezogen, graue Wolken stehen über uns. Hier, mitten in der weiten Wildnis stehen noch ein kleines Kirchlein und ein Bauernhof, um dessen Ecken der Wind heult. Am Horizont erhebt sich dunkel und majestätisch der Herðubreið, die „Königin“ der isländischen Berge. Ich glaube eher den Sagen nach denen der Berg ein Sitz der Götter ist, so wie er aussieht.

Der Rest der Busfahrt dauert für uns nur noch wenige Minuten, dann stehen wir an der Abzweigung von der Ringstraße in Richtung Dettifoss. Der Bus ist schon verschwunden und nur seine Staubfahne sehen wir noch am Horizont verwehen. Dann stehen wir wieder allein in der Weite Íslands. Die Häuser von Grímsstaðir, einem Hof hinter den Kreuzung, stehen einsam und verlassen und es scheint, als sei seit langem niemand hier gewesen. Fast komme ich mir vor, wie der erste Mensch an diesem Platz. Wir schultern die Rucksäcke und werfen noch einen letzten Blick auf die aufgestellten Informationstafeln: Der Wanderweg an der Jökulsá vom Dettifoss bis nach Ásbyrgi befindet sich auf der Westseite des Flusses, da, wo auch der Nationalpark ausgewiesen ist. Wir stehen auf der Ostseite - kein Nationalpark, also auch kein Wanderweg. Demnach werden wir uns einen eigenen Weg entlang des Jökulsá-Canyons suchen müssen.

In der Abenddämmerung laufen wir auf der Piste nach Norden. Die Brottüte baumelt an meinem Rucksack und wir genießen das Gefühl, wieder unterwegs zu sein. Ich wäre in den letzten gemütlichen Tagen um ein Haar eingerostet. Jetzt müssen wir in der weiten flachen Wüste vor uns nur noch Wasser finden. Der Untergrund besteht aus Sand oder Kies, hier und da wächst in der trockenen Ebene ein wenig Strandhafer. Eine leichte Brise läßt mir dann und wann eine Gänsehaut über den Rücken laufen - ich fröstele und habe schon wieder Durst.

Links von uns taucht auf einer winzigen Anhöhe der Bauernhof Holssel auf. Wir schauen auf die Karte: Damit hätten wir unsere heutige Tagesetappe geschafft, denn beim Hof muß ein Bach sein! Und tatsächlich, bald kommen wir an eine Brücke, unter der langsam und träge ein breiter Bach fließt. Neben der Piste steht ein LKW, der aussieht, als hätte man ihn beim Abladen Hals über Kopf stehen gelassen: Säcke stapeln sich auf der Pritsche, die Klappen sind unten, aber weit und breit ist kein Mensch zu sehen. Nach einer Kurve verlassen wir die Piste und laufen das sandige Ufer hinunter zum Bach. Trotz der Nähe des Wassers ist das Land genauso arm und karg, wie anderswo auch. Bald steht unser Zelt n einer kleinen Sandkuhle, der Kocher taucht alles in bläuliches Licht, das Wasser im Topf dampft. Mir fallen die Augen zu - irgendwie war der Tag anstrengend. Ich schaffe es noch, meinen Teller leer zu essen, trinke mit Rebecca noch einen Tee und rolle mich dann in meinen warmen Schlafsack ein. Neben uns gluckst und plätschert ganz leise der Bach. Nach dem Krach der Fischfabrik in Höfn ist es kaum zu glauben, daß wir jetzt hier sind, inmitten der Wildnis, an einem Ort der Stille.

Herbstfarben an der Jökulsá

Als wir aufwachen, sieht der Himmel gar nicht so übel aus, obwohl es etwas nieselt. Es kommen deutliche blaue Wolkenlöcher auf uns zu. Ich krame die Müslitütchen hervor, Christian macht Tee und so allmählich kommt auch die Sonne durch. Bald sitzen wir im herrlichsten Sonnenschein, und alles um uns leuchtet und sieht ganz frisch und neu aus. Im Zelt wird es warm. Wir fangen sehr gemächlich mit der Packerei an. Keiner von uns hat es eilig. Meine Haare sind mehr als waschreif und dieser warme Morgen ist wie geschaffen für eine größere Waschaktion! Mit hochgekrempelter Hose steige ich in den Bach und tauche den Kopf unter.

Ich seife mir die Haare ein und veranstalte gleich noch eine Oberkörperwäsche, wenn ich schon mal so günstig stehe. Tropfend sitze ich am Ufer und genieße den leichten warmen Wind auf der Haut. Es ist kaum ein Laut zu hören, von Christians gelegentlichem Platschen einmal abgesehen, der sich jetzt auch die Haare wäscht.

Dann bauen wir unter unglaublichen Staubfahnen das Zelt ab. Alles ist regelrecht paniert von dem staubfeinen Flußsediment. Als wir loslaufen, ziehe ich notgedrungen ein Baumwollunterhemd über. Es ist das kühlste, was ich habe. Den Rest des Tages werden wir durch Wüste wandern. Obwohl die Vorstellung nicht sehr verlockend ist, macht uns das Laufen heute Spaß. Kleine Schönwetterwolken hängen am blauen Himmel, die steinerne Ebene vor uns glänzt in der Sonne, der leichte, warme Wind streichelt die Haut und es ist so wundervoll warm.

Als kurz nacheinander zwei Autos vorbeikommen, haben wir noch gar keine Lust, zu trampen. Der Tag vergeht, ohne daß etwas Einschneidendes passiert, aber unmerklich ändert die Wüste immer wieder ein wenig ihr Gesicht. So tauchen ab und zu schwarze und rote Dünen auf, Streifen leuchtenden Grüns liegen unvermittelt zwischen den Hügeln. Die kleinen Steine, die fast durchgängig den Untergrund bilden, sind wie ein Kopfsteinpflaster in Mosaiksteingröße aneinander angepaßt und bilden mit ihrer wie glasiert wirkenden Oberfläche einen schimmernden, spiegelnden Bodenbelag[23].

Nach langem Marsch erreichen wir eine Stelle, wo die Piste ein kurzes Stück an der Jökulsá entlangführt. Dort suchen wir uns ein schönes Plätzchen im struppigen Kraut, direkt am Fluß. Ich ziehe die Schuhe aus und lege mich der Länge nach ins Kraut. Es tut gut, den Rücken einmal gerade zu bekommen. Dann machen wir uns über unsere Früchtepäckchen her und runden das Ganze mit Schokolade ab. Leider verschleiern mehr und mehr Wolken die Sonne und der Wind wird kühl - ich fröstele.

Die Piste verläßt den Fluß wieder, der hier noch sehr breit ist und ausgedehnte Schotterinseln in seiner Mitte umströmt. Wir sind noch gar nicht lange auf der Straße, da nähert sich von hinten rasend schnell ein Auto. „Geh' lieber in Deckung“, mahnt Christian, und das ist bei dem Tempo auch angebracht. Ich strecke in gebührendem Abstand zum Fahrbahnrand den Daumen heraus und siehe da, der blaue PKW wird langsamer und hält schließlich neben uns an. Wir sind ganz platt. Im Inneren des Wagens sitzen ein Mann und ein Mädchen, die beide einen, gelinde gesagt, eigenartigen Eindruck machen. Das Mädchen hat den halben Kopf geschoren, so daß nur noch oben auf dem Kopf, wie ein Mützchen, Haare stehengeblieben sind, die sie liebevoll zu einem Pinsel auf der Mitte des Kopfes zusammengebunden hat. Die Kleidung ist dementsprechend. Ich glaube nicht, daß sie wahrgenommen hat, daß wir zustiegen. Jedenfalls ließ sie sich nichts anmerken. Der Mann ist zwar nett, aber auch äußerst unzugänglich. Wie auch immer, wir sitzen in einem Auto und werden statt in zwei Stunden in einer Viertelstunde den Dettifoss erreichen, was bedeutet, daß wir ihn noch bei Sonne erleben werden!

Das Auto jagt mit 110 km/h über die Waschbrettpiste. Die Hügelkuppen werden zu Sprungschanzen und die Schlaglöcher überfliegt der Wagen, so gut es geht. Dennoch gibt es derartige Durchschläge, daß uns nur Christians Rucksack, der quer über unseren Beinen liegt, durch sein Gewicht davor bewahrt, ständig mit dem Kopf gegen die Decke zu schlagen.

Endlich - eine scharfe Linkskurve, dann liegt völlig unvermittelt der Canyon vor uns. Mit äußerst mürben Hinterteilen krabbeln wir aus dem Auto. Ich bitte den Fahrer noch, eine Postkarte für ich einzuwerfen, und er verspricht es. Auf diese Weise bekommen

Der Dettifoss - Europas mächtigster Wasserfall

meine Lieben zu Hause vielleicht schneller ein Lebenszeichen, als ich sie anrufen kann, denn die Post ist bemerkenswert schnell. Der Rekord einer Postkarte lag bei zwei Tagen! Wir bedanken uns vielmals bei unserem Fahrer und steigen dann hinunter in die Schlucht. Der Canyon besteht hier ganz aus schiefergrauen Basaltsäulen. Es sieht wirklich sehr beeindruckend aus.

Dann sehen wir den Dettifoss. Was für ein Wasserfall! Er wirkt nicht so unvorstellbar mächtig wie der Gullfoss, aber die donnernde Gewalt, mit der das Wasser hier den Canyon auswäscht[24], wirkt doch noch gewaltiger als am Gullfoss.

Lange stehen wir und schauen, laufen dann weiter nach vorne, staunen und staunen. Wir stehen auf einer Ebene mit der Jökulsá,

Der Canyon der Jökulsá unterhalb des Dettifoss

bevor sie zu stürzen beginnt. Auf der anderen Seite der Schlucht ziehen enorme Wolken aus Sprühregen vom Wasserfall am grünen Hang entlang. Die Sonne funkelt golden in dem sprühenden Nebel. Das Wasser, das den Dettifoss hinunterstürzt, kommt mit solcher Gewalt unten auf, daß meterhohe Fontänen wieder in die Höhe schießen und das kaum weniger kraftvoll, als sie eben hinabgestürzt sind. Man kann nur dasitzen und schauen und versuchen, eine Ahnung dieser Gewalt zu begreifen.

Schließlich reißen wir uns los. Daß sich der ausgewiesene Wanderweg durch den Canyon genau uns gegenüber auf der anderen Seite der Schlucht befindet, ist ja keine Katastrophe, aber wir werden, so wie es aussieht, einige Probleme bekommen, in die

Schlucht hinabzusteigen. Nun ja, Probleme werden nicht besser, wenn man sie vor sich herschiebt, also steigen wir wieder zum Parkplatz hinauf und holen die Rucksäcke eine Etage tiefer. Mit den bösesten Vorahnungen nähern wir uns dem Rand der „Zwischenterrasse“, auf der wir uns befinden, um in den wirklichen Canyon hinabzusteigen. Na bravo, das war's dann. Vor uns geht es etwa 15 - 20 m senkrecht nach unten. Da ist keine Diskussion mehr nötig. Uns bleibt demnach nur übrig, morgen oben am Rand des Canyons entlangzulaufen und auf eine Gelegenheit zu hoffen, hinuntersteigen zu können.

Jetzt wollen wir aber erst mal das Zelt aufbauen. Es ist gar nicht einfach, eine Stelle zu finden, die genug Platz bietet, denn der Boden ist mit Felsbrocken bedeckt. Endlich leuchtet ein Fleckchen „Grün“ uns einladend entgegen. Der Platz ist wie geschaffen für das Zelt. Direkt an der aufragenden Wand aus eichenstammdicken Basaltsäulen und von der Seite durch einen anderen Felsvorsprung vor dem Wind geschützt. Der Weg zum Wasser ist leider etwas weit, aber das macht nichts.

Als das Zelt steht, nimmt Christian unseren anspruchsvollen Kocher zwecks gründlicher Säuberung auseinander und ich fette meine, mit einer millimeterdicken Staubschicht bedeckten Schuhe. Es ist ein schöner Platz für diese friedlichen Arbeiten, ein flacher Stein unweit des Zeltes in weicher Abendsonne mit Blick auf den Dettifoss. Keine Menschenseele, die diese Augenblicke stört. Es war eine 100prozentig richtige Entscheidung, so spät im Jahr zu fahren!

Christian fettet auch noch seine Schuhe, dann gehen wir Wasser holen. Die Brühe, die diesen phantastischen Wasserfall bildet, ist schlammbraun. Man muß nur die Hand hineinhalten, schon hat man Sandbänke zwischen den Fingern. Wir filtern das Wasser mehrmals durch mein zu vielen Lagen zusammengefaltetes, Halstuch, aber der Erfolg bleibt mäßig. Die Sedimentfracht ist reinster Schluff[25]! Das Zeug nimmt die Passage durch das Halstuch, als ob es ein Küchensieb wäre.

Wir geben uns geschlagen und lassen es gut sein. Für unseren Kakao und den Tee haben wir noch klares Wasser in unseren Flaschen und den „Ungarischen Nudeln", die wir uns heute gönnen, merkt man den Schluffanteil nicht an. Heute kommen wir nicht mehr zum Tagebuchschreiben. Es wird ein wunderschöner warmer, kuscheliger Abend im goldenen Licht der Kerzenlaterne, während draußen der Dettifoss tobt.

Der Tee heute morgen sieht aus wie Tee mit Milch, aber wenigstens knirscht es nicht zwischen den Zähnen. Als wir vorhin aufwachten, hatte es etwas genieselt, aber jetzt reißt der Himmel auf und die Gastspiele der Sonne dauern immer länger an. Wir packen zusammen und beginnen unseren Marsch am Rande des Canyons. Zunächst scheinen wir uns auf einer Art Pfad zu bewegen, der sich aber plötzlich in Luft auflöst. Eine Weile folgen wir der Piste, die ein Stück weit sehr nahe am Canyon verläuft, dann geht es querfeldein weiter. Schließlich sehen wir vor uns einen auffälligen Felsen, der hoch über der Schlucht aufragt. Genau da, wo der Fluß in einem weiteren Wasserfall über die

Felsen tost. Wir gehen dorthin und haben eine wundervolle Aussicht über den ganzen Canyon in beide Richtungen und auf den Fall unter uns.

Auf der anderen Seite der Schlucht weichen die Felswände ein Stück zurück, so daß sich eine breite, üppig bewachsene Terrasse auf „halber Höhe" gebildet hat, von der zahlreiche Bäche in die Jökulsá stürzen. Die Vegetation leuchtet in den buntesten, intensivsten Herbstfarben, die man sich nur vorstellen kann. Von strahlendem Gelb über Orange-Gelb-Gold bis hin zu Feuerrot, Weinrot und vereinzelt noch Grün und Braun. Es ist ein Anblick, der das Herz hüpfen läßt. Wir gehen auf Schafspfaden weiter, die für menschliche Füße allerdings äußerst schmal sind. Die Wanderstöcke sind auf dem buckeligen Untergrund eine große Hilfe, nerven aber auf der anderen Seite ziemlich, weil sie sich ständig in den niedrigen Büschen verfangen. Überall um uns bricht es vor Blaubeeren. Ich darf gar nicht hinschauen!

Leider hat Christian einen so bedrohlich energischen Schritt, daß mir klar ist, daß da im Moment keine Beerenpause drin ist. Trotzdem bleibe ich dann und wann für einen kurzen Moment stehen, um einmal mit den Fingern durchs Kraut zu fahren und mir eine Handvoll Köstlichkeit zu angeln. Es ist ja so schön hier! Ich kann die ewigen Schotterpisten nicht mehr sehen und bin so froh über den weichen, abwechslungsreichen Untergrund.

Wir fangen an, Pilze zu sammeln, weil wir ohnehin immer mal wieder an einem vorbeikommen. Es sind keine Pilze, die ich kenne, aber sie haben einen Schwamm und können somit nicht giftig sein, außerdem duften sie äußerst appetitlich, auch wenn das natürlich nicht sehr viel über ihre Genießbarkeit sagt.

Wir wandern jetzt am Rand der Steilwand entlang. Der Blick in den Canyon ist hier bezaubernd schön. Leider sieht man die meiste Zeit nichts davon, wenn man oben entlang läuft, weil man meistens zu weit von der Kante entfernt ist.

Endlich scheint sich eine Gelegenheit zu bieten, nach unten zu kommen. An einem langgezogenen Hang laufen wir abwärts und sehen bald, daß er wirklich ganz sachte in der Schlucht ausläuft. Wie schön! Ich schlage vor, hier am Hang unsere längst fällige Mittagspause einzulegen. Eigentlich wollte ich eine Stelle mit Blaubeeren haben, um vielleicht auch welche fürs Abendessen mitzunehmen, aber gerade hier gibt es leider keine. Dafür ist die Sicht aber einfach wunderschön!

Wir lassen uns also im Gras nieder, ich ziehe meine Schuhe aus und schaue auf den in der Sonne glänzenden Fluß, die hohen hellgrauen Steilwände und die leuchtendbunten Herbstfarben rings um uns. Unten im Tal wachsen sogar richtige Birken, sicher 2 - 3 m hoch. Ich hoffe nur, Christian behält seine Nerven, wenn wir da durch müssen. Die Früchte schmecken wunderbar. Es ist die schönste Mittagspause auf der ganzen Tour, finde ich. Wir liegen sicher schon eine Weile hier am warmen Hang, als wir bemerken, daß es auf einmal diesig wird. Die Schlucht, die in herbstlicher Klarheit unter uns lag, ist ganz mit Dunst gefüllt, und ein kühler Wind kommt auf.

Wir machen uns an den Abstieg und hängen bald im dicksten Birkengestrüpp! Es ist ein elendes Gezerre und Gestolper. Die Zweige peitschen einem um die Ohren, und ich bange um meine Isomatte, die ungeschützt auf dem Rucksack thront. Zum Glück ist das Dickicht nicht allzu lang, und bald wird das Vorwärtskommen wieder etwas bequemer. Vor uns fliegen immer wieder Schneehühner auf. Sie sind schon deutlich weißer geworden.

In unserem Rücken ziehen langsam und unerbittlich äußerst schwarze Wolken auf. Der Wind ist stark geworden, und die Wahrscheinlichkeit, heute noch eine Dusche zu bekommen, wird immer größer. Jedenfalls wird in gleichem Maße unsere Pilztüte immer voller und bei dem Gedanke an Pilze zum Abendessen läuft mir das Wasser im Mund zusammen!

Vor uns taucht ein eigenartiges Plateau auf, an dessen Rand, so unwahrscheinlich das auch klingt, eine Leiter lehnt! Wir laufen darauf zu und entdecken eine Höhle im Fels neben der Leiter. Von hier aus verläuft ein deutlich mehr als schafsbreiter Pfad in die Richtung, in die wir wollen und - Freude über Freude - erreicht kurz darauf einen Bach, über den eine richtige Brücke führt! Jenseits der Brücke ist ein wirklich wunderhübsches Plätzchen mit weichem Gras, ebenem Boden, direkt am Bach unter goldenen Birken. Ein Zeltplatz wie aus dem Bilderbuch - aber leider mit einem in den Boden gerammten Schild „Zelten verboten". Das ist wirklich ein Jammer, und so nehmen wir wenigstens die schönen dicken Pilze mit, die auf dem Wiesenstückchen wachsen. Die

Pilztüte, die mir hinten am Rucksack baumelt, wird langsam richtig schwer.

Der Weg entfernt sich wieder vom Bach und führt stetig aufwärts und schließlich wieder aus dem Canyon hinaus. Ich will die Schlucht nicht verlassen, aber Christian ist nicht mehr zu halten und will auf dem Weg über dem Canyon weitergehen, der nach wenigen Kilometern einen kleinen See erreicht, um dort einen Lagerplatz zu finden. Vom Wasser her gesehen, ist das nicht falsch, aber bei dem immer stärker werdenden Wind den Schutz der Felswände zu verlassen und aus der Farbenpracht hinaus wieder auf das öde Hochland zu gehen, gefällt mir gar nicht.

Mißmutig stapfe ich hinterher. Der Wind fegt uns fast weg, während wir uns auf der sandigen Piste immer weiter vom Canyon entfernen. Links und rechts von uns dehnen sich Þufurwiesen bis zum Horizont, nirgends eine Möglichkeit, dem Wind zu entfliehen. Langsam kommen auch Christian Bedenken, ob das hier eine gute Idee war, aber umdrehen und die ganze Strecke gegen den Wind zurücklaufen wollen wir auch nicht.

Schließlich liegt der See vor uns. An seinem Ufer stehen zwei Häuser und ein Stallgebäude. Ich wollte ein lauschiges, schönes Fleckchen im Canyon, verflixt nochmal, und nicht ein kahles Seeufer mit zwei grauen Häusern hinter mir! Neben uns taucht der Bach auf, der den See speist. Nach wenigen Metern erweitert er sich tümpelartig und unten am Wasser, von der hohen Böschung zu beiden Seiten windgeschützt, liegt eine breite, grasbewachsene Terrasse. Hier bleiben wir!

Das Zelt ist mit wenigen Handgriffen aufgebaut und wir freuen uns beide, wie schnell und sicher unser grünes Heim steht. Auch der Boden eignet sich ausgezeichnet für die Häringe. Ich fange an, die Pilze zuzubereiten, und Christian versucht, die schmutzigen Teller von gestern abend sauber zu bekommen, die wir ausnahmsweise ungespült gelassen hatten.

Die Pilze sind ein Gedicht! Diesmal haben wir zu Margarine und Brühe auch noch etwas Mehl, um die äußerst schmackhafte Sauce anzudicken. Wir schlemmen! Als zweiten Gang wollen wir den „Grüne Bohnen-Eintopf mit Tofu" probieren, der in dem Päckchen aus Egilsstaðir kann man dieses Zeug nicht beschreiben. Es schmeckt nach tausend ominösen war und den wir noch nicht kennen - der Fraß ist eine einzige Unverschämtheit! Anders Aromastoffen und Geschmacksverstärkern, nur nicht nach dem, was angeblich drin ist! Ich jammere innerlich um den guten Pilzgeschmack. Heute schiebe ich das Essen wirklich mehr von einer Seite auf die andere, als daß es weniger wird. Christian erbarmt sich schließlich und ißt meine Portion mit.

Wir schreiben noch etwas Tagebuch und ich erzähle eine Geschichte weiter, muß allerdings bemerken, daß Christian mittendrin eingeschlafen ist.

Es nieselt, als wir aufwachen - eine willkommene Ausrede zum Umdrehen und weiterschlafen! Als ich mich eine Weile später mit dem Kopf aus dem Schlafsack wühle, hat der Regen aufgehört und die Wolkendecke beginnt aufzureißen. Da wir gestern beschlossen haben, uns drei Tage für den Canyon Zeit zu nehmen, können wir das Frühstück sehr ruhig angehen lassen. Draußen scheint jetzt wunderschön die Sonne, nur der Wind pfeift noch immer ziemlich frisch..

Eine Weile sitzen wir noch in der Sonne am Hang, schreiben Tagebuch und genießen den Vormittag. Schließlich wird es Zeit aufzubrechen.

Als Tagesziel haben wir uns die Stelle gesetzt, wo der Bach, der diesen See vor uns verläßt, in den Canyon mündet. Das sind etwa 10 km, das dürfte hoffentlich kein Problem werden, je nach Untergrund ... Zuerst einmal müssen wir querfeldein zurück zum Canyon und das ist kein besonders Vergnügen, denn zwischen ihm und uns liegen kilometerlange Buckelwiesen. Die einzelnen Buckel sind zwischen 50 und 70 cm hoch und gerade so weit voneinander entfernt, daß man eben noch mit einem großen Schritt von A nach B kommt. Dem Himmel sei Dank für die Stöcke!

Nach einer knappen Stunde liegt der Canyon vor uns. Das Gelände ist auf dieser Seite der Jökulsá einige Kilometer flußauf und flußab nicht mehr durch eine einzige Steilwand begrenzt, sondern Steilwände von einigen Metern Höhe und sehr unterschiedlicher Länge liegen kreuz und quer entlang des Hanges. Es ist unmöglich, einen halbwegs direkten Weg zum Fluß zu finden oder auch einfach nur auf einer Höhe am Hang entlangzugehen. Völlig unvermittelt geht es plötzlich vor einem mehrere Meter abwärts oder man steht vor einer senkrechten Wand, wo ein Durchlaß zu sein schien. Das ganze Gelände ist um so unübersichtlicher, als es über weite Strecken mit Krüppelbirken zwischen einem und drei Meter Höhe bewachsen ist. Stellenweise müssen wir auf allen Vieren vorwärtskrabbeln! Die Karte hilft hier auch nicht weiter, denn beim Maßstab 1:100 000 erscheinen diese „Zwischensteilwände“ nicht einmal als Bodenwellen!

Heute kann ich sogar verstehen, wenn auch nicht nachempfinden, daß Christians Laune sich auf dem absoluten Nullpunkt befindet. Ich schlage vor, weiter nach unten zu gehen, denn nahe am Fluß, wo im Frühling das Hochwasser mit Eisschollenfracht tobt, können keine so hohen Bäume wachsen, die zum einen das Vorwärtskommen fast unmöglich machen und zum anderen völlig die Sicht nehmen, so daß wir immer wieder auf Felswände oder Abgründe zulaufen und sie erst bemerken, wenn wir davor stehen. Glücklicherweise hatte ich recht und wir kommen hier unten richtig voran.

Uns gegenüber wird die Felswand immer großartiger! Es ist kaum zu fassen! Riesig hoch und steil ragt auf der anderen Seite ein Berg auf, der eigentlich ein einziger leuchtend roter Schutthang ist. Ganz oben stoßen einige nachtschwarze Zinnen aus dem roten Tuff[26] und auf der uns zugewandten Seite des Hanges durchbrechen schwarze Felsen in den unglaublichsten Formationen das rote Lockergestein. Zwei der schwarzen Gebilde, aufragende kleine Türme, sehen aus wie Menschen, die den Hang hinauflaufen.

Auch wir müssen jetzt nach einer längeren Etappe ohne Kletterei eine kleine Steilkante hoch. Inzwischen ist die Sonne leider ganz verschwunden, und es ist ziemlich kühl geworden. Trotzdem setzen wir uns oben auf die Felsschanze und essen endlich ein paar Früchte! Ich frage ganz vorsichtig, ob Christian Nerven genug hat, daß ich noch ein paar Hände Blaubeeren pflücken kann. Er hat Nerven, wie schön. Und nicht nur das, er kommt mir sogar nach und futtert selbst ein bißchen.

Wir kommen auch hier oben nicht allzu schlecht voran, bis wir auf einmal eine Stelle erreichen, von wo aus wir sehen können, wie der Fluß nach Westen abbiegt. Auf unserer Seite befindet sich demnach der Prallhang[27], was bedeutet, daß die Wahrscheinlichkeit, dort unten weiterzukommen, nicht sehr groß ist. Wir schauen uns um. Zwar ragen die Steilwände hoch über uns auf und erwecken nicht eben den Anschein, daß es uns leicht gemacht wird, die Schlucht zu verlassen, aber vor uns liegt ein ausladender Geröllkegel aus riesigen moosbewachsenen Brocken, der bis fast ganz hinauf führt. Das ist der einzige Weg hier heraus. Wir wollen es versuchen. Die Felsen liegen zum Glück größtenteils sehr stabil. Das einzige Problem ist, daß sie so dick mit weißem Moos bewachsen sind, daß dieses inzwischen auch die Spalten und Hohlräume zwischen den einzelnen Blöcken überwachsen hat und man vom reinen Sehen her nie weiß, wo man hintreten kann. Ich habe wirklich noch nie jemanden gesehen, der mit 20 kg auf dem Rücken eine Steilwand von sicher 40° hochkrabbelt.

Christian, der mir ein Stück voraus ist und als erster auf dem Absatz oben ankommt, ruft mir atemlos zu: „Sieh nur zu, daß du 'raufkommst, dann kriegst du was zu sehen!" Ich erklimme das letzte Stück und ziehe mich auf den Felsabsatz hinauf. Als ich mich aufrichte und umdrehe, brennt der Himmel im Westen über der schon recht düsteren Schlucht im schönsten Sonnenuntergangslicht. Die wenigen länglichen Wolken haben flirrend goldene Ränder und leuchten in sanftem Orange. Ist das schön! Hingerissen stehen wir da, an die schwarze Felswand gelehnt, den Abgrund zwei Schritte vor uns, den schäumenden Fluß unter uns und betrachten in atemlosem Entzücken diesen traumhaften Sonnenuntergang.

Endlich wenden wir uns ab, legen die letzten Meter bis auf die Hochebene zurück und laufen dann auf Schafspfaden dicht am Rand des Canyons weiter. Wir werden mal wieder das letzte Büchsenlicht erwischen, aber falls die Karte zur Abwechslung mal korrekt ist, was man in den letzten zwei Tagen leider äußerst selten behaupten konnte, dürften wir heute doch noch unser Tagesziel erreichen.

Eine halbe bis dreiviertel Stunde später ist ein vor uns auftauchender Hang deutlich angeschnitten, was auf einen Bach hindeuten könnte. Das wäre schön, denn es wird wirklich Zeit. Das Licht nimmt jetzt immer schneller ab.

Oh, welch Glück, es ist der Bach! Das hatten wir nicht mehr zu hoffen gewagt. Zu allem Überfluß führt auch noch eine richtige Brücke hinüber! Auf der anderen Seite, nur 20 cm von der Böschung entfernt, wo es steil ins Wasser geht, ist ein ebener, grasbewachsener Platz, wie ausgemessen gerade groß genug für unser Zelt. Im letzten Dämmerlicht bauen wir auf.

Heute möchte Christian sich mal an den Pilzen versuchen und sie gelingen so köstlich wie immer. Im Dunkeln taste ich mich ans Wasser zum Spülen, denn weiter geht's mit köstlichem Curryhuhn. Wir schaffen es gerade noch, einen Tee zu kochen, dann fallen wir auf die Schlafsäcke und weg sind wir.

Next stop - the moon

Der Tag beginnt stürmisch. Der Wind rüttelt am Zelt und die Wolken werden nur so über den Himmel gepeitscht. Rebecca beschließt trotz des Wetters eine größere Wäsche im Bach zu veranstalten. Ich lehne dankend ab - ich mag ja verrückt sein, aber so schlimm ist es nun doch noch nicht. Statt dessen mache ich mir warme Gedanken und tue mein bestes, um den Kocher in Gang zu bringen. Da passiert es. Ein Windstoß und - platsch - liegt der Windschutz vom Kocher an einer der tiefsten Stellen im Bach. Das darf ja wohl nicht wahr sein! Ich ziehe Schuhe, Strümpfe und Hose wieder aus, kremple angeekelt einen Ärmel hoch und rutsche die Böschung hinunter in das abscheulich kalte Wasser. In Sekundenschnelle bin ich wieder draußen, deponiere den Windschutz diesmal unter einem Stein und rette mich ins Zelt. Ein netter Vorwand um noch einmal in den Schlafsack zu kriechen und sich einen Moment lang aufzuwärmen. Ohne weitere Zwischenfälle brechen wir schließlich auf. Wir sind noch nicht allzu weit gelaufen, als wir auf eine Fahrspur stoßen, die in Richtung Straße nach Ásbyrgi führt. Nach einem Blick auf die Karte nehmen wir Abschied vom Canyon der Jökulsá und folgen der Fahrspur. Das Land wirkt zunehmend belebter. Kurz bevor die Fahrspur auf die Straße stößt, passieren wir eine kleine Siedlung aus mehreren Höfen. Der Ort macht einen überaus eigenartigen Eindruck. Manche Häuser sind relativ gepflegt, bunt angestrichen, Kinderspielsachen liegen vor der Tür und ein Hund, der hinter dem Haus an der Kette liegt bellt wütend. Die Mehrzahl der Häuser aber ist grau, die Fenster vernagelt, die Scheiben zerbrochen und nichts regt sich. Ich bin mir nicht ganz sicher, ob ich mich hier wohlfühlen könnte.

Schnell liegt die Siedlung hinter uns und auf der staubigen Straße wandern wir der Brücke über die Jökulsá entgegen. Was wir da sehen gefällt uns wenig: Neben der Brücke im weiten, vegetationslosen Tal des Flusses, wird offenbar Kies abgebaut. Wo die Erdoberfläche abgetragen ist, weht der Wind Staubfahnen von enormer Größe aus - und da müssen wir durch! Dabei scheint die Sonne hier so schön und warm und auch die Wolken, die schon seit heute morgen düster in unserem Rücken drohen, sind seitlich an uns vorbeigezogen. Wir beschließen noch hier oben eine gemütliche Mittagspause einzulegen, bevor wir da unten den Mund voller Sand haben. An einem Felsbrocken neben der Straße nehmen wir Platz und essen unsere Früchte, aber sie schmecken mir nicht richtig. „Ich habe das da unten lieber hinter als vor mir!“ sage ich zu Rebecca und betrachte mit düsterem Gesicht die Staubfahnen im Tal. Rebeccas Appetit läßt sich von dem Sandstrahlgebläse da unten nicht beeindrucken und so beenden wir die Pause erst, als die letzte Rosine aus ihrem Tütchen verschwunden ist. Je näher wir der Brücke kommen, desto glücklicher bin ich, das wir uns mit den Wanderstöcken seitlich abstützen können, sonst müßten wir uns wohl am Brückengeländer entlanghangeln. Jede Windböe ist eine volle Breitseite für uns. Wir taumeln, halten uns mit den Stöcken mühsam auf Kurs. Je näher wir dem anderen Ufer kommen, desto öfter wirft uns der Wind Sand an den Kopf. Dann liegt die Brücke hinter uns. In Sekundenschnelle werden wir von den graubraunen Sand- und Staubwolken verschluckt. Nach wenigen Augenblicken dringt der Sand auch durch die kleinste Ritze. ich fühle die Sandkörner unter der Kapuze, in Ohren, Nase und Augen. Auf einmal kommen wir in den Windschatten eines kleinen, mit Krüppelbäumchen bewachsenen Hügels - Schlagartig läßt der Wind nach und die Staubfahnen ziehen über uns hinweg. Der Spuk ist vorbei. Dennoch, der Sand in den Haaren, den Ohren und sogar zwischen den Zähnen bleibt.

Ásbyrgi ist Tankstelle, Supermarkt, Café, Videoverleih und Bauernhof in einem. Hinter den Gebäuden sieht man die Felswand, die die Bucht von Ásbyrgi einschließt. Mittendrin ragt noch ein länglicher Sporn auf, so daß das Ganze aussieht, wie ein Hufabdruck - vom Pferd Odins, wie die Isländer sagen. Im Tankstellenhäuschen unterhalten sich zwei Männer. Ich stelle meinen Rucksack vor der Tür ab, um drinnen nicht die Regale abzuräumen und gehe hinein: „Excuse me Sir, do you know when there will be a bus to Húsavík?“ frage ich. Einer der Männer schaut mich an, wirft einen Blick auf den Fahrplan und zuckt mit den Schultern. „There is no bus to Húsavík.“ Das darf ja wohl nicht wahr sein. Scheinbar sehe ich im Moment so vor den Kopf geschlagen aus, daß Isaac, so heißt der junge Mann, verspricht noch bei der Busgesellschaft anzurufen um ganz sicher zu gehen. Gemeinsam laufen wir zum Supermarkt mit integriertem Café hinüber, aber auch dort bringt der Anruf bei der Busgesellschaft nicht neues. Isaac zuckt wieder mit den Schultern: „There is no bus to Húsavík!“ Damit sitzen wir vorerst fest und sind darauf angewiesen, von einem Auto mitgenommen zu werden. Unser Ísland-Gesamtfahrplan hatte auf der Seite wo der Winterfahrplan Húsavík-Ásbyrgi hingehört hätte nur den Hinweis stehen, daß der Winterfahrplan noch nicht fertig sei, dabei gab es da gar nichts zum fertigmachen! Wir ertränken unsere momentane Verzweiflung in köstlich heißem Kaffee, essen Schokoladenkuchen dazu, schreiben in den Tagebüchern und ruhen uns aus. Wenn man das Mißgeschick mit dem nicht vorhandenen Bus mal außer Acht läßt, bin ich unheimlich glücklich und froh, denn immerhin sind wir heute vier Wochen unterwegs und jedes - wirklich jedes - Problem hat sich bis jetzt in Luft aufgelöst. Ich bin sicher, daß unsere Reise unter einem guten Stern steht. Nur wenn ich auf die gähnend leere Straße schaue, auf der alle Ewigkeit mal ein Auto vorbeirast, zweifele ich ein bißchen.

Als ich zwischendurch nach draußen gehe, um etwas aus meinem Rucksack zu holen, schaut der Haus- und Hofhund mich mit schrägem Kopf an: „Streichelst du mich?“ scheint er zu fragen und als ich dem kleinen wuscheligen Wollknäuel den Kopf kraule, kneift er genüßlich die Augen zu dreht sich auf den Rücken und genießt! Am liebsten würde ich den kleinen Kerl, dem Rebecca spontan den Namen „Milalik“ gibt, unter den Arm klemmen und mitnehmen. Das pelzige Energiebündel guckt einfach unglaublich pfiffig - ein Hund zum Verlieben!

Irgendwann wird uns klar, daß sich das Unvermeidbare nicht länger hinausschieben läßt. Wir packen unsere, über den Tisch verstreuten Sachen zusammen und im Hinausgehen rufe ich Isaac, der jetzt im Laden an der Theke lehnt zu, daß wir versuchen werden Húsavík mitgenommen zu werden. Er dreht sich um, schaut auf die Uhr über sich, zieht die Stirn in Falten und sagt: „It's three o'clock now. I cant drive you now, but at six o'clock I can take you to Húsavík!" Ich traue meinen Ohren kaum, habe das Gefühl sämtliche Glocken läuten zu hören und bin so überrumpelt und verwirrt, daß ich sicherheitshalber nochmal nachfrage. Aber kein Zweifel, Isaac hat tatsächlich angeboten, uns nach Húsavík zu fahren. Sein Bruder lebt dort, erklärt er uns und es sei eine gute Gelegenheit ihn zu besuchen.

Auf einmal haben wir Zeit. Was machen wir damit? Wir lassen die Rucksäcke stehen, schnappen uns Kekse und Honig und machen einen Ausflug ins Innere von Ásbyrgi, auf den Sporn in der Mitte des Hufeisens. Erst biegen wir zum Campingplatz ab, dann folgen wir einem markierten und ausgetretenen Wanderpfad. Am Anfang geht es bergauf, dann über ein paar Zäune und schließlich stehen wir auf der Hochfläche des Sporns mit Namen Eyjan. Der Wind wirft einen hier oben fast um und dringt durch die Kleidung, obwohl wir die Jacken bis oben zugezogen haben. An der Spitze der Felsnase hocken wir uns kurz hinter ein paar Felsen an den Abgrund und schauen hinunter. Vor der gegenüberliegenden Felswand liegt hell leuchtend das regelmäßige Rechteck des zweiten Campingplatzes mitten im Birkenwald. Wie kann man nur so einen brutalen Kahlschlag veranstalten? Nach wenigen Minute setzt ich meine Mütze auf, um nicht ganz durchzukühlen, schmiere uns beiden einen letzten Keks mit Honig und dann machen wir uns wieder auf den Rückweg.

Die Wärme des Cafés, die uns umfängt, sobald wir die Tür hinter uns geschlossen haben, ist wunderbar. Zum Glück ist noch heißer Kaffee in der Thermoskanne auf dem Tresen, an dem wir uns die Hände wärmen können. Auch innerlich wärmt der Kaffee. Mit den Tagebüchern auf dem Tisch sitzen wir da, schreiben, lachen, trinken Kaffee, freuen uns und warten, bis Isaac Feierabend machen kann. Dann ist es soweit. Im Auto kommen wir schnell voran. Die Straße führt an der Küste entlang, unter uns sehen wir die Brandung im Licht der beginnenden Dämmerung und einige Stämme Treibholz, die in einiger Entfernung zum Strand auf den Wiesen liegen, lassen vermuten, wie das Nordmeer hier wüten kann. Ich beschließe für mich, daß ich dann lieber nicht am Strand stehen möchte. Plötzlich taucht Húsavík in einer Senke am Meer vor uns auf. Die Fahrt ist schnell vergangen, denn die ganze Zeit über haben wir uns mit Isaac unterhalten, der uns von seinen Reiseplänen erzählt hat und davon, daß er gerne Deutschland besuchen will, vielleicht sogar Frankfurt. Für alle Fälle geben wir ihm unsere Adressen, damit er im Notfall eine Anlaufstelle hat.

In Húsavík zeigt Isaac uns die Haltestelle für den Bus zum Myvatn, den wir morgen nehmen wollen und setzt uns dann am Campingplatz ab. Unterwegs haben wir das Schwimmbad gesehen und so entscheiden wir, noch ein Bad zu nehmen. Unser Zelt können wir auch noch im Dunkeln aufbauen.

Nach der Dusche gehe ich nach draußen und suche mir einen warmen Pool, in dem ich mich gemütlich niederlasse. Warmes Wasser umfängt mich, jede Verkrampfung löst sich, alles an mir wird weich, baumelt hin und her. Ich zerfließe förmlich. Rebecca gesellt sich zu mir und es dauert nicht lange, bis noch ein bekanntes Gesicht auftaucht: Isaac hat seinen Bruder nicht angetroffen, denn der ist Fischer und allem Anschein nach auf See und bevor er seine Großeltern besuchen will, entspannt auch er sich im Wasser. Die meisten isländischen Bäder sind auf derartige Spontaneität eingerichtet. Es gibt Badebekleidung und Handtücher zu leihen.

Im Dunkeln schleppen wir die Rucksäcke zum Campingplatz, nachdem wir uns noch einmal von Isaac verabschiedet haben - diesmal endgültig. Unser Zelt steht schnell und im offenen Wasch- und Toilettenhäuschen haben wir sogar Wasser für Tee und das Abendessen, obwohl der Campingplatz schon geschlossen ist.

Draußen herrscht diffuses Dämmerlicht - ist es gerade erst hell geworden oder ist es nur bewölkt und schon mitten am Vormittag? Ich weiß es nicht, aber irgendwie beschleicht mich das Gefühl, daß es nicht mehr heller wird und es schon Vormittag sein muß. In meinem Kopf dreht sich die Gedankenspirale: Wenn es schon so spät ist und wir den Bus verpaßt haben, was dann? Wenn aber nicht, wie spät ist es dann jetzt? Es bleibt nur eines: Irgendeine Uhr finden und nachsehen. Widerwillig - schließlich ist es draußen kühl - wurschtele ich mich aus der wohligen Wärme meines Schlafsacks, wühle meine Klamotten hervor, ziehe mich auf dem Rücken liegend mit allen Vieren nach oben an und mache mich auf die Suche. zuerst verfluche ich japanische Autos, bei denen die Uhr erst mit der Zündung eingeschaltet wird, aber nach wenigen Metern werde ich doch fündig, denn ich stehe wieder vor dem Schwimmbad. In der Vorhalle hängt eine Uhr: Es ist 7.15 Uhr, erst in zwei Stunden wird der Bus abfahren.

Wir nutzen die Zeit, frühstücken in Ruhe, packen und machen uns dann auf den Weg zur Tankstelle, die gleichzeitig als Bushaltestelle dient. Der Bus steht zwar schon da, aber vom Fahrer ist noch nichts zu sehen, so daß wir in der Tankstelle die Tickets kaufen und uns dann Postkarten anschauen. „Next stop - the moon“ steht auf einer Karte. Das Bild zeigt die Drachenschlucht „Drekagil“ an der Askja. Die Schlucht scheint wirklich einer Mondlandshaft zu gleichen und doch, so abstoßend sie einerseits ist, so sehr erscheint sie andererseits anziehend, faszinierend und ein bißchen unheimlich. Sehen die Felszacken nicht wirklich wie Drachenköpe aus? Schade, daß Askja und Drekagil nicht auf unserer Route liegen - die hätte ich doch gerne noch gesehen.

Rebecca zieht es vor, im Bus ein Nickerchen zu machen, so daß ich den Myvatn zuerst alleine sehe. Der Bus fahrt übe die Ringstraße bis zum Myvatn und umrundet den See daher im Süden, obwohl es auch von der Nordseite des Sees eine Straße in Richtung Húsavík gibt.

Der Himmel ist grau, als wir die Pseudokrater[28] von Skútusstaðir erreichen. Der Myvatn selbst liegt scheinbar grau und unansehnlich vor uns. Erstaunlich schnell hat der Bus den See umrundet und hält vor dem Hotel Reykjahlíð. Ich hatte mir den See größer vorgestellt. Vor allem aber gibt es hier am Myvatn keinen Wald und ich konnte mir, bevor ich nach Ísland kam einfach nicht vorstellen, daß es Land ohne Wald geben kann. Den Myvatn hatte ich mir als See mit klarem blauen Wasser unter einem wolkenlosen Himmel vorgestellt, mit Kiefernwäldern bis ans Ufer und Schilf. Jetzt sind Himmel und Wasser grau auf dem Land scheint die Farbe „grau" zu wachsen und nur hier und da kann ich eine Krüppelbirke zwischen schwarzer Lava erkennen. Es ist anders, als ich es mir vorgestellt hatte, aber in seiner Ursprünglichkeit und Kargheit, in seiner Einsamkeit ist dieses Land schön. Ich bereue keine Sekunde Rebecca hierher gefolgt zu sein.

Das Hotel, vor dem unser Bus hält, bewahrt unser nächstes und letztes Versorgungspäckchen für uns auf. An der Rezeption fragen wir nach dem Paket, das man uns prompt in die Hand drückt. Dazu gibt es noch ein Fax für jeden von uns. Meine Eltern haben mir ein Geburtstagsfax geschickt, mit dem ich überhaupt nicht gerechnet hatte, Rebeccas Fax enthält die letzten Neuigkeiten aus der Heimat, die allerdings auch nicht mehr taufrisch sind. Wir freuen uns beide ganz unheimlich und in der Vorgeburtstagsstimmung entscheiden wir spontan, zwei Nächte in einem richtigen Bett zu schlafen: Mit Matratze, Kopfkissen und Decke! Nach vier Wochen im Schlafsack eine ungewohnte, fast aufregende Vorstellung.

In unserem Zimmer stellen wir fest, daß wir nicht nur ein eigenes Bad, sonder auch einen Wasserkocher haben. Schnell hat jeder eine Tasse dampfend heißen Tee in der Hand. Wir sitzen auf richtigen Sesseln und während Rebecca schon ausprobiert, ob und wie warm das Wasser unserer Dusche ist, greife ich nach einem Zettel, den ich auf dem Tisch gefunden habe: „Mietwagenpreise" steht auf dem Blatt. Ich lege die Stirn in Falten - ein Lada Niva kostet am Tag nur 110 DM Grundgebühr und zur Askja hin und zurück wäre es nur eine Tagestour... Wenig später stehe ich vor der Rezeption, die große Íslandkarte liegt ausgebreitet vor mir und der Hotelangestellte rechnet aus, was der Askja-Ausflug kosten würde. Hin und zurück sind es 270 km, dazu die Grundgebühr, Steuer, Versicherung alles in allem 1800 Kronen, also etwa 450 Mark. Das ist verflixt viel Geld für einen Tagesausflug. Ich schaue auf die Postkarte mit der Drekagil, die ich heute morgen gekauft habe - die Askja lockt! Rebecca steht mittlerweile frisch geduscht und duftend wie ein Veilchen neben mir. Scheinheilig schaue ich auf den Boden und erwähne - möglichst beiläufig - meinen Ausflug an die Rezeption und die Idee mit der Askja...

Wir überlegen hin und her und können uns nicht entscheiden. Einerseits ist es blanker Wahnsinn, was der Ausflug kosten würde, andererseits - wissen wir ob wir jemals in unserm Leben eine zweite Chance haben, die Askja zu sehen? Im Laufen denkt es sich besser, also mach en wir einen Nachmittagsspaziergang.

Kurz vor der Ringstraße kommen wir am Campingplatz Eldá vorbei. Auf einer Wiese direkt am Ufer des Myvatn stehen einige Zelte, dazwischen ein grünes Tunnelzelt „Ist das nicht das Zelt von Thorsten und Niels?" frage ich Rebecca. Ich sehe es förmlich vor mir, wie die beiden in Kirkjubæjarklaustur in einer Ewigkeitsaktion versucht haben, ihr Zelt aufzubauen. Wenn das hier wirklich ihr Zelt ist und wir zu viert zur Askja fahren würden, wäre die Fahrt nicht nur lustiger, sondern auch viel, viel billiger... Wir biegen in den Campingplatz ein und treffen sofort auf Thorsten, der noch schnell vor Ladenschluß in den Supermarkt will. Also ziehen wir weiter zu Niels, hören von ihren Abenteuern seit unserem ersten Treffen, erzählen von unserer Wanderung an der Jökulsá und rücken schließlich mit unseren Askja-Plänen heraus. Niels springt darauf an - ich bin mir beinahe sicher, daß die beiden mitkommen werden, aber als Thorsten zurückkommt sinkt die allgemeine Euphorie deutlich. Er bittet um Bedenkzeit und wir verabreden, am Ende unseres Spaziergangs in ein oder zwei Stunden vorbeizukommen, um zu hören, wie die beiden entschieden haben. An der Ringstraße finden wir Schilder, die auf markierte Wege verweisen und wählen den zur Grjótagjá, einer Hohle mit heißem Wasser, in dem man früher auch baden konnte.

Heute ist das Wasser mit 50° C leider etwas zu heiß dazu. Es dämmert schon langsam, so daß die Farben des Herbstes mit einem dunklen Schleier bedeckt sind. Das Gelb der Birkenblätter und das Rot der Blaubeersträucher wirken gedämpft, fast müde. An unserem Weg, der mit kleinen Holzpflöcken markiert ist, liegen immer wieder tiefe Löcher und manchmal riesige Lavabrocken. Der ganze Weg führt durch ein ausgedehntes, überwuchertes Lavafeld und mehr als einmal scheuchen wir in dieser verlassenen Gegend Schneehühner auf. Mittlerweile sind sie fast ganz weiß. Der Winter kommt immer näher.

Unvermittelt stehen wir plötzlich an einem Spalt, der längs auf dem Grat eines langgezogenen Felswulstes verläuft. Der Wulst ist in der Mitte geborsten! Auch wenn der Spalt nicht viel breiter als eineinhalb Meter und kaum sechs Meter tief ist, beeindruckt einmal mehr die ungeheure, junge Kraft dieses Landes wo die Erde jeden Moment in Bewegung zu sein scheint. Wir springen über den Spalt und schauen auf einen Pfad hinunter, der mit den weißen Holzpflöcken markiert ist, also klettern wir hinterher. Ich schaue an dem Gesteinswall entlang. Er muß die Flanke des Lavastroms bilden, den wir durchquert haben. Zufällig drehe ich mich um, sehe ein dunkles Loch, das in den geborstenen Wall hineinführt. Das muß der Eingang zur Grjótagjá sein. Durch das Loch im Fels steigt Wärme auf und lockt uns in die dunkle Öffnung zu steigen. Über kreuz und quer liegende Felsen geht es ein paar Meter abwärts. Dämmerlicht und Wärme umfangen uns. Vollkommen bewegungslos schimmert der Wasserspiegel im grünlichen Zwielicht vor uns und als die Augen sich an die Dunkelheit zu gewöhnen beginnen, erkennen wir zarte Dampfschleier, die knapp über der Wasseroberfläche schweben. „Ich weiß, es ist verrückt, aber ich muß jetzt unbedingt meine Füße hier ‘reintauchen!“, verkündet Rebecca und läßt sich vorsichtig auf einem der flachen Felsen am Rand des „Sees“ nieder. Ich kann nur noch den Kopf schütteln, als sie Schuhe und Socken auszieht und die Füße ins Wasser tunkt, kurz zwar, aber immerhin. Einen Moment lang tauche ich meine Hand ein - eine warme Dusche ist mir bedeutend lieber!

Auf dem Rückweg folgen wir einem Riß, der quer durchs Land zieht und aus dem es dampft, wie aus einer Hexenküche. Der Hverfjall, ein riesiger Aschekrater, liegt groß und dunkel hinter uns, während die dunkelgrauen Regenwolken in der Dämmerung bedrohlich tief über uns schweben.... Wir erreichen die Straße und laufen am Kieselgurwerk[29] vorbei zurück nach Reykjahlíð. Wir überlegen ein letztes Mal: Auch wenn Thorsten und Niels nicht mitkommen, wir werden morgen zur Askja fahren!

Thorsten uns Niels finden wir nach einigem Suchen mit einem Hot-Dog in der Hand in der Tankstelle. Thorsten führt Wort, Niels steht stumm daneben und sieht etwas gekniffen aus: „Nein wir kommen morgen nicht mit. Es ist uns zu teuer.“, erklärt Thorsten, „aber unterwegs haben wir einen total verrückten Kanadier kennengelernt, der unbedingt die Askja sehen wollte. Wenn der heute Nacht noch ankommt, will der bestimmt mit!“ Na gut, da kann man nichts machen, wenn Nick, der Kanadier, noch auftauchen sollte, werden Thorsten und Niels ihn zu uns schicken.

In unserem Zimmer kochen wir Wasser und bereiten unsere Trekking-Mahlzeit. Nun genieße auch ich den Komfort der heißen Dusche - was für eine angenehme, entspannende Erfindung! Danach bin ich so locker, daß ich mich nur noch ins Bett fallen lassen kann. Ich kuschele mich unter die Decke, knautsche wohlig das Kopfkissen, strecke meine Hand nach Rebecca aus und döse in einem richtigen Bett ein - Zivilisation!

Draußen ist es hell, eigentlich wollen wir früh los, wissen aber die Uhrzeit nicht. Das Dilemma kommt mir irgendwie bekannt vor. Mit dem Unterschied, daß ich mich heute aus einem schönen warmen Bett wühlen muß. Plötzlich fällt mir ein, daß es mein Geburtstagsmorgen ist - was für ein Glück, daß wir gerade gestern hier gelandet sind und meinen Geburtstag mit warmen Kissen und einem Frühstücksbuffet beginnen können! Ich glaube, Aufstehen ist mir in Ísland noch nie so schwer gefallen. Dann lockt aber doch das Frühstück und die Aussicht auf eine außergewöhnliche Auswahl. Wir sind ein kleines bißchen enttäuscht, als wir vor dem Buffet stehen, das gerade erst eröffnet wurde. Es gibt Toast, eine Marmelade, eine Sorte Wurst, Fisch, Müsli, Cornflakes und damit erschöpft sich das Angebot auch schon. Trotzdem sind wir die letzten, die vom Tisch aufstehen.

Dafür ist der Mietvertrag für unser Auto um so schneller unterschrieben und wir bekommen den Schlüssel für einen Lada Niva in die Hand gedrückt. Mit vollem Tank düsen wir los. Im

Auto ist es laut, es fährt sich wie ein Panzer, den nichts umzuwerfen scheint. Trotzdem: Das Fahren macht unheimlich Spaß! Auf dem asphaltierten Teil der Ringstraße von Reykjhlið zur Askja kommen wir schnell voran. Bald hüpft unser Gefährt über den Rand der Asphaltstraße, ab hier besteht die Straße nur noch aus festgefahrenem Boden mit Schotterauflage und einer Vielzahl Schlaglöchern, die ich bei jedem Versuch, sie zu umfahren, zielsicher treffe. Auf der Straße kann man immer noch mit 70 km/h fahren und schneller als erwartet zweigt die Piste zu Herðubreið und Askja ab.

Die Piste führt am Rand einer Hügelkette entlang und rechts von uns erstreckt sich weit eine Ebene aus Schutt, so wie auf unserem Weg zum Dettifoss und nur hier und da wächst zaghaft grün ein bißchen Strandhafer. Man kann die Piste nur daran erkennen, daß gelb-rote Holzpflöcke ihren Verlauf markieren und links und rechts der Fahrbahn kleine Wälle aus Steinen entstanden sind. Ab und zu wird die Straße holpriger und wir donnern – immer noch mit 70 Sachen – über ein steinhartes Waschbrett. Wenn man nicht jedes Schlagloch richtig ausfahren will, muß man etwas mehr Gas geben, um sozusagen über die Löcher hinwegzufliegen. Das Autofahren macht mir in diesem urwüchsigen Vehikel großen Spaß. Ich komme mir vor wie der König der Landstraße. Natürlich merke ich, daß der Lada hinten leicht abhaut, aber ich denke mir nichts dabei. Vor mir macht die Piste eine ganz leichte Linkskurve und mitten drin liegt ein Stein im Weg, zwar nicht gefährlich groß, aber doch größer als die anderen: Ich weiche aus, eine winzige Spur zu heftig. Sofort bricht das Heck zur Seite aus, das Auto schießt nach links von der Piste, durch den kleinen Steinwall hindurch und fängt an zu schlingern. „Gleich liegen wir auf dem Dach!“ Denke ich, schaue zu Rebecca und bremse, während das Auto jetzt nach rechts ausbricht, auf der anderen Seite über die Piste hinausschießt, holpert, schwankt, noch einmal schlingert – „Der Geburtstag war mein letzter“, schießt es mir durch den Kopf, Schweißtropfen stehen mir auf der Stirn – dann bleibt das Auto endlich im Kies stehen. Hinter uns steht eine gewaltige Staubwolke in der Luft, die langsam vom Wind verweht wird. Auf einmal ist es sehr still. Vorsichtig schaue ich nach rechts zu Rebecca: „Alles in Ordnung?“, frage ich, „Ich sah uns schon auf dem Dach liegen!“, aber Rebecca grinst mich an und klopft sich den Staub, der durch das offene Fenster hereingewirbelt worden ist, von der Hose: „Kannst Du mir sagen, warum ich mir eingebildet hatte, heute mal nicht staubbedeckt zu enden?“ ist ihre lakonische Antwort. Erleichtert lege ich den Gang ein, sperre die Differentiale und wähle die Geländeuntersetzung. Langsam fahre ich los.

Zunächst komme ich gar nicht mehr in Versuchung, schnell zu fahren, denn die Straße windet sich durch einen Lavastrom. Wir hüpfen auf den Sitzen hin und her, wenn es auf den nächsten Lavahügel steil nach oben und gleich darauf wieder steil nach unten geht. Rechtskurve – hoppel – Linkskurve, rauf, runter, so geht es, bis wir den Lavastrom hinter uns gelassen haben. Hüpfend und scheppernd nähern wir uns der Jökulsá, die wir anfangs nur als silbernes Band am Horizont erkennen konnten. Die Piste folgt jetzt dem Fluß und knickt dann unvermittelt ab. Vor uns liegt die erste Furt. Respektvoll bleibe ich vor dem Fluß stehen. Ich studiere die auf einen kleinen Pflock genagelte handgezeichnete Skizze mit der besten Fahrtroute durch das Wasser, dann lege ich den Gang ein, lasse langsam die Kupplung kommen und fahre ins Wasser. Aus der Motorhaube steigt weißer Dampf auf, die Bugwelle kommt mir riesig vor, während sich der Lada Zentimeter um Zentimeter vorarbeitet. Langsam steigt der Untergrund wieder an, mehr und mehr taucht das Auto aus dem Wasser auf, dann stehen wir am anderen Ufer.

Wir halten auf den Herðubreið zu. Kastenförmig[30] ragt der beeindruckende Berg aus der flachen Ebene auf. Je näher wir kommen, desto mehr vergeht der bläuliche Schimmer, der über ihm zu liegen scheint, doch auch als wir schließlich unterhalb das Giganten ankommen, hat er nur wenig von seiner Wirkung eingebüßt. Wir steigen aus dem Auto und schauen uns ein wenig um. Eine winzige Oase der Vegetation drängt sich um einen kleinen Bach mit unwirklich tiefblauem Wasser. Große Stauden gedeihen hier üppig. Drei kleine Hütten drängen sich auf dieser winzigen Insel im Meer aus steinerner Unendlichkeit.

Nun halten wir auf eine ferne Bergkette zu. Der Wind erreicht die Sturmgrenze und fegt einen Teppich aus fliegendem Sand über die Erde. Alles scheint in Bewegung zu sein. Umrisse verschwimmen, Entfernungen verwischen, Zeit und Raum schcinen nur noch Begriffe zu sein. Die Straße ist fast zugeweht. Ich bin nicht sicher, ob wir uns wirklich vorwärtsbewegen, alles scheint so unwirklich.

Ein paar Kilometer weiter ist der Untergrund fest. Es gibt keinen Sand mehr, der fliegen könnte. Eine Fahrspur gibt es aber auch nicht, sondern aufgestellte Holzpflöcke, an denen man sich orientieren kann. Ich verstehe, warum die Amerikaner gerade hier für die Mondlandung trainiert haben, einsamer und verlassener kann es auf dem Erdtrabanten kaum sein. Und jeder Außerirdische, der hier landen würde, würde sofort wieder abfliegen, da auf diesem Planet Leben ganz offensichtlich nicht möglich ist.

Langsam tasten wir uns weiter. Ausnahmsweise sind die Dünen vor uns hellgrau und auf einmal habe ich das Gefühl, daß uns gleich ein Auto entgegenkommen müßte – aber hier, in dieser Einöde?

Kaum habe ich den Gedanken zu Ende gedacht, als vor mir ein Geländewagen um die Ecke schießt. Wir weichen beide zur Seite aus und dann verschwindet das Auto wie ein Spuk, wir sind wieder die einzigen Menschen in der weiten Einöde. Unser Auto, das seit einem Photostop laut dröhnt, ist das einzige, was uns verrät, noch lebend auf der Erde zu weilen und nicht klammheimlich aus der Welt geschieden zu sein.

Die Drachenschlucht

Rrrrums – ich bin mit Karacho durch einen ausgetrockneten Wasserlauf gedonnert – „Du gewöhnst Dir ja eine isländische Fahrweise an!“, kommt es verschmitzt von Rebecca. Nun, es läßt sich nicht leugnen, daß ich schon wieder ein kleines bißchen flotter unterwegs war. Am Horizont stehen Berge, die rasch immer näher kommen. Dann stehen wir an ihrem Fuß, vor dem Hüttchen mit Namen „Askja“. Ein Schild weist in die Drekagil, die Drachenschlucht. Kaum zu glauben, daß es erst gestern war, als ich die Postkarte in der Hand hatte und dieses Wunder der Natur bestaunt habe.

Bevor wir in die Schlucht gehen, zwänge ich mich kurz unter unser Auto, um zu schauen, was da so röhrt. Unter dem Lada erwartet mich Mechanik pur und das Gefühl, an diesem Auto mit einem Schraubenschlüssel noch etwas ausrichten zu können. Immerhin entdecke ich die Ursache des Röhrens: Das Auspuffrohr hat sich von einem Schalldämpfer an einer sehr jungen Schweißnaht gelöst – ein alter Fehler ist wieder aufgebrochen, aber machen kann ich nichts.

Der leichte Bimsstein[31] klirrt unter unseren Füßen wie Tonscherben, als wir die Schlucht betreten. Jeder Schritt hallt trocken von den Wänden der Schlucht wieder, während wir tiefer in die Schlucht eindringen. Noch nicht einmal der Wind traut sich hier hinein, zwischen diese verwundenen Wände, wo man hinter jeder Felsnase ein Gesicht zu erkennen glaubt. Hoch über uns ragen zwei Felsspitzen auf, die aussehen, als recke ein Drachen zwei seiner Köpfe in die Höhe. Einer scheint Hörner zu haben, der andere mit einem großen Auge auf uns zu blicken. Der Himmel hat sich grau zugezogen, während wir noch immer weiter in die Schlucht klettern. Über die letzte Schutthalde kommen wir zum Ende der Schlucht: In einer apsisähnlichen Rundung stürzt ein lieblicher Wasserfall in dünnen Strahlen nach unten, grünes Moos wächst an den nassen Stellen. Im Gegensatz zur wilden, schroffen völlig vegetationslosen Schlucht, ist dieser Ort schön, beruhigend und irgendwie lebendig.

Plötzlich hören wir ein dunkles Grollen – was ist das? Meine Nackenhaare sträuben sich. Ich habe das unschöne Gefühl beobachtet zu werden und spähe unwillkürlich zu den unzähligen Felsvorsprüngen hinauf. Haben wir den Drachen geweckt? Ich kann mir nicht helfen, ich möchte hier raus! Am Ausgang der Schlucht lassen wir zum Abschied noch ein paar Brocken Bims im Bach schwimmen, dann steigen wir wieder ins Auto, und fahren endgültig in die Askja hinein.

Ein breites Lavafeld trennt uns noch von unserem Ziel. Es stellt alles in den Schatten, was wir bisher auf der Strecke hatten. Die Lava leuchtet blutrot und ist in so bizarren Formen erstarrt, das ich mich alle 100 Meter frage, wo um alles in der Welt der Weg nur weitergehen kann. Das Auto hüpft und hopst auf der Straße umher, der Motor heult bei den steilen Anstiegen und danach bei den kurzen, aber heftigen Gefällstrecken. Die 7 Kilometer ziehen sich ohne Ende! Dann stehen wir endlich auf einem kleinen Parkplatz. Jetzt erst wird mir bewußt, daß wir ja eigentlich schon eine ganze Weile in der Askja sind, denn die Berge, die uns wie eine Kette umgeben, sind nichts anderes, als der Rand dieses riesigen Kraters, in dessen Mitte wir jetzt stehen.

Unser weißes Auto ist von dem kleinen Paß, auf dem wir nach wenigen Minuten Fußmarsch ankommen, nur noch ein winziger Tupfen in einer großartigen, wilden Landschaft. Graue, schwarze und rote Lava ringsum, der Himmel voller düsterer Wolken und auch der Wind ist wieder da und weht uns leichten Nieselregen in die Gesichter. Eigentlich habe ich meinen Hut erst heute

Blick zum Rand der Askja

bekommen, denn er ist ein vorgezogenes Geburtstagsgeschenk von Rebecca, aber ich wäre froh, wenn ich ihn gerade heute im Hotel gelassen hätte! Bei dem Wind ist es ein einziger Kampf, ihn auf dem Kopf behalten zu wollen. Den ganzen Marsch durch den Krater bis zum Öskjuvatn sehe ich immer nur die nächsten zwei Meter vor mir, so tief muß ich den Kopf senken.

Als ob meine Flüche erhört worden wären, bessert sich das Wetter etwas, als wir endlich den Krater Vití erreichen. Das milchige Wasser liegt hellblau in einem tiefen Krater, über dem Nebel- und Dampfschwaden hängen. Etwas weiter weg liegt der im Vergleich riesige Öskjuvatn mit seinem tiefblauen Wasser. Über den Steilhang klettern wir hinunter an den Vití. Unten erwartet uns zuerst eine herbe Enttäuschung, denn das Wasser ist noch nicht einmal handwarm und wir verspüren alles andere als Lust, ein Bad zu nehmen. Dafür aber ist der Krater an sich grandios: Die eine Steilwand glitzert und glimmert in unzähligen Farben, von braun über Rot zu Blau, Grün, Gelb, Gold und Silber! Aus kleinen Löchern steigen Dampfwölkchen auf und ein leichter Schwefelgeruch liegt in der Luft. Im See taumeln kleinen Gasbläschen, die vom Grund her aufsteigen, der Wasseroberfläche entgegen. Der Himmel über uns ist nur ein kleiner grauer Ausschnitt, der von den steilen Wänden des Kraters eingerahmt wird. Es ist still, ich höre den Wind, sehe die Wolken ziehen, höre das leise „Blubb“, wenn ein kleines Gasbläschen auftaucht – was ist das für eine Welt, in der wir leben, in der es solche Plätze gibt? Plätze, die bei aller Schönheit und Stille doch eine solche Urgewalt in sich haben, daß sie uns unmerklich erzittern läßt? Ich stehe still und genieße den Augenblick.

Kaum sind wir aus dem Krater emporgeklettert, empfängt uns wieder der Wind. Auch der leichte Nieselregen setzt erneut ein, als wir noch kurz einen Blick auf den Öskjuvatn werfen. Dann machen wir uns auf den Rückweg. Wieder zerrt der Wind an meinem Hut – jetzt schaue ich ständig in den Himmel, um ihn auf dem Kopf zu behalten. Schnell kommen wir am Auto an und ich mache es mir auf dem Beifahrersitz gemütlich. Rebecca wird zurückfahren. Ich habe alle Zeit der Welt, um mir in Ruhe das eine oder andere Honigbrot zu schmieren und Rebecca ab und zu einen Keks mit Honig hinüberzureichen.

Mitten in der Wildnis schalte ich – nur so des Spaßes halber – das Radio ein und suche einen Sender: Plötzlich dröhnt ein klassisches Konzert durch unser Auto, und das mitten in der menschenleersten Gegend, die man sich nur vorstellen kann! Schnell erreichen wir wieder die Hütten am Herðubreið. Im Vorbeifahren nehme ich eine Bewegung wahr und registriere eine Gestalt, die an der entfernteren Hütte auf und ab springt und mit den Armen rudert. Ich zucke mit den Schultern – meint der uns? Rebecca steuert unseren Lada in die Furt an den Hütten als ich noch einmal zurückschaue: Der Mann ist mittlerweile auf dem Weg hinter uns angekommen und winkt immer noch, er meint tatsählich uns. „Dreh‘ um, da hinten ist einer!“ brülle ich Rebecca über den ohrenbetäubenden Lärm unseres angeknacksten Vehikels ins Ohr – „Hier, mitten in der Furt?“, fragt mich Rebecca mit spottender Liebenswürdigkeit und wendet am anderen Ufer.

Wir fahren das kleine Stück zurück und halten. Neben unseren Auto steht ein schwarzhaariger Mann mit Nickelbrille, nicht älter als ich, eher jünger. „Könnt Ihr mich bis zur Ringstraße mitnehmen?”“, fragt er uns auf Englisch und wir sagen „Ja, aber wohin willst Du denn? Zum Myvatn können wir Dich auch mitnehmen!“ Seine Augen leuchten glücklich. Er ist gleich wieder da, sagt er, er muß nur noch schnell seine Sachen aus der Hütte holen. Gemütlich tuckern wir im Auto bis zum Hütteneingang, während unser neuer Begleiter hinterherhumpelt. Uns war gar nicht aufgefallen, daß er hinkt. Dann sehe ich woher seine komische Gangart kommt. Er ist auf dem spitzen Schotter in

Socken unterwegs, weil er uns unbedingt erwischen wollte. Wir kommen mit in die Hütte und schauen unserem neuen Beifahrer beim Packen zu. So ganz nebenbei fragen wir ihn nach Namen und Herkunft: „Ich heiße Nick und komme aus Montreal, Canada!“ – es haut uns fast um, wie Nick „Montreal, Canada“ sagt und wir schauen uns nur an. Die Worte von Thorsten und Niels von gestern abend klingen mir in den Ohren: „Der verrückte Kanadier !“, rufen Rebecca und ich gleichzeitig. Nick schaut uns fragend an und ich erzähle ihm von den beiden anderen.

Auf der ganzen Rückfahrt unterhalten wir uns über unsere Reisebekanntschaften, über das, was uns nach Ísland getrieben hat und das, was wir so tun, wenn es uns gerade nicht in fremde Länder zieht. Nick ist in Ísland eigentlich fehl am Platze, denn er studiert „Russian studies“ in Kanada und hat Ísland als ersten, - nun - „Grenzerfahrungstrip“ ausgewählt. Er wollte einfach sehen, wie weit er alleine kommt. Immerhin: Bis zur Askja hat er es per Anhalter geschafft und ich frage ihn, was er gemacht hätte, wenn wir eine andere Route genommen und ihn nicht eingesammelt hätten, aber Nick grinst nur, zuckt mit den Schultern und sagt ganz selbstverständlich: „Nun, ich wäre morgen bis zur Ringstraße gelaufen!“ Ich denke mir meinen Teil, denn immerhin hat mir eben ein schmächtiger Bursche erklärt, er wolle mit seinem 15-Kilo-Rucksack und den Blasen an den Füßen, die er jetzt schon hat, an einem Tag 60 Kilometer laufen, davon die größte Strecke ohne Wasser oder Schatten, quer durch eine

Sandwüste. Wie immer Nick sich das vorgestellt hat, ich danke Gott, daß wir ihn gefunden haben.

Als wir die Ringstraße erreichen, blinkt schon ab und zu die Reserveleuchte an der Tankanzeige und mit dem letzten Tropfen Sprit erreichen wir wieder Reykjahlið. Wir setzen Nick am Campingplatz bei Niels und Thorsten ab und bringen das Auto zurück. Ich hoffe, daß uns niemand hört, so wie der Wagen röhrt und schleiche mich förmlich an den Rezeptionstresen, um den Schlüssel abzugeben. Die Frau schaut mich an, ich räuspere mich und versuche zu erklären: In einem Mischmasch aus Deutsch, Englisch und einigen Brocken Isländisch versuche ich von dem kaputten Auspuff zu berichten. Also, das Ding hinten am Auto – wo das Abgas rauskommt – ist kaputt. Da war schon eine Reparatur (was um alles in der Welt heißt Schweißnaht auf Englisch?) und das ist jetzt wieder kaputt, eigentlich können wir nichts dafür. Die Frau nickt nur, schreibt sich etwas auf und fragt: „Aber das Fahren war ok?“, ich kann nur „Ja, natürlich“ stottern, als sie den Telefonhörer abhebt, sich entschuldigt und mit irgendjemandem spricht. Hin und wieder tippt sie etwas in die Rechenmaschine oder notiert ein paar Worte. Dann legt sie den Hörer auf: „Also dann bekomme ich von Ihnen 1000 ISK für Benzin, 700 ISK für die Versicherung und 5000 ISK für das Auto, ich habe ihnen einen Sonderpreis gemacht!“ Ich rechne nach: Das sind zusammen 6700 ISK, gestern abend war es knapp das Dreifache. Ich glaube, mein Stahlen und meine Freude kann ich kaum verbergen, als ich ihr meine Kreditkarte gebe und den Beleg unterschreibe. Dann segele ich förmlich nach oben in unser Zimmer zu Rebecca: „Weißt Du was ich für das Auto bezahlt habe? Rate mal!“, aber Rebecca kommt nicht drauf. Als ich das Geheimnis endlich lüfte, kann auch Sie sich kaum halten: Unser Ausflug hat uns nur 150,- DM gekostet und nicht knapp 500,- DM wie befürchtet!

In einem Anflug von Schadenfreude machen wir uns noch auf den Weg, um Thorsten und Niels zu suchen: Wir finden sie sehr schnell in der Tankstelle, wieder einmal mit einem Hot Dog in der Hand. Auch Nick ist da. Zu dritt schwärmen wir in den höchsten Tönen von der Tour - und enthüllen dann den Fahrpreis! „Wenn wir gewußt hätten, daß es so billig wird, wären wir auch mit zur Askja gekommen!“ gestehen die beiden ein. Mit einer Tüte Chips unter dem Arm gehen Rebecca und ich zurück ins Hotel. Dort kochen wir uns unser Abendessen mit dem Wasserkocher und genießen dann noch einmal die wunderbar heißen Duschen. Immerhin riecht das Wasser hier nur ganz leicht nach Schwefel und es ist so herrlich entspannend. Locker, leicht und ganz weich lasse ich mich aufs Bett fallen und schlafe augenblicklich tief und fest ein.

Wo die Erde jung ist

Als wir aufwachen, scheint strahlend die Sonne. Ich fühle mich ja so pudelwohl! Nicht auszudenken, daß dieses Wahnsinnsgefühl zu Hause jeden Tag auf mich wartet: Am ganzen Körper warm, sauber und trocken, in weichen Decken auf einem Kopfkissen hingekuschelt zu liegen und sich ganz wohlig zu strecken. Dann aufstehen, unter einer prickelnd warmen Dusche verschwinden, Haare waschen und sie mit einen Föhn trocknen!

Wir segeln hinunter in den Frühstücksraum, essen uns einmal durch das etwas kärgliche Buffet, räumen unser Zimmer und siedeln auf den Campingplatz über, wo Nils und Thorsten gerade beim Frühstück sitzen. Nick, der sich eine Nacht in der Schlafsackunterkunft gegönnt hat, kommt auch dazu und steuert geräucherte Forelle für uns alle zum Frühstück bei. Eine isländischen Familie, die ihn für eine Nacht aufgenommen hatte, hat ihm eine ganze Tüte voll geschenkt.

Der arme Fisch! Man könnte ebensogut in eine Zigarette beißen! Wir bemühen uns alle um Höflichkeit, lehnen nach ein paar Bissen aber dankend ab. Nur Nick schmeckt es allem Anschein nach. Er hat inzwischen auch mitbekommen, wie billig wir gestern davongekommen sind und meint, da hätte der kaputte Auspuff doch gleich zweifach sein Gutes gehabt, denn wenn wir nicht so einen höllischen Lärm gemacht hätten, hätte er uns in der Hütte nie gehört.

Wir wollen langsam los, denn das Wetter ist Spitze und der Hliðarfjall, der höchste Berg im Umkreis, lockt. Wir stiefeln los, nur im Hemd und mit hochgekrempelten Hosen; Jacken und Mittagessen haben wir im Tagesrucksack dabei. Es geht entlang eines mit einem breiten Lavastrom gefüllten Bachbettes. Die Herbstfärbung ist traumhaft, und überall fliegen braun getupfte Schneehühner auf. Wir erreichen den Berg und machen uns an den Aufstieg. Ein Pfad führt in absoluter Fallinie nach oben, und ich bin heilfroh, die Stöcke mitgenommen zu haben, denn der Hliðarfjall besteht zum großen Teil aus losem Sand und Schutt. Es dauert relativ lange, bis wir oben sind, obwohl wir gut vorankommen. Endlich haben wir den Grat erreicht und legen die letzen Meter bis zur Spitze zurück. Der Blick ist großartig! Man kann weit über die ganze Myvatn-Region schauen. Ich bin erstaunt, daß der See so klein ist, denn ich habe ihn mir größer vorgestellt, aber mit seinen unzähligen Schären, Buchten und Inselchen sieht er wunderhübsch aus, wie er da in der Sonne spiegelt. Das Land zwischen dem Hliðarfjall und dem See besteht aus unzähligen Hügelchen. Wie eine Buckelweise in groß sieht es aus.

Im Osten sehen wir eine gewaltige Lavazunge, die schwarz über den hellen Sand der Wüste gelaufen ist. Im Süden steigen still die enormen Dampfwolken des Kieselgurwerkes und die kleinen Wölkchen der dampfenden Spalte auf und hinter einem Hügel kann man noch Dampf vom Námafjall, einem sehr aktiven Gebiet mit blubbernden Schlammtöpfen, erkennen. Gestern sind wir dort vorbeigefahren und es sah so großartig aus, daß ich mir das zu gerne ansehen möchte. Es würde für uns auf unserer heutigen Tour einen Umweg von insgesamt 1 1/2 Stunden bedeuten, den ich schrecklich gerne machen würde, aber Christian will nicht, er findet den Berg für heute völlig ausreichend.

Wir machen es uns erst einmal bequem und verdrücken jeder ein halbes Würstchen mit Brot und noch ein paar Früchte hinterher. Es ist selbst hier oben warm wie im Hochsommer. Ausgestreckt auf zwei bequemen Steinen dösen wir in der Sonne ein.

Das "Klack, Klack, Klack" der Stöcke eines Wanderers, der gerade den Kamm erreicht hat, weckt uns wieder auf. Es ist ein älterer Mann der uns kurz grüßt, zu einem Gestell geht, über das wir uns schon gewundert hatten, ein dort angebrachtes Rohr öffnet, ein Gipfelbuch herausfischt, sich einträgt, uns das Buch zum Eintragen reicht, es wieder wegsteckt, nochmals grüßt und bergab verschwindet.

Wir sind sicher schon 1½ oder sogar 2 Stunden hier oben und sollten auch langsam an den Rückweg denken. Also packen wir zusammen und ziehen los. Bergab geht das Geschlitter deutlich schneller, und bald stehen wir wieder unten in den bunten Hügeln. Wir nehmen einen anderen Weg zurück und passieren eine weitere Lavazunge. Inzwischen wissen wir gut, wie vorsichtig man auf diesen Feldern laufen muß, denn die dünnflüssige Lava der Myvatn-Region erstarrte oft an der Oberfläche und bildete so Tunnel, in denen glutflüssige Lava noch kilometerweit fließt. Die Tunnel leeren sich dann häufig, wenn der Nachschub ausbleibt.

So sind zahlreiche Höhlen und Löcher entstanden, die teilweise gar nicht zu sehen sind, weil die Decke des Tunnels noch unversehrt ist. Viele sieht man aber, weil ihre Decke stellenweise eingebrochen ist. Wir finden auf unserem Marsch quer durch das Lavafeld einen richtig großen Gang, in dem man fast aufrecht stehen kann und der offenbar häufig von Schafen als Regenzuflucht genutzt wird. Es sieht beeindruckend aus und ich kann mir sehr gut vorstellen, wie hier die flüssige Lava hindurchgequollen ist.

Der Rest des Rückweges ist weniger spektakulär, aber um so schöner. Die Sonne strahlt in prachtvollstem Nachmittagslicht und die herbstlich goldenen Hügel sehen so tief friedlich und glücklichmachend schön aus. So voll von prächtiger, noch einmal aufflackernder Schönheit und Wärme. Ich möchte diese Ruhe, diesen Frieden, diese Schönheit tief in mich fließen lassen und verlangsame meine Schritte, die auf dem weichen Moos so angenehm federn. Vor uns schimmert Wollgras golden, sonnendurchflutet auf einem Hügel.

Wir kommen gerade rechtzeitig am Campingplatz an, um die Besitzerin noch zu erwischen, die um 7 Uhr wieder gehen will. Das ist in einer halben Stunde. Wir wollen gerne noch eine Maschine Wäsche waschen, für den gesalzenen Preis von 400 Kronen. Während Christian schon das Zelt am Seeufer aufbaut, stopfe ich die Maschine. Es verspricht, eine traumhafte Abendstimmung mit Sonnenuntergang im See zu geben.

Ich bin noch gar nicht ganz fertig, als Christian hereingestürzt kommt und mich nach draußen ruft. Die Sonne ist wirklich kaum zu beschreiben! Glutrot hängt sie zitternd über dem See, gerade im Begriff, in ihn einzutauchen. Die Büsche, die im Vordergrund auf winzigen Inselchen stehen, sind schwarz im Gegenlicht, die hohen Gräser leuchten ein letztes Mal an diesem Tag - lichtdurchschienen. Ein paar Enten dümpeln friedlich auf dem See, es ist vollkommen ruhig. Still stehe ich da, staune. Was für ein Bild! Langsam, ganz langsam sinkt die Sonne tiefer, taucht die wenigen Wölkchen in glühendrotes Licht. Dann zittert nur noch ein Schein über den See, über das Land. Die Wolken glühen noch immer, die Gräser sind schwarz geworden und von den Bergen schleicht die Dämmerung herunter.

Wir kochen Chilli und essen es mit Brot. Danach hat Christian so einen Japp auf Milch, daß er allen Ernstes noch einmal zur Tankstelle läuft, um Milch zu kaufen. Währenddessen wird es dunkel im Zelt. Ich hole die Kerzenlaterne hervor, zünde sie an und will sie dann ausziehen, aber wegen des vielen verspritzten Wachses im Gehäuse klemmt das Ding ganz fürchterlich. Plötzlich gibt es nach und springt auseinander. So ein Mist! Ich versuche, die beiden Teile wieder ineinander zu friemeln, aber es scheint nur mit Gewalt zu gehen, und das traue ich mich nicht. Um einen der Drähte gerade zu biegen, stelle ich für einen Augenblick die Kerze auf die Lebensmittelkiste, die in der Apsis steht. Sekunden später fährt mir der Schreck durch die Glieder, und ich schnappe nach der Kerze, aber der Augenblick

Unbedachtheit hat schon gereicht - in meinem wunderschönen Zelt, meinem ganzen Stolz, klafft ein kleines, hineingebranntes Loch! Ich könnte mich selbst verprügeln, aber das nutzt jetzt auch nichts mehr. Wie kann man nur so hirnverbrannt dumm sein?!?

Als Christian zurückkommt tröstet er mich ganz lieb, aber ich möchte mich trotzdem verprügeln! Zu allem Überfluß versagt jetzt mal wieder der Kocher, so daß Christian wie üblich, beim allerletzten Funzellicht mit dem Auseinandernehmen anfangen muß. Von mir aus müßte er nicht, aber er will noch einen Tee haben.

Dann werden wir für allen Ärger reichlich entlohnt! Über uns flackert auf einmal in breiten weißen Bändern das Nordlicht. Mit verdrehten Hälsen kauern wir im Zelteingang, während die Lichterscheinung mit ausholenden Wellen über den See jagt. Die Bänder werden breiter und schmaler, verschlingen sich ineinander, verschmelzen und trennen sich wieder. Dann durchzucken auf einmal Farben das Lichterspiel. Erst werden nur die Ränder der Bänder grün, dann durchlaufen grüne und rote Wellen jedes einzelne Band. So etwas habe ich noch nicht gesehen!

Schließlich verschwinden die Farben wieder. Das weiße Licht bleibt. Wir wenden uns jetzt doch unserem Tee zu, lassen die Tür aber offen und können die Augen kaum noch vom Himmel wenden. Dann schreiben wir noch Tagebuch. Christian schläft schon, während ich noch lange weiterschreibe und als ich, sicher eine Stunde nachdem er eingeschlafen ist, aus dem Zelt krieche, um noch einmal zu den Waschräumen zu gehen, da explodiert am Himmel gerade ein Feuerwerk aus Lichterspielen, so daß ich mit nackten Füßen und zum Himmel gerecktem Kopf noch lange auf der Wiese stehenbleibe. Auch als ich mitten in der Nacht noch einmal vors Zelt muß, tanzt noch immer das Nordlicht.

Dieser Morgen ist nicht so hell und klar wie der gestrige, aber schlecht ist er auch nicht. Beim Teewasserholen treffe ich Thorsten. Der erzählt mir ganz aufgeregt, daß sie gestern an der Krafla waren, in einem wahnsinnigen Gebiet, wo man durch ein Lavafeld laufen kann, das 1984 entstanden ist, jetzt noch heiß ist und dampft! Dazu berichtet er von brodelnden Schlammtöpfen und schwefelgelben Seen und meint, daß wir da unbedingt auch hin müssen. Das ist Musik in meinen Ohren, denn diese Tour versuche ich Christian schon seit drei Tagen beizubringen, aber er will nicht!

Es geht um 13 Uhr ein Bus dahin, erzählt Thorsten. Zurück führt ein Wanderweg, für den man etwa 4 Stunden braucht. Ich laufe also zum Zelt und überlege die ganze Zeit, wie ich Christian das am besten beibringe, denn der will heute zum Hverfjall, dem schwarzen Schlackekrater laufen und dann um 16 Uhr den Bus zum Südende des Sees nehmen. Zuerst einmal stelle ich fest, daß es schon fast 11 Uhr ist. Christian schlußfolgert, daß wir somit nicht mehr genug Zeit haben, um zu dem Schlackekrater zu laufen. Dann können wir ja in aller Ruhe einen Schreibtag im Zelt einlegen.

Ich berichte, was Thorsten mir erzählt hat und leite langsam dazu über, daß wir ja noch eine Nacht bleiben und das heute auch machen könnten. Christian knatscht vor sich hin, daß ihm mein Unternehmungsgeist auf die Nerven geht und daß er sich schon so lange nach einem Tag zum Erholen sehnt. Das sehe ich ja völlig ein, kann ich auch gut verstehen, aber warum können wir denn dann nicht mal einen Tag lang unterschiedliche Sachen machen.

Jedenfalls will Christian, wie sich herausstellt, deshalb nicht, weil er nicht so weit zurücklaufen will. Also schlage ich vor, daß wir ja Räder leihen können und hin und zurück radeln. Er ist doch so ein großer Radfahrer. Das fände Christian annehmbar, erklärt mir aber - nicht unzufrieden - daß es dafür jetzt zu spät sei, weil es sicher schon nach 11 Uhr und der Verleih somit bis heute nachmittag geschlossen sei. Ich kriege fast die Krise und sage ihm, er soll gefälligst einen Hintern aus dem Zelt schwingen, damit wir den Menschen noch erwischen, es ist ja immerhin möglich. Wir erwischen ihn auch und mieten zwei Räder für 6 Stunden. Dann packen wir unsere Sachen zusammen und machen uns auf den Weg. Ich habe Mountainbikes schon immer gehaßt, ich hasse sie mehr denn je und ich werde sie auch immer hassen. Was gäbe ich darum, mein gemütliches altes Rad unter mir zu haben!

Leider ist ziemlich starker Wind aufgekommen, der das Vorwärtskommen nicht eben erleichtert. Ich gebe mein Bestes und strampele wie wild, wobei ich die Knie fast bis zu den Ohren hochziehen muß, weil vor mir wahrscheinlich ein Japaner auf diesem Rad gefahren ist. Aber nein, Japaner tun so etwas nicht. Jedenfalls bin ich in Schweiß gebadet, während Christian vor mir gelangweilt herumeiert und sich fassungslos erkundigt, ob ich wirklich nicht schneller kann. Nun ja, Takt ist nicht jedermanns Sache... Jetzt kommt auch noch dieser verteufelt steile Berg! Ich schalte die Gänge so weit herunter bis ich bei 10 Radumdrehungen nur noch 5 cm vorankomme, aber dieser Wind ist mörderisch. „Bei dem Wind fahre ich rückwärts“, brülle ich Christian zu, der mich gerade lässig überholt. „Himmel, dabei ist es erst Seitenwind! Noch nicht mal Gegenwind!“ ist seine angeödete, gereizt-verständnislose Antwort. „Mistkerl!“ knirsche ich vor mich hin. Ich steige ab und schiebe. Endlich oben! Ich steige wieder auf und sause auf der anderen Seite nach unten.

Unten angekommen, biegt Christian von der Hauptstraße ab hin zum Námafjallgebiet, das ich so furchtbar gerne sehen wollte. Ich wäre sonst wirklich dran vorbei gefahren, da ich ja jetzt schon die Krafla durchgeboxt habe. Christian hält 100 m weiter auf dem Parkplatz und wartet auf mich. Jetzt ist er äußerst lieb und ist voll des freundlichen Zuspruchs, nun ja ... Jedenfalls ist es wirklich lieb, daß er mir zuliebe hier angehalten hat. Er bereut es nicht! Vor uns brodelt ein dicker grauer Schlammtopf, wie wir wirklich noch keinen gesehen haben. Blubb-Blubb-Blubb - der Schlamm spritzt in einer sich immer wieder aufwölbenden und dann zerplatzenden Blase sicher fast einen Meter hoch. Wir sind beide begeistert und heilfroh, daß uns das nicht entgangen ist.

Dampfschwaden im Námafjall

Der Námafjall bietet noch viel mehr Sehenswertes. Begeistert laufen wir umher und können uns kaum noch einkriegen. Kegel von etwa einem Meter Höhe entlassen zischend und fauchend mächtige Dampffahnen, die vom Wind waagerecht über den Boden gefegt werden. Dieser ist bedeckt mit weißen, grünen und gelb-orangen Schwefelausblühungen, die wie Korallen am Boden wachsen. Der gesamte Untergrund und der benachbarte Berghang, an dem es ebenso dampft und zischt, sind schwefelgelb. Dazu finden am Himmel irre Lichtspiele von hellen Flecken und drohend schwarzen Wolkenfronten statt. Ebenso toll ist, daß außer uns kein Mensch da ist. Wie entsetzlich wäre es, hier von Touristen umgeben zu sein und keinerlei Photo ohne Menschen an allen Ecken und Enden machen zu können. Ich verbrauche hier fast einen ganzen Film, so begeistert bin ich. Leider ist es dermaßen kalt geworden, daß wir fast nicht so schnell zittern können, wie wir frieren. Der Wind ist eisig, und uns klappern allen Ernstes die Zähne. Es ist nicht zu fassen, wenn man an gestern denkt!

Wir müssen wieder auf die Räder, um halbwegs warm zu werden. Die Abzweigung zur Krafla ist praktisch gegenüber der zum Námafjall, und wundervollerweise hat der Wind inzwischen um 45° gedreht und kommt von hinten. So ist das Fahren kein Problem. Selbst als es wieder bergauf geht, muß ich nur ganz zum Schluß ein Stück schieben. Die Straße zieht sich. Wir sind uns beide nicht ganz sicher, bis wo wir fahren müssen. Ich denke, daß wir bis zum Kratersee „Vití“ müssen, aber sicher weiß ich das auch nicht.

Leider macht die Straße jetzt einen Knick und der Wind tut gerade sein Bestes, zum Sturm zu werden. Eine einzige kräftige Böe befördert uns beide in den Straßengraben. Christian bleibt stehen und will nicht mehr weiter. Er meint, man müsse einmal konsequent genug sein und sehen, wenn es nicht mehr geht. Er beschwert sich bitterlich, daß ich niemals genug bekommen würde, nie mit dem zufrieden wäre, was ich schon gesehen habe, und daß ich in Landmannalaugar, an anderen Stellen und jetzt auch hier, immer dahin wolle, wo ich es mir in den Kopf gesetzt hätte und niemals Rücksicht darauf nehmen würde, wenn er nicht mehr will.

Das sitzt. Ich weiß, daß da viel Wahres dran ist, aber ich sehe einfach nicht ein, mich jetzt 15 km auf dem Rad hierhergekämpft zu haben, 100 m vom Krater weg zu sein, denn ich sehe ihn ja vor mir, und dann genau hier umzudrehen und zurückzufahren, gegen den Wind, was mich bedeutend mehr kostet, als ihn, ohne irgendetwas davon gehabt zu haben, und das nur, weil der liebe Christian genau an dieser Stelle entscheidet, daß er jetzt keine Lust mehr hat.

Ich stehe da, starre trotzig vor mich hin und schweige. Nach diesen Vorwürfen kann ich ihn nicht weiter zwingen, aber daß ich es hirnrissig finde, hier umzudrehen, das sage ich doch. Schließlich dreht Christian sich wütend um, fährt aber doch weiter. Es war wirklich nur noch ein sehr kurzes Stück bis zum Krater. Wir legen die Räder an seinem Fuß ab und steigen hinauf. Christian ist nicht mehr wütend und ich bin froh darüber.

Der Kratersee ist blau, ganz anders als der Vití-Kratersee bei der Askja. Ansonsten ist hier leider nicht sehr viel zu sehen. Etwas ratlos schauen wir uns um. Ganz offensichtlich sind wir zu weit gefahren. Wir klettern nach unten und fahren ein kurzes Stück zurück, bis zu einem Parkplatz an einer Þufurwiese. Von dort führt ein markierter Pfad durch die Wiese auf einen Berg und ein dahinterliegendes Lavafeld zu. Wir folgen ihm und freuen uns über die Sonne, die für einen kurzen Moment zum Vorschein kommt. Hinter uns drohen schon wieder die nächsten nachtschwarzen Wolkenbänke.

Am Berghang vor uns steigen Dampfwolken auf, die der Wind mit sich reißt. In der Sonne sieht das sagenhaft aus, aber bis wir beide unsere Kameras in Position haben, ist die Sonne schon wieder verschwunden. Wir umrunden den Berg und kommen an einen kleinen, blubbernden Tümpel, in dem der graue Schlamm zahm und gesittet, wie gut gelungener Pudding beim Aufkochen vor sich hinblubbert. Das hellblaue Wasser, der hellgraue Schlamm, die schwefelgelbe Umgebung des Tümpels, die gerade wieder in der Sonne liegt, und die pechschwarzen Wolken ergeben einen irrsinnigen Kontrast!

Wir gehen weiter und betreten das Lavafeld. Es ist nicht zu glauben! Da laufen wir durch mehrere Jahre alte Lava, und es dampft überall aus Löchern und Spalten. Das ist wirklich einer der Höhepunkte dieser Reise! Es ist unvorstellbar! Das ganze Feld ist pechschwarz, teils relativ eben, aber mit vielen Hügeln und Aufwölbungen darin, so daß man immerzu um eine neue Biegung läuft und sich ein neuer Anblick bietet. In dem Schwarz der Lava sorgen weiße und gelbe Ablagerungen für deutliche Kontraste. Dazu sieht man sandgelbe Hügel und Berge am Rand des Feldes. Der weiße Dampf, vom Wind verwirbelt und zerrissen, tanzt geisterhaft um die bizarren Lavagebilde. Überall sind Löcher im Boden, wo eine Lavablase geplatzt ist, und aus ihnen steigt der Dampf auf. Es ist, als wären wir in ein Land aus einer uralten Sage geraten, als liefen wir durch eine Welt der Drachen und tapferen Helden.

Das dampfende Lavafeld an der Krafla

Einmal knie ich mich in die lockere Schlacke, um ein Photo zu machen, da spüre ich, wie meine Knien angenehm warm werden! Der Boden ist noch immer warm. Es ist nicht zu glauben. An einem großen, kraterartigen Loch, aus dem warme Schwaden aufsteigen, machen wir unsere Früchtepause. Wir suchen einen Stein mit Heizeffekt, damit wir bei der Eiseskälte kein so kaltes Hinterteil kriegen und schauen sehnsüchtig in das riesige Loch. Muß es da drin schön warm sein! Schließlich machen wir uns auf den Weg hier heraus, denn es ist barbarisch kalt durch den schneidenden Wind. Leider sieht es am Himmel fatal nach einem Wolkenbruch aus, und an den Gegenwind auf dem Rad will ich gar nicht denken. Aber auch wenn wir bis zurück schieben müssen und klatschnaß werden - das hat sich gelohnt!

Der erste Teil der Strecke geht besser, als ich zu hoffen gewagt hatte, denn dadurch, daß es bergab geht, wird der Gegenwind entschärft, obwohl ich sicher stehenbleiben würde, wenn ich aufhören würde, zu treten. Dann kommt eine richtig steile Bergabstrecke, aber weil Christian viel schwerer ist als ich, rast er ohne zu treten nur so bergab, während ich wie verrückt strampeln muß, um nicht völlig den Anschluß zu verlieren. Der Rest bis zur Straße ist keine Freude. Ich tue mein Bestes, aber wir kommen nur mäßig vorwärts. Wenn ich alleine wäre, würde mich das nicht stören, auch wenn ich dann eben naß werde, aber es ist eine Tortur, hinter Christian herzukeuchen, der sich alle Mühe gibt, so langsam wie nur möglich zu fahren. Endlich ist es nicht mehr weit, und bald sehen wir drei wohlbekannte Gestalten aus dem Campingplatzgelände kommen. Sie sind auf dem Weg zur Tankstelle zum Hot Dog-Essen. Wir schließen uns den Dreien an und erzählen begeistert von unserem Ausflug. Sie wollten heute eigentlich rund um den See radeln, haben aber nach wenigen Kilometern aufgegeben, weil der Wind so stark war. Wir gehen noch mit zur Tankstelle, kaufen einen Liter Milch und zwei Schokoriegel und schwätzen noch eine Weile. Dann will ich auf direktem Weg unter die Dusche. Das heiße Wasser ist herrlich - wir können gar nicht genug bekommen. Im Zelt belohnen wir uns mit Kakao und Indonesischem Reistopf und wollten eigentlich noch Mousse au Chocolat machen, aber wir kommen mal wieder nicht mehr dazu. Fest in die Schlafsäcke gekuschelt ist es urgemütlich im Zelt, während draußen der Sturm tobt.

Als Christian den Kopf aus dem Zelt steckt, während ich noch fest eingekuschelt im Schlafsack liege, platzt das Lachen nur so aus ihm heraus. „Rebecca, guck mal. Das mußt du sehen!“ Ich stecke neugierig den Kopf ins Freie, und da liegt Nicks Zelt als zusammengefallener Haufen, mit dem der Wind seine üblen Scherze treibt. So was hab' ich noch nicht gesehen! Wie gesagt, wir hatten Sturm heute Nacht …

Wir trödeln noch eine Weile herum, weil es im Zelt so gemütlich ist, was man von draußen wirklich nicht behaupten kann und frühstücken genüßlich Müsli mit Milch. Heute bin auch ich für einen Ruhetag zu haben, draußen braust der Wind, und ab und zu nieselt es. Wir versuchen, etwas Zeit in unseren Tagebüchern aufzuholen, denn wir hängen beide fast eine Woche zurück.

Als Niels und Thorsten draußen zu packen beginnen, wird es vor dem Zelt lustig, und wir gesellen uns dazu. Auch Nick kommt angeschlendert und wir stehen eine Ewigkeit draußen im Wind und witzeln über Niels’ Packmethoden und verschiedene Teile ihrer Ausrüstung. Sobald die beiden Tramper ihren Hausrat auf dem Rücken haben, zockeln wir zu fünft zur Tankstelle, um noch zusammen einen Hot Dog zu essen.

Die Tankstelle hat wie alle Tankstellen, die ich bis jetzt in Ísland betreten habe, diesen verwegenen Geruch von Hot Dogs, Pommes, Benzin und Mensch und wie viele andere strahlt sie eine eigenartige Stimmungsmischung aus: Irgendwo zwischen quirligem Treffpunkt, Aufbruchsstimmung, Gemütlichkeit und Trostlosigkeit.

Schließlich beenden wir unser Abschiedsessen und verabschieden unsere Tramper, die sich am Straßenrand postieren. Wenn sie nicht weiterkommen sollten, werden wir sie nachher im Bus wiedertreffen. Nick will noch einen Spaziergang machen, und Christian und ich bummeln durch den Nieselregen zum Zeltplatz zurück und machen uns über unsere Mousse au Chocolat her. Danach schreiben wir noch ein bißchen und müssen schließlich, Regen hin, Regen her, auch mit dem Packen beginnen.

Niels und Thosten haben offenbar Erfolg gehabt, denn sie sind verschwunden. Wir laufen zum Hotel, wo der Bus hält, und wen sehen wir da unter der Überdachung der Haltestelle sitzen? Zwei glücklose Tramper, die vor dem Regen geflüchtet sind. Na, das war eine kurze Trennung. Christian und ich wollten uns in das Café gegenüber setzen und noch einen Kakao trinken und die beiden kommen mit. Der Kakao ist zwar unverschämt teuer, aber man sitzt sehr hübsch und vor allem mollig warm hier drinnen. Bis der Bus kommt, dauert es noch über eine halbe Stunde. Als wir dann gerade in Aufbruchstimmung geraten, kommt ein Pärchen herein, das uns fragt, ob wir auch auf den Bus warten. Sie haben im Hotel gewartet, und dort hat der Busfahrer gerade angerufen und mitgeteilt, daß er eine Stunde später kommt. Na gut, dann können wir auch noch die Tagebücher auspacken. Nach etwa 45 Minuten betritt der Busfahrer das Café und bedeutet den

Pseudokrater in Skútusstaðir am Südrand des Myvatn

aufspringenden Fahrgästen, sitzen zu bleiben. Jetzt will er auch erstmal einen Kaffee trinken. Es ist derselbe nette, junge Fahrer, der uns von Egilsstaðir zur Abzweigung zum Dettifoss gefahren hat. Als er mit seinem Kaffee und seinem belegten Brötchen fertig ist, gestattet er uns gnädig, ihm zu folgen.

Wir besetzen zur viert die hinterste Bank und los geht's. Es dauert kaum 20 Minuten, bis Skútusstaðir am Südende des Sees erreicht ist und wir aussteigen müssen. Der Himmel ist gerade aufgerissen, und die Sonne zaubert eine wunderschöne, goldene, weiche Abendstimmung. Was für ein unerwartetes Geschenk nach diesem Nieselwettertag. Der Campingplatz liegt in einer Senke zwischen lauter Pseudokratern am Seeufer. Ich beginne schon, das Zelt aufzubauen, während Christian zum Bezahlen zu einem der Häuser auf der anderen Seite der Straße geht.

Schnell bringen wir unsere Sachen ins Trockene, bevor am Ende gleich der nächste Guß 'runterkommt und nutzen dann dieses traumhafte Abendlicht für eine Spaziergang durch die Pseudokrater. Es sieht sagenhaft schön aus. Die Sonne liegt so golden über dem ganzen See, und in der Ferne steigen die Dampfsäulen bei Reykjahlíð auf. Es ist traumhaft schön und ideal zum Photographieren, weil die Krater durch die langen Schatten ganz besonders plastisch wirken.

Über die ganze Landzungen laufen wir in einem Bogen zum Campingplatz zurück. Kaum sind wir da, als sich die nächste Wolkenfront vor die Sonne schiebt und das traumhafte Abendlicht beendet. Ich möchte gerne erst duschen, bevor wir Abendessen machen, denn eigentlich wäre hier schon alles verschlossen und vernagelt. Jetzt ist zwar für uns aufgeschlossen worden, aber das Licht geht nicht, weil der Strom abgestellt ist, und ich habe keine Lust, im Dunkeln zu duschen. Das heiße Wasser ist herrlich und das Waschhäuschen ist ganz neu und sauber.

Wir treffen uns im Zelt und beginnen eine Generalinspektion unserer Lebensmittelvorräte. Als ich die Kiste auspacke, die wir ins Hotel geschickt hatten, und die wir jetzt schon seit Tagen mit uns herumschleppen, blinken mir unter einer Müslitüte zwei blanke scharze Äuglein entgegen. Eine kleine, nußbraune Maus kauert da, von Haferflocken umgeben und blinzelt mich abwartend an. Sie macht den Eindruck, als sei sie es inzwischen gewöhnt, daß in der Kiste herumgewühlt wird. Ich rufe Christian, der erst ein mal ein Photo von unserem kleinen Gast macht. Dann will ich den Frechdachs fangen, aber das ist gar nicht so leicht! Zwar habe ich sie mehrmals erwischt, aber das Tierchen windet sich so flink zwischen meinen Fingern durch, daß sie immer wieder mir entwischt.

Endlich glaube ich, sie zu haben und will mit der Maus in der Hand aus dem Zelt schlüpfen, da flutscht sie mir durch die Finger, flitzt meinen Arm hoch und entschwindet mit einem kühnen Sprung von meiner Schulter im Innern des Zeltes in meinem Schlafsack, dessen Reißverschluß leider am Fußende offen ist. Na bravo! Eine Maus hatte ich auch noch nicht im Schlafsack. Auf allen Vieren gehe ich auf die Jagd, vorsichtig darauf bedacht, mich nicht auf meine Beute zu knien. Endlich erwische ich das Kerlchen, das mir in wild entschlossener Selbstverteidigung in die Hand beißt, zum Glück aber nur Hornhaut erwischt. Bevor der nächste Fluchtversuch doch noch gelingt, schmeiße ich die Maus draußen ins dichte Gras. Christian verfolgt sie noch ein paar Meter, um sicher zu sein, da sie nicht den Rückweg einschlägt, und mit hohen Sätzen verschwindet der braune kleine Racker in der Wiese.

Ich inspiziere den Inhalt der Kiste und stelle fest, daß vier Müslipäckchen kleine Löcher haben, auch der Käse zeigt deutliche Nagespuren. Den Rest hat die Maus freundlicherweise unangebissen gelassen. Bei unserer Inspektion kommt heraus, daß wir noch 18 Müsliportionen für 11 Tage haben. Das ist äußerst reichlich. Auch was die Lunchportionen betrifft, haben wir einen leichten Überschuß, aber wir sind nicht böse darum, denn so können wir uns erlauben, auf die widerlichen Tofubohnen zu verzichten. Die Inventur ist sehr zu unserer Zufriedenheit ausgefallen. Wir kochen Kakao und hinterher Stroganoff. Zum Schluß gibt es noch einen großen Topf Tee zum Tagebuchschreiben.

Nordland

Ein kalter Schauer läuft mir den Rücken hinunter und ich ziehe meinen Wärmekragen noch ein bißchen weiter zu. Im Zelt will es heute gar nicht richtig hell werden und ich frage mich, was da draußen bloß los ist. Neben mir im Schlafsack regt sich Rebecca. „Hast Du eine Ahnung, was da draußen los ist?“ frage ich, aber Rebecca schüttelt nur müde den Kopf und dreht sich wieder um. Also tue ich das gleiche und döse auch tatsächlich wieder ein.

Eine Weile später ringen wir uns dann doch zum Unvermeidlichen durch und kriechen aus den Schlafsäcken. Wir frühstücken ohne Tee, um das Zelt nicht aufmachen zu müssen, in dem die Temperatur doch um ein paar Grad höher liegt als in der feindlichen Welt da draußen. Als es sich dann langsam nicht mehr aufschieben läßt und ich den Reißverschluß aufziehe, traue ich meinen Augen nicht: Dicke nasse Schneeflocken fallen vom Himmel, die Berge am Horizont sind weiß. Schnell angele ich nach meiner Jacke und renne zum Waschhäuschen. Unter dem Überdach bleibe ich stehen, schaue mich um und betrachte den Schlamassel: Der Winter holt uns langsam aber sich ein, die ersten weißen Schneehühner und jetzt ... ich verdränge den Gedanken an das, was uns wohl noch erwartet, denn es liegen ja noch fast zwei Wochen in Ísland vor uns.

In Rekordzeit packe ich meinen Rucksack, dann bauen wir gemeinsam das Zelt ab. Mit den klammen eiskalten Fingern ist das nicht leicht und spätestens nach dem dritten Häring merke ich nicht mehr, was meine Hände da eigentlich machen. Auch die Handschuhe helfen kaum und ich denke daran, daß wir beide nur die leichten Fleece-Handschuhe dabei haben. Was, wenn es noch kälter wird?

Im Moment kann ich Rebecca nur zuschauen, wie sie ihren Rucksack packt und hüpfe derweil von einem Fuß auf den anderen, aber auch das hilft heute nicht viel. Der Wind ist schneidend und der Schnee so naß, daß sowohl wir, als auch unsere ganze Habe inzwischen wie aus dem Wasser gezogen sind. Eigentlich wollten wir heute vormittag noch eine Wanderung zu den Lavaformatonen im Myvatn machen, aber das miese Wetter hat sogar Rebecca die Lust am Wandern verdorben und das will wirklich etwas heißen. Immerhin habe ich das in den vergangenen Wochen noch nicht einmal im tiefsten Stimmungstief und mit den größten Blasen geschafft! Aber was machen wir dann bis der Bus kommt? Mein erster Gedanke ist das Café an der Bushaltestelle, aber die Tür ist abgeschlossen. Was nun? In letzter Not gehen wir zähneklappernd zu der Frau, bei der ich gestern für den Campingplatz bezahlt habe. Ich erkläre ihr, daß wir irgendein Plätzchen suchen, an dem wir bleiben können, bis unser Bus heute nachmittag fährt. Die Frau nickt verständnisvoll und in ihrem ansonsten ernsten Gesicht wandeln sich die Falten zu Lachfältchen „Nun", sagt sie, „Ihr könnt Euch oben in die Küche von meinen Gästezimmern setzten. Bei dem Wetter weiß ich Euch lieber hier drinnen, als irgendwo draußen!" Ich lächele zurück. An so etwas hätte ich nicht einmal im Traum gedacht und wenige

Minuten später sitzen Rebecca und ich im Warmen an einem Tisch, neben uns auf dem Herd steht heißes Wasser und vor uns zwei Tassen mit dampfendem Tee. Gierig greife ich nach der Tasse, halte sie fest und wärme mir die Hände.

Wir nutzen die Zeit, um in den Tagebüchern zu schreiben, während draußen die Elemente toben und heulen. Heute nachmittag wollen wir mit dem Bus zum Goðafoss fahren und ich bin gespannt, was uns dort erwarten wird, obwohl aller Wahrscheinlichkeit nach keine Chance auf Wetterbesserung besteht. Meine Hoffnung sieht so aus: Ein gemütliches warmes Zimmer, holzgetäfelt mit einem Doppelstockbett in einer mollig warmen Jugendherberge mit großer Küche und dazu ein leckeres Essen, Wärme, Geborgenheit.

Mein Gedankenbild verschwindet und ich sehe wieder die Pseudokrater im Schneegestöber. Um unsere Wirtin nicht allzu lange zu behelligen ziehen wir um die Mittagszeit in das Restaurant um, das um 13.00 Uhr aufmachen soll. Wir bedanken uns herzlich, schnappen uns unsere Riesenrucksäcke und laufen hinüber. Würde es solche Gastfreundschaft in „good old germany" auch geben? Aber es kommt noch besser: Nachdem wir schon eine Weile an einem Tisch gesessen haben, Fahrpläne und Karten gewälzt und unsere weitere Route beratschlagt haben, kommt die Restaurantbesitzerin und sagt: „Eigentlich ist ja geschlossen!" Ich bin ziemlich verdutzt und frage: „Sollen wir lieber woanders auf den Bus warten?", aber die Wirtin lächelt nur und sagt: „Nein, nein, Ihr könnt ruhig hier bleiben!"

Langsam aber sicher tut mir vom vielen Sitzen der Hintern weh und ich bin heilfroh, als endlich der Bus kommt – wenn ich schon noch weiter sitzen muß, kommen wir so immerhin noch ein bißchen voran. Die Busfahrt dauert aber nicht lange und nach einer knappen halben Stunde stehen wir in Fossholl am Goðafoss im strömenden Regen. Die Tankstelle mit Supermarkt, Bank und Caféteria ist einer der üblichen isländischen Containerbauten. Die Jugendherberge dahinter steht in einigem Kontrast dazu. Das Haus ist solide gebaut und so leuchtend gelb, daß es sogar bei dem Mistwetter heute noch strahlt. Als wir durch die Tür treten, sieht es drinnen genau so aus, wie ich es mir vorhin erträumt hatte: Alles ist holzgetäfelt, Bücherregale an den Wänden und der Katze sind wir auch auf Anhieb sympathisch. Sie läßt sich streicheln und schnurrt wie verrückt. Jetzt fehlt uns nur noch der Herbergsvater!

Nach einigem Suchen finde ich ihn draußen im Regen: Am Haus ist eine Grube ausgehoben, in der mit den Fundamenten für einen Anbau begonnen wurde. Dort steht der Herbergsvater in einem gelben Regenanzug und werkelt. Ich rufe ihm ein "Hallo" zu, er stapft in das Haus und wir checken ein. Dann gibt es eine herbe Enttäuschung: Das Haus, in dem wir stehen ist die Pension, die Jugendherberge ist eine kleine weiße Barracke in etwa 100 Metern Entfernung …

Wir kapitulieren um ein Haar schon beim Aufschließen: Der Schlüssel, den uns der Mann mitgegeben hat, paßt nicht und während Rebecca zurückrennt, um einen anderen zu holen, warte ich im Regen. Auch mit dem nächsten Schlüssel, haben wir nicht wesentlich mehr Erfolg, die Tür rührt sich nicht. Als Rebecca schon wieder losrennen will, kommt der Herbergsvater den Hügel hinaufgestapft und bringt den richtigen Schlüssel. Wir sollen bloß nicht abschließen, wenn wir wieder gehen, bittet er, sondern den Schlüssel einfach stecken lassen. Er ist nicht an Schlüssel gewöhnt und darum verlegt er sie immer.

Ich taste nach dem Lichtschalter. Eine Neonröhre flackert auf. Die Küche liegt verlassen vor uns. Wir haben die ganze Jugendherberge für uns alleine und breiten uns tüchtig aus. In der Küche haben wir alle Tische belegt, sämtliche Heizungen bollern, unser klatschnasses Zelt ist in der Dusche aufgehängt und wir können gar nicht entscheiden, in welches Schlafzimmer wir gehen sollen.

In der gemütlichen Küche flackert nach dem Abendessen nur noch eine Kerze. Wenn wir schon nicht draußen in unserem Zelt sind, brauchen wir doch ein bißchen Gemütlichkeit. Im Schein der Kerze schreiben wir in den Tagebüchern bis das Licht heruntergebrannt ist.

Es will einfach nicht hell werden an diesem Morgen. Düstere Wolken hängen knapp über der Erde und es regnet Bindfäden. Wir schleichen in der Küche hin und her, machen dies und das, sind aber nicht glücklich damit. Schließlich sind wir wegen des Goðafoss hier und nicht, um hier tatenlos rumzusitzen. Irgendwann halten wir es nicht mehr aus. Rebecca packt ihre Jacke und ihren Poncho, ich greife nach meiner Überhose, meiner

Fleece-Jacke und meiner Jacke und dann geht es los. Nach fünf Metern merken wir beide, daß wir viel zu warm angezogen sind, denn trotz des Regens ist es nicht mehr kalt. Es dauert nicht lange, bis ich nicht nur von außen, sondern auch von innen naß bin.

Auf unserem Weg zum Goðafoss kommen wir an einem kleinen Häuschen vorbei. Es ist zwar nicht so leuchtend gelb, wie die Pension, aber immer noch auffällig. Ein Schild hängt über der Eingangstür – „Goðafossmarkaður" – und schaukelt leise im Wind. Wir schauen durch die kleinen Schaufenster: Drinnen gibt es Unmengen an Handarbeiten, von Strickwaren über Schnitzereien bis hin zu zusammengestellten Kräutertees. Vor allem die Pullover sehen zum Verlieben aus und wir ertappen uns gegenseitig dabei, wie wir schon am Aussuchen sind. Schade nur, daß das kleine Lädchen geschlossen ist. Also gehen wir über die alte Straßenbrücke und dann auf der Westseite der kleinen Schlucht zum Goðafoss. Es ist nicht zu glauben, daß dieser Wasserfall 12 Meter hoch sein soll, er wirkt im Vergleich zu den Wasserfällen, die wir bisher gesehen haben, richtig zierlich. Aber schön ist er! Wie ein Miniatur-Niagarafall stürzt das Wasser im Halbrund in einen Kessel. An einem Felsen in der Mitte des Falls teilt es sich in zwei breite Vorhänge. Die Gischt kann man nicht sehen, sie vermischt sich zu sehr mit Regen und tiefhängenden Wolken. Ich kann mir gut vorstellen, wie hier vor nahezu 1000 Jahren die heidnischen Götterbilder in die Fluten geworfen worden sind. Bei der Gewalt, mit der das Wasser unterhalb des Wasserfalls die Basaltsäulen an den Steilufern unterhöhlt, sind die

Götzenbilder binnen weniger Jahre zu feinen Sand zermahlen worden.

Als wir wieder zur Brücke zurückkommen, hat es immerhin aufgehört zu regnen und ich schlage die Kapuze zurück. Wir wollen uns den Fall noch von der Ostseite her anschauen, von wo aus der Eindruck etwas anders sein soll. Von hieraus erscheint er mir lieblicher, als von der wilderen Westseite. Wir setzen uns sogar einen kleinen Moment ins nasse Gras und betrachten den Wasserfall. Die Wolken heben sich etwas und es scheint ein wenig heller zu werden, so daß ein leichter Glanz auf dem Goðafoss liegt. Ich habe das Gefühl, etwas zu sehen, was mein Innerstes berührt, in dieser urwüchsigen Schönheit. Vielleicht ist es auch einfach nur das Glück, das ich empfinde, weil ich mit Rebecca hier an diesem Wasserfall sitze, meine Hand ausstrecke, um sie zu fühlen, und genießen kann, daß wir beide hier sind, hier, mitten in Ísland.

Noch einmal stehen wir an den Schaufenstern und betrachten die Pullover: Der schwarze würde mir gefallen und Rebecca hat sich einen blauen ausgesucht. Scheinheilig fragen wir im Supermarkt nebenan, ob der Laden noch aufmacht, aber die Frau zuckt nur mit den Schultern. Mit Englisch haben wir hier keine Chance. Ich weiß gar nicht, wie wir ihr schließlich erklären, was wir wollen, aber sie greift zum Telefon, ruft jemand an und macht uns klar, daß der kleine Laden gleich aufmachen würde. Bis dahin sollten wir uns doch setzen und einen Kakao trinken. Irgendwie haben wir all das verstanden, ohne daß wir uns in einer Sprache

Akureyri im Abendlicht

verständigt hätten. Ísland ist schon manchmal ein seltsames Land...

Der schwarze Pullover paßt mir wie angegossen, nur der blaue, den Rebecca sich ausgesucht hatte, ist in Wahrheit eine Jacke. Also komme nur ich nach wenigen Minuten mit einer Tüte in der Hand aus dem Laden – ich habe einen wunderschönen isländischen Pullover erstanden!

Den Rest der Zeit verbringen wir mit Packen und dann warten wir an der Tankstelle auf den Bus. Bald tauchen die Scheinwerfer aus dem Grau des Nebels auf. Wir rudern mit den Armen um auf uns aufmerksam zu machen und dann steht der Bus neben uns. Der Fahrer kennt uns schon: Immerhin nimmt er uns heute zum dritten

Mal mit. Wir staunen nicht schlecht, daß der Bus beinahe voll besetzt ist, aber als wir nach einer guten Stunde in Akureyri am Flughafen anhalten, klärt sich warum: Viele Reisende, so erzählt die Reiseleiterin aus dem Bus, kommen morgens mit dem Flugzeug aus Reykjavík, machen eine Rundtour mit dem Bus und fliegen abends wieder zurück – und das um diese Jahreszeit!

Mit etwas Mühe finden wir den Campingplatz von Akureyri. Er ist schäbig und hat schon geschlossen. Die Waschbecken sind abmontiert, die Hütte verschlossen und auf der Wiese liegt Müll. In einer Ecke bauen wir unser Zelt auf, glücklich, daß wir für diesen Zeltplatz nicht auch noch Geld bezahlen müssen. Dann machen wir uns auf den Weg in die Innenstadt. Vielleicht finden wir noch einen Laden, in dem wir etwas zu trinken kaufen können, denn Wasser gibt es auf dem Campingplatz ja nicht mehr. In der Fußgängerzone sieht es aus wie in jeder deutschen Kleinstadt am Abend: Alles ist menschenleer, die Bürgersteige könnte man hier auch hochklappen. Nur ein paar Kneipen, das Kino und einige Imbißbuden haben offen. Also schlendern wir am Busbahnhof vorbei in Richtung Innenstadt. Scheinbar kommen wir dabei in eine Art Altstadt von Akureyri, denn die Häuschen werden kleiner, schnuckeliger und sehen richtig nett aus. Auffällig ist, daß hier offenbar noch recht viele alte Holzhäuser erhalten sind und wo das nicht der Fall ist, hat man sich bemüht, angelehnt an den alten Baustil neue „Schein-Holzhäuser“ aus Wellblech zu bauen. Jedes Gebäude hat eine andere Farbe und sieht etwas anders aus. In den großen Fenstern sehen wir heimeliges Licht und meist auch das blaue Flimmern cincs Fernsehers. Auch die Isländer scheinen die Beine vor dem Fernseher hochzulegen. Zwischen den Häuser wachsen sogar ab und zu richtige kleine Bäume. Dieser Teil von Akureyri gefällt mir unheimlich gut und ich stelle mir vor, wie gemütlich es in so einem alten Haus sein muß.

Hier unten haben wir auch Glück und finden noch einen kleinen Laden, in dem wir etwas zu trinken kaufen können. Mit der Tüte unter dem Arm beeilen wir uns, zurückzukommen. Am Campingplatz kochen wir unser Abendessen und lassen den Topf unabgespült – auf den Tee müssen wir heute abend verzichten. So lege ich mich in meinen Schlafsack, ich bin etwas hungrig, denn das Risotto war alles andere als reichlich und Durst habe ich auch. Müde rolle ich mich zusammen. Wenigstens ist es warm – und wenn wir morgen früh rechtzeitig aufwachen, können wir noch in einer Bäckerei einkaufen, bevor wir mit dem Bus weiterfahren. Morgen abend wird unser Zelt endlich wieder irgendwo weitab der Zivilisation stehen, irgendwo in der Wildnis. Ist das schön!

Im Wald von Grábrók

Der Morgen ist strahlend und kühl. Hinter unserem Zelt ziehen Kinder in die Schule. Wenn die hier genauso früh anfängt, wie in Deutschland, muß es jetzt kurz vor 8.00 Uhr sein. Wir kriechen aus dem Zelt und raffen unsere Sachen zusammen – nur schnell weg von diesem abscheulichen Platz! Immerhin hat es in der Nacht geregnet und das Risotto von gestern hat sich als derart wasserlöslich erwiesen, daß Spülen heute morgen überflüssig war – das Wasser im Topf war Spülen genug.

In der Innenstadt biege ich rechts ab zum Busbahnhof, während Rebecca nach links geht: Die Bäckerei ruft. Ich schaue gerade aus dem Fenster der Information am Busbahnhof, als Rebecca nachkommt, die Backen sind dick, irgend etwas futtert sie gerade. Statt einer Begrüßung greift sie gleich in eine prall gefüllte Tüte und gibt mir ein kleines Hefestückchen heraus: „Sie sind köstlich!“ ist der einzige Kommentar und Rebecca hat recht. Mit gierigem Blick versuche ich zu erhaschen, was sich noch alles in der Wundertüte verbirgt, aber Rebecca ist schneller und hält die Tüte weg – ich werde mich also überraschen lassen.

Wir laden unsere Rucksäcke in den Bus, der fast bis unter das Dach mit Kisten und Kartons aus eben „unserer“ Bäckerei vollgestopft wird. Der ganze Bus duftet nach frischen Backwaren. Die Versuchung, gleich wieder in unsere Tüte zu greifen ist sehr sehr groß. Dann fahren wir in westlicher Richtung aus Akureyri hinaus. Eine lange Strecke liegt vor uns, denn wir wollen heute mit dem Bus bis fast an die Westküste fahren, unser Ziel liegt nur wenige Kilometer nördlich von Borgarnes, heißt Bifröst und wird auf der Karte als Servicestation beschrieben.

Doch zunächst genießen wir eine Busfahrt durch ein sonnendurchflutetes Ísland. Bei jeder Pause stehen wir vor dem Bus in der Septembersonne und fühlen die Wärme im Gesicht. Die Fahrt geht durch engere Täler, die immer wieder von breiten flachen Tälern gequert werden, die in Richtung Meer weisen. Die Spuren der Gletscher aus den letzten Eiszeiten, die wahrscheinlich durch diese Täler dem Meer entgegenflossen, sind nicht zu übersehen. Das Gras steht grün an den Hängen und leuchtet fast unwirklich. Im Hintergrund erheben sich dunkelgraue und schwarze Berge mit parallel verlaufenden Schichten, die ganz leicht nach Osten geneigt sind. Ich fühle mich an unsere Busfahrt an der Ostküste erinnert, bei der wir ja ähnliches Wetterglück hatten, und lehne mich zufrieden im Sitz zurück. Mir fehlt überhaupt nichts, ich bin rundum zufrieden und glücklich – das heißt: wie war das mit den Gebäckstückchen aus der Tüte? Und schon habe ich ein leckeres Pizzateilchen in der Hand.

Je länger wir aber unterwegs sind, desto mehr zieht sich der Himmel zu, er wird grauer und wir sehen, wie das Gras am Straßenrand im Wind flattert. Der Bus fährt jetzt ziemlich genau nach Süden und langsam aber sicher packen wir unsere Siebensachen zusammen, denn Bifröst rückt immer näher. Dann stehen wir plötzlich vor einem Sommerrestaurant, das jetzt schon winterlich verlassen und vernagelt ist. Hinter dem Haus stehen groß, schwarz und drohend unter dem grauen Himmel die Grábrók-Krater. Wir wandern bis zum Fuß der Krater und stehen dann vor einer großen Tafel: Ich frohlocke innerlich, denn es sieht so aus, als könnten wir hier ausschließlich auf markierten Pfaden wandern, kein Wandern querfeldein, keine Furten und kein Wegsuchen. Guter Dinge nehmen wir fröhlich pfeifend den Anstieg auf den Krater in Angriff.

Es dauert nur hundert Meter, dann hat sich meine Freude verflogen. Wir wollten die Rucksäcke gar nicht mit bis auf den Krater nehmen, aber auf einmal stehen wir doch ganz oben – da fehlte eine Abzweigung. Auch die kleinen Holzpfosten mit der weißen Haube sind schon wieder verschwunden. Also müssen wir unseren Weg doch wieder selbst suchen. Zuerst aber schauen wir uns um. Unter uns liegt klein das Haus Bifröst, von dem aus wir gestartet sind. Östlich bietet sich ein Blick quer über das Tal der Norðura, die von einem großen unruhigen und zerklüfteten Lavastrom ganz an die nächsten Berge gedrückt worden ist. Hellgrünes Moos leuchtet auf der dunklen Lava und hinter dem Fluß sehen wir hier und da rote Tupfen: die Dächer einzelner Höfe. Nördlich von uns steht der Kegel der Baula, groß und bunt aus Liparit, aber der schönste Anblick liegt direkt zu unseren Füßen: Wir stehen auf dem Rand eines großen runden Kraters und mitten im Krater erhebt sich ein zweiter kleiner Krater. Nach Norden hin sind beide aufgebrochen und man sieht, daß hier die großen Lavaströme ausgeflossen sind. Ich schließe die Augen: In

Die beiden Krater von Grábrók

Gedanken sehe ich die rotglühende Lava dick und schwerfällig aus dem Krater kriechen, beißender Qualm überall und Fontänen aus Feuer und flüssigem Gestein, lautes Fauchen in der Luft – ich glaube, hier würden es noch nicht einmal Trolle besonders gemütlich finden. Aber ich bin heilfroh, als ich die Augen aufmache und sehe, daß die Landschaft um mich starr und erkaltet in ihren Herbstfarben liegt. Kein Vulkanausbruch vor meinen Augen.

Wenige Meter weiter würde sich uns ein grandioser Blick auf den zweiten Grábrók-Krater bieten, der noch größer und ebenmäßiger erscheint als der, auf dem wir stehen. Dennoch: beim Anblick des Kraters sträuben sich mir sämtliche Nackenhaare und ich könnte ein paar Leuten mit Wonne den Hals umdrehen, denn einige Touristen hatten tatsächlich nichts besseres zu tun, als ihre Namen mannsgroß in das Moos zu kratzen, dasin diesen Breiten Jahre, wenn nicht Jahrzehnte braucht um nachzuwachsen! Mit wüsten Flüchen und Beschimpfungen auf den Lippen machen wir uns auf den Abstieg und umrunden den verschandelten Krater.

Hier zerstreuen sich meine Hoffnungen auf gemütliches Wandern auf Wegen endgültig: Vor uns liegt ein Bach, der gefurtet werden muß. Mit spitzer Zehe voran taste ich mich in das eiskalte Wasser, balanciere von einem Fuß auf den anderen, bis ich wieder auf trockenem Boden stehe. Ich wackele mit jeder Zehe, um zu prüfen, ob noch alle dran sind, aber sie sind sehr robust: Außer meinem Ego, weil Rebecca schon wieder schneller in der Furt war, hat niemand ernsthaft Schaden genommen. Unsere Wanderung wird wieder typisch isländisch: ohne Weg, immer der Nase nach. Auf einer sumpfigen Wiese kämpfen wir gegen heimische Trolle an, die uns an der Füßen festhalten wollen, müssen breite Wassergräben überwinden, die eigentlich das Wasser in den nahegelegenen See leiten sollen und durch hohe Wiesen streifen. Am Fenster eines nahegelegenen Hofes steht ein Mann und beobachtet uns: Er kommt mir vor wie ein kleiner Junge, der auf einem Stein zwei rote kleine Läuse beobachtet – die Läuse sind wir, Rebecca mit ihrem roten Poncho, ich mit meiner roten Jacke. Seufzend betrachte ich das Schild neben dem Hof: Ich kann es zwar nicht lesen, aber das durchgestrichene Zelt als Symbol verstehe ich auch so – sollen wir wirklich weitergehen?

Am Ufer des Hreðavatn kämpfen wir fortan gegen die Wasser des Sees, die unaufhörlich an dem Weg nagen und ihn teilweise bis auf winzige Trittsteine überflutet haben. Neben uns stehen Wochenendhäuschen, bei denen ich nicht einschätzen kann, ob sie noch bewohnt sind oder nicht. Fast überall blättert die Farbe, aber die Vorhänge sehen immer so proper und gepflegt aus, so heimelig. Hinter den Häusern stehen wir buchstäblich im Wald: Die Bäume wachsen in den Himmel! Ich wußte gar nicht, wie wohltuend auf einmal der Anblick eines Baumes sein kann, aber in den vergangenen fünf Wochen habe ich mich so sehr daran gewöhnt, daß alles flach ist und Krüppelbirken die höchsten Pflanzen überhaupt sind. Aber vor mir steht eine richtige Kiefer, bestimmt 8 Meter hoch … ein Baum und mir kommt unwillkürlich „O Tannenbaum“ in den Sinn: „Wie oft hat nicht zu jeder Zeit ein Baum von dir mich hoch erfreut!“ – kein Weihnachtsbaum kann dieses Gefühl ersetzen, nach mehreren Wochen zum ersten Mal wieder in einem Wald zu stehen!

Vor uns rauscht ein breiter Bach, die Kiða, quer durch den Wald und unser Weg zweigt eigentlich nach rechts ab. Dabei liegt auf der anderen Seite ein absolutes Traumplätzchen mit kurzem Gras, windgeschützt von Felswänden, fast unter Bäumen, am Bach und an einem kleinen Wasserfall, kurzum ein perfekter Zeltplatz. Noch ist es aber ganz hell und wir werden morgen ein gutes Stück

Weg vor uns haben, um den Bus nach Borgarnes zu erwischen. Also entschließen wir uns, noch ein bißchen weiterzuwandern.

Bald finden wir noch ein schönes Plätzchen, an einem Seitenbach und etwas erhöht, so daß unser Platz nicht sumpfig ist. Hier bauen wir unser Zelt auf, rings um uns stehen Bäume und schützen uns vor dem Wind. Im Zelt packt Rebecca die letzte Spezialität aus der Bäckerei aus: Ganz frisches Brot, das noch herrlich duftet. Schon bei dem Duft läuft mir das Wasser im Mund zusammen! Und dazu noch der Honig und die Marmelade – wir schlemmen richtig, bis wir fast platzen und von dem Laib Brot nur noch Krümel auf den Isomatten übrig sind.

Ich reibe mir die Nase – das war doch ein Tropfen! Aber wo sollte der im Zelt hergekommen sein? Verschlafen mummele ich mich wieder in den Schlafsack ein und versuche weiterzuschlafen. Platsch – schon wieder mitten ins Gesicht. Zwar kann ich verschlafen wie ich bin kaum etwas sehen, aber die Tropfen, die an der Decke des Innenzeltes hängen, sehe ich doch: Es hat durchgeregnet! Viele kleine klare Tröpfchen hängen am hellgrünen Zeltstoff, zittern sich im Wind, wackeln, werden länger und landen – platsch – auf unseren Schlafsäcken. Aber bei dem Regen der draußen auf das Zelt tratscht und dem Wind, der am Zelt reißt und in den Bäumen heult, wundern mich die Tropfen hier drinnen schon weniger. Trotzdem, es ist noch zu früh, um aufzustehen und ich drehe mich genüßlich noch einmal um und kuschele mich an Rebecca.

Später hat der Regen dann nachgelassen und nur der Wind ist noch übrig. Mit meiner Isomatte ziehen wir nach draußen und lassen uns zum Frühstück nieder. Das Überzelt haben wir über einen Strauch gebunden und hoffen, daß der Wind uns bald ein einigermaßen trockenes Zelt bescheren wird. Verlassen und tropfnaß steht das Innenzelt vor uns. Bald wollen wir nicht länger warten und schnappen unsere gehütete Klopapierrolle und Rebecca krabbelt ins Zelt und wischt drinnen alles trocken, während ich die Tropfen von außen abtupfe.

Zwischendurch läßt sich mittlerweile sogar ab und zu die Sonne blicken und als wir dann endlich aufbrechen, marschieren wir sogar ein Stück in wunderschöner Sonne. Wir pfeifen, singen und sind guter Dinge, bis wir auf einmal an einem Zaun stehen – wo geht hier der Weg nur weiter: rechts, links oder geradeaus zu dem Hof, den wir in einiger Entfernung sehen? Wir entscheiden uns für die linke Variante und nachdem wir hundert Meter durch einen wahren Sumpf gewatet sind, stehen wir auf dem einzig trockenen Fleckchen weit und breit, einem wunderschönen Frostmusterboden[32], bei dem sich im Lauf der Zeit durch Frost und Auftauen Steine zu kleinen Wällen sortiert haben. So schön dieses Phönomen ist – der richtige Weg ist es nicht. Also waten wir zurück durch den Sumpf zum Zaun. Dieses Mal versuchen wir es rechts und stehen – oh Wunder – auf einmal auf einem Stück markierten Weges.

Das Glück ist nicht von langer Dauer: nach fünfzig Metern erreichen wir wieder einmal die Kiða, die klar vor uns gurgelt, und suchen nach dem Weg. Immerhin erkennen wir am Horizont einen beschriebenen Fahrweg, krempeln die Hosenbeine hoch und halten drauf zu: Das Wasser der Kiða ist eisig, aber der Boden ist nicht allzu spitz, so daß das Furten recht angenehm ist. Und auf der anderen Seite steige ich auf einem wunderbaren Polster aus Moos aus dem Wasser, das so weich ist, daß ich mich am liebsten hinsetzen und eine Pause machen möchte.

An einem Wassergraben entlang kommen wir auf den Fahrweg. Über uns steht die Sonne hoch am Himmel und mich beschleicht das Gefühl, daß wir uns beeilen sollten, wenn wir den Bus in Bifröst noch erwischen wollen. Immerhin wollen wir heute noch nach Borgarnes kommen. Zunächst liegt aber noch einmal die Kiða vor uns und einmal mehr durchqueren wir das kalte Wasser. Nach der Furt steigt der Weg an und führt auf einen kleinen Paß. Auf der Paßhöhe stehen rechts und links kleine Wochendhäuschen, vor denen winzige Gärten angelegt sind. An einem der Häuschen entdecken wir sogar einen kleinen Gemüsegarten – und das hier mitten in der Einöde. Aber der Paß bietet noch mehr: Als wir endlich auf der anderen Seite ins Tal schauen können, liegt unter uns der Hreðavatn dunkelblau ausgebreitet. Viele kleine Wellen glitzern in der Sonne und am Ufer entlang sehen wir das eine oder andere rote Dach aufleuchten. Links von uns liegen die mächtigen Grábrók-Krater in der Sonne. Das hellgrüne Moos leuchtet fast mit der Sonne um die Wette und hebt sich vollkommen vom schwarzen Gestein ab. Hinter den Kratern sehen wir den Kegel der Baula stehen und vor den Kratern leuchtet das weiße Häuschen, von dem aus wir gestern beobachtet worden waren.

Unser Ziel liegt klar vor uns und wir machen uns an den Abstieg. Auf dem geschotterten Fahrweg kommen wir schnell voran und bald liegt auch das kleine weiße Häuschen hinter uns. Der Staub des Weges hüllt unsere Wanderschuhe mehr und mehr ein und bevor wir endlich die Straße erreichen durchqueren wir noch einen Lavastrom aus riesiger Blocklava. Ich stelle mir vor, wie lange wir wohl brauchen würden, um die riesigen Brocken zu überklettern, zu umgehen, Rucksäcke auf und über Brocken zu hieven, wenn wir nicht auf der Straße laufen könnten. Was für ein Glück, daß es diesen Weg gibt!

An der Straße wische ich meine Schuhe notdürftig ab – sie sehen einfach erbärmlich aus, so eingestaubt, die Sohlen abgelaufen. Obwohl ich mit den Schuhen schon einige Mal unterwegs war, sieht man ihnen keine Tour so deutlich an wie diese sechs Wochen Ísland. Als wir endlich im Bus sitzen, ziehe ich die Stiefel aus, wackele mit den Zehen und genieße das schwerelose Gefühl meiner Füße – ohne die pfundschweren Wanderschuhe.

Rasend schnell düsen wir im Bus an schönen Lavaformationen vorbei, sehen Krüppelbirken, die sich im Wind neigen, und merken, daß die Berge, die heute morgen auf dem Paß noch weit weit entfernt lagen immer näher rücken, bis wir fast an ihrem Fuß angekommen sind. Da passieren wir das Ortsschild von Borgarnes. Mitten in der Ortschaft, wo sich mehrere Straßen treffen und gleich zwei Tankstellen dicht aufeinanderhängen, steigen wir aus dem Bus aus. Ich rümpfe die Nase – der Geruch von Benzin und Abgasen zusammen ergibt nach der klaren Luft von heute morgen eine abscheuliche Mischung. Und dazu noch der Lärm! Ich denke an den Campingplatz, hoffentlich liegt er ein bißchen außerhalb, wo es etwas ruhiger ist. Aber als wir endlich jemand finden, der unsere Frage nach dem Campingplatz versteht, sind wir bitterlich enttäuscht: der Campingplatz befindet sich direkt hinter einer der Tankstellen und besticht vor allem durch eines: Seine zentrale Lage.

Auch die Waschhäuschen sind nicht unbedingt die berühmtesten und die Dusche im Herrenhäuschen sieht so abscheulich aus, daß ich nach Rebecca schnell in der Damendusche verschwinde. Als ich ihr frisch gewaschen und duftend entsteige, hat Rebecca sich im Zelt gemütlich eingerichtet. Nur das Überzelt flattert noch zum Trocknen auf einem großen Stein neben dem Zelt, der aussieht, als hätte Obelix einen Hinkelstein nach Ísland geworfen.

Bevor ich auch ins Zelt krabbele, erkundige ich mich noch an der Tankstelle, wo morgen früh der Bus abfahren wird und gehe dann einkaufen. Wie es der Zufall will, liegt neben dem Campingplatz auch ein Supermarkt mit Bäckerei, in die ich wie ein Plünderer einfalle: „Eines davon und eines davon …“ So ausgerüstet klettere ich zu Rebecca ins Zelt, ziehe meine Klamotten aus und verkrieche mich im Schlafsack. Nur zum Kochen machen wir das Zelt noch einmal auf. Dann versuche ich zu schlafen, aber alle Straßenbauer Íslands sind scheinbar in Borgarnes und bohren, baggern und hämmern …

Die Nachtruhe in Borgarnes in kurz: Es ist noch dunkel, als der Baustellenlärm schon wieder anfängt und am liebsten würde ich mir mit einem dicken Kissen die Ohren zuhalten, nur leider liegt mein Kissen wohl verwahrt in Deutschland. Ich stöhne kurz auf, drehe mich um, wälze mich hin und her und versuche den Lärm zu verdrängen – irgendwann döse ich wieder ein.

Als ich dann aufwache, aus dem Zelt zum Waschen gehe und auf eine Uhr schaue, fallen wir fast die Augen aus dem Kopf: Es ist 9.00 Uhr und in einer Stunde fährt unser Bus nach Stykkishólmur. Stykkishólmur gehört mit zu den ersten Zielen, von denen wir geträumt haben, wenn es um Ísland ging: Hier gibt es eine Fähre über den Breiðafjörður zur Insel Flatey, auf der eine alte, aber gepflegte Siedlung ist, und vor allem gibt es den Helgafell, einen kleinen Buckel vor Stykkishólmur, bei dem sich jeder, der ihn schweigend besteigt und sich nicht umsieht, etwas wünschen darf. Jetzt werfen wir schweigend unsere Sachen in die Rucksäcke, reißen das Zelt ein und stopfen es in Rebeccas Rucksack. Trotzdem rennt Rebecca noch schnell in die Bäckerei, während ich mich schon mit unserem Gepäck auf den Weg zum Bus mache.

Der Bus ist gerammelt voll: Es ist Freitag und Schulkinder aus den Internaten fahren übers Wochenende nach Hause in die Dörfer, Postsäcke stapeln sich in den Gepäckfächern, daneben Auspuffrohre uns allerlei andere Dinge. Unsere Rucksäcke dürfen wegen Platzmangel im Laderaum zum ersten Mal neben uns auf den Sesseln Platz nehmen. Dafür fallen wir fast in Ohnmacht als wir den Fahrpreis hören: Insgesamt bezahlen wir 2700 ISK, fast 70,- DM, um nach Stykkishólmur zu kommen und das, obwohl wir schon wegen des Ringstraßen-Tickets billiger fahren!

Aber die Fahrt lohnt sich: Als wir Borgarnes endlich hinter uns gelassen haben, geht es in der Nähe der Küste auf die Halbinsel Snæfellsnes am Krater Eldborg vorbei. Die Ränder des Kraters stehen dunkel vor dem Himmel über dem Meer und sind so zerfurcht und gezackt, daß man denken könnte, irgendetwas fürchterliches sei hier aus Mutter Erde ausgebrochen und habe sich schnell aus dem Staub gemacht. Etwas Unheimliches liegt über dem Krater und ich bin froh, als er hinter uns kleiner und kleiner wird und wir schließlich auf ein kleines Nebensträßchen abbiegen. Nach der geteerten Straße seit Borgarnes wird es jetzt wieder isländisch: Erst ist nur noch die Mitte der Straße geteert, dann reiht sich Schlagloch an Schlagloch auf dem planierten Schotter. Jedes Ausweichmanöver wird zur Millimeterarbeit und neben uns gähnt nach einigen Serpentinen schon ein mehrere Meter tiefer Abgrund. Insgeheim beneide ich die Busfahrer um ihre Fahrkünste - vor allem, wenn ich an meine bravuröse Leistung bei unserem Ausflug zur Askja denke.

Als wir auf der Nordseite endlich wieder bergab fahren, liegt auf einer flachen Landzunge schon Stykkishólmur vor uns. Links von uns stehen einige riesige Krater, in etwa so wie die von Grábrók, nur größer, die ich mir unheimlich gerne anschauen würde. Überhaupt haben wir im Vorbeifahren so viele Eckchen von Ísland gesehen, die man sich noch genauer hätte anschauen können, so daß wir eigentlich noch einmal nach Ísland kommen müssen. Mittlerweile fahren wir schon am Helgafell vorbei, der wie ein kleiner rundgeschliffener Felsblock mitten im flachen Land steht. Oben können wir die Reste der Kirchenruine sehen, aber insgesamt hatte ich mir den Helgafell majestätischer und spannender vorgestellt - auf diesem kleinen unscheinbaren Berg soll man sich etwas wünschen können. Die Reiseführer, in denen wir nachgelesen haben, tun das alle als Aberglauben ab, aber was wir von dem Berg schon gehört haben, klang ganz anders ... ich bin unschlüssig, ob ich die Geschichten für Aberglauben halten oder daran glauben soll.

In Stykkishólmur brauchen wir nicht lange nach dem Campingplatz zu suchen, denn er liegt unmittelbar an der Tankstelle, an der der Bus hält. Im Häuschen ist das Wasser immerhin noch eingeschaltet und so bauen wir schnell unser Zelt in dessen Windschatten. Dann fragen wir in der Tankstelle, wo wir denn herausfinden könnten, wann ein Schiff nach Flatey fährt: „Downtown!“ sagt der Junge hinter dem Tresen und zeigt Richtung Hafen.

Es dauert eine Weile, bis wir endlich jemand finden, der uns sagen kann, ob und wann das Schiff fährt und wie wir wieder zurückkommen. Aber dann bekommen wir eine Broschüre in die Hand gedrückt und machen uns wieder auf den Weg zum Campingplatz. Eigentlich wollten wir „nur“ eine Tüte Milch im Supermarkt kaufen, aber als wir all die leckeren Sachen sehen, können wir nicht widerstehen und schließlich laufen wir mit zwei prall gefüllten Tüten voller Köstlichkeiten zu unserem Zelt. Vorhin hatte ich im Shop an der Tankstelle Kinder Pommes Frites essen sehen und schon bei dem Duft (Zuhause wäre ich bei dem Fettgeruch vermutlich an die Decke gegangen) lief mir das Wasser im Mund zusammen. Als wir dann so über unseren Tagebüchern sitzen, Kaffee trinken und Pommes essen, werden aus der einen doch zwei Portionen und Rebecca, die sonst alles andere als ein Pommes Frites-Liebhaber ist, ißt begeistert mit.

Trotzdem sind wir beide ein Stündchen später wieder hungrig. Zum letzten Mal machen wir uns „Ungarisch" zum Essen und rollen uns dann in den Schlafsäcken zusammen - morgen müssen wir beizeiten aus dem Schlafsack: die Fähre nach Flatey wartet nicht!

Flatey - Insel jenseits der Zeit

In dieser Nacht habe ich so entsetzliche Bauchschmerzen, daß ich, nachdem ich mitten in der Nacht davon aufgewacht bin, bis zum Morgengrauen nicht mehr einschlafe. Die Krämpfe sind so heftig, daß es mir nicht gelingt, ihren Herkunftsort zu lokalisieren. Am Morgen lassen sie endlich nach und völlig erschöpft versuche ich noch etwas Ruhe zu finden, bevor Christian aufwacht und der Tag unweigerlich beginnt.

Leider wacht Christian recht bald auf. Er war in der Nacht von meinem unruhigen Herumwälzen wach geworden und schaut mich nun fragend an. Ich versuche ein schiefes Grinsen und zucke mit den Schultern - ich weiß wirklich nicht, was mit mir los ist. Die Nacht hat mich unheimlich geschlaucht, und es gelingt mir schlecht zu verbergen, wie schwach ich mich fühle. Christian zieht seinen Schlafsack auf und läßt mich mit den Beinen hineinschlüpfen. Er nimmt mich in den Arm und hält mich eine Weile fest. Ich kuschele mich mit dem Rücken an ihn und genieße das Gefühl, beschützt zu sein nach dieser höllischen Nacht.

Dann müssen wir aber aufstehen, wenn wir unseren geplanten Ausflug machen wollen. Ich bleibe noch ein Weilchen liegen, während Christian sich anzieht und zur Tankstelle läuft, um nachzusehen, wie spät es ist. Es ist 9 Uhr, verkündet er, als er zurückkommt. Wir müssen uns also nicht beeilen. Christian kocht mir Tee, und ich entscheide mich, eine Schmerztablette zu nehmen, denn es geht wieder los und ich möchte den Tag heute genießen können. Dann ziehe auch ich mich an, und wir machen uns auf den Weg zur Bäckerei gegenüber der Tankstelle, denn wir wollen uns etwas zum Frühstücken mit aufs Schiff nehmen.

Ich habe etwas weiche Beine und wieder ziemlich heftige Bauchschmerzen, die sich jetzt allerdings eher wie Magenschmerzen anfühlen. Wir betreten die Bäckerei und Christian strahlt vor Freude, als er die frischen Köstlichkeiten betrachtet. Ich finde den Gedanken an Essen im Moment unerträglich, aber ich will ihm die Freude nicht verderben und suche mit aus. Als wir bezahlen, guckt Christian auf einmal, als würde er Gespenster sehen und deutet auf eine digitale Uhr an der Kasse. Es ist 9.55 Uhr! In 7 Minuten fährt das Schiff! Wie die Zeit so schnell vergehen konnte, ist uns schleierhaft. Klar ist nur, daß mir heute offenbar gar nichts erspart bleibt. Mit der Bäckertüte in der Hand fallen wir in Galopp. Der Weg zum Hafen geht immer geradeaus quer durch ganz Stykkishólmur. Ein paar Häuserzeilen weit kommen wir, dann wird mir so schwindelig, daß ich glaube, mich nicht mehr auf den Beinen halten zu können. Mein Herz pulsiert im Hals und Übelkeit schwappt über mich. Eine Moment lang fürchte ich, zusammenzuklappen. Christian nimmt mir die Tüte und meine Kamera ab, und wir gehen ein Stückchen und versuchen, wieder zu Atem zu kommen. Dann habe ich mich gefangen, und die restliche Strecke rennen wir ohne anzuhalten.

Das Schiff liegt am Kai, und davor stehen noch etliche Container, die verladen werden sollen. Die Uhr in der Bäckerei ging offenbar

10 Minuten vor! Na bravo! Im Schiffsinneren belegen wir eine Vierer-Sitzgruppe mit Tisch mit Beschlag, schälen uns aus unseren naßgeschwitzten Schichten und lassen uns auf die Bank fallen. Ich lehne mich gegen Christian und würde am liebsten heulen, nur um die Anspannung loszuwerden. Mir ist ja so schlecht.

Wir fahren los. Noch immer so gut wie bewegungsunfähig sitzen wir da und begreifen, daß der Tag jetzt anfangen kann, schön zu werden. Das Wetter ist zwar bewölkt, aber nicht zu grau, und ich erinnere mich plötzlich wieder, daß ich so gespannt auf die Insel Flatey bin. Langsam läßt auch meine Übelkeit nach, und wir wagen uns an Deck, denn es ist wirklich ein Jammer, hier unten zu sitzen, während draußen Tausende winziger Inselchen vorbeiziehen. Die See ist ganz ruhig und es ist abartigerweise fast völlig windstill. Es macht Spaß, hier oben zu stehen und all die Riffe und Eilande vorüberziehen zu sehen. Wir passieren die Insel „Höfn", auf der ein größeres Haus und ein Leuchtturm stehen. Kaum vorstellbar, sein ganzes Leben auf einer Insel zu verbringen, die man in einer halben Stunde einmal umrundet hat!

Nach Höfn kommt eine ganze Weile keine Insel mehr. Wir verpassen also nichts, wenn wir uns zum Frühstück nach unten setzen. Christian schmiert sich mit, von schuldbewußten Blicken unterbrochener, Begeisterung eine Scheibe Brot nach der anderen und versucht, mich auch zum Essen zu verlocken. Schließlich hat er mich weich. Ich lasse mir ein köstliches Marmeladenbrot schmieren und esse es auch ganz. Es schmeckt zu gut. Christian strahlt. Er schaut so glücklich zu, wie ich mein Brot mümmele, als hätte er eben eine Tafel Pfefferminzschokolade geschenkt bekommen.

Wir gehen wieder hinauf aufs Deck und langsam merke ich, daß ich allen Ernstes krank werde. Wie ich das geschafft habe, ist mir ein absolutes Rätsel, aber meine ganze Haut fängt an, weh zu tun. Da ist jeder Zweifel ausgeschlossen. Noch etwa eine halbe Stunde trödeln wir auf dem Schiff herum, dann kommt Flatey immer näher. Einzelne Häuser werden sichtbar, die Riffe, die die Insel umgeben, der Landungssteg. Es ist eine absolut flache Insel, uhrglasförmig gewölbt, an deren Rand sich - in mehreren kleinen Klecksen - die Häuser zusammendrängen.

Das Schiff legt an, eine Treppe, die auf dem Kai liegt, wird mit einer Winde nach oben gezogen und wir betreten Flatey. Christian und ich sind die einzigen Passagiere, die heute an Land gehen. Es kann gut sein, daß wir die letzten Touristen in diesem Jahr sind. Wir verlassen die Anlegestelle, wo noch zwei Inselbewohner mit den Containern hantieren, die das Schiff gebracht hat.

Direkt am Kai liegt eine mittelgroße Fischereihalle, in der ein Generator röhrt. Rings um die Halle ist Holz in allen Formen, Größen und jedem Alter aufgestapelt. Manche der Stämme scheinen so alt wie die Geschichte der Insel zu sein. Wir folgen dem Sandweg, der von der Halle aus leicht bergauf ins Zentrum der Insel führt. Rechts des Weges hängt frischer Fisch auf einem Gestell im Wind, links stehen einige Häuser nebeneinander aufgereiht. Viele von ihnen sind so heruntergekommen, daß man fürchten muß, ein kräftig getretener Fußball könnte die Wand durchbrechen. Vor dem schäbigsten der Holzhäuser spielen drei kleine Mädchen - die Gebäude sind bewohnt und das nicht nur im Sommer!

Eine Stromleitung führt von der Halle mit dem Generator die ganze Straße entlang. Wir folgen ihr weiter, schauen und staunen. Ein kleiner, abgeernteter Kartoffelacker, vielleicht 5 x 5 m im Quadrat, zwei zottelige, sanftäugige Kühe, ein paar Hühner vor einem unglaublich zusammengehauenen Wellblechverschlag - das sind die Lebenszeichen, auf die wir stoßen. Diese Insel fasziniert mich! Es ist, als sei die Handvoll Menschen, die hier leben, von der Zeit vergessen worden, die Ísland überrollt und in Richtung „Fortschritt“ katapultiert hat.

Auf der höchsten Stelle der Insel, wenige Meter von dem Wellblechverschlag mit den Hühnern entfernt, liegt der Friedhof. Von einem weißen Zaun umgeben stehen die verschiedensten Grabmale nebeneinander. Alte, reich verzierte, geschmiedete Kreuze, von weit her transportierte Grabsteine und hohe, steinerne Kreuze, allesamt Zeugen der alten Zeiten, in denen Flatey als einer der wichtigsten Handelsplätze Íslands ein Ort des Wohlstandes war. Daneben, im Schatten der anderen, steht eine weitaus größere Zahl schlichter, weißer Holzkreuze, die sicher alle aus der letzten Hälfte dieses Jahrhunderts stammen. Zwei von ihnen, die dicht zusammen standen, sind einander entgegengekippt und lehnen nun, in einer eigentümlich bewegenden Berührung aneinander.

Die Kirche auf Flatey

Unweit des Friedhofes steht die Kirche, ein relativ großer, strahlend weißer Bau mit hohen Fenstern. Wir scheuchen eine verärgerte Schar Wildgänse auf, die sich rund um den Friedhof herum niedergelassen hatte. Als sie auffliegen, bleiben zwei weiße Hausgänse und drei Hausenten zurück, die sich unter die wilde Schar gemischt hatten.

Wir kommen schließlich in den „historischen" Teil der Insel, wo bilderbuchartige, leuchtend bunte Holzhäuser einen harten Kontrast zu den Häusern nahe der Anlegestelle bilden. Die Gebäude, vor denen wir hier stehen, sind allesamt unbewohnt. Einige dienen im Sommer als Wochenendhäuser oder als

Touristenquartier. In Ísland sind so alte Häuser sehr selten und demnach natürlich erhaltungswürdig. Deshalb wird diese Siedlung an den beiden alten Häfen der Insel vom Staat renoviert und in Schuß gehalten. Tatsächlich fällt es beim Anblick dieser schönen, für hiesige Verhältnisse sehr großen und reichen Häuser leicht, sich die Insel in ihrer alten, ruhmreichen Zeit vorzustellen.

Dennoch, der Kontrast zu den bewohnten Häusern ist kaum zu verkraften. Es muß unglaublich hart sein, sich selbst nicht die Farbe für einen neuen Anstrich leisten zu können und dann zuzusehen, wie völlig unbewohnte, nur der Erinnerung dienende Häuser auf Staatskosten aufs Beste instand gehalten werden.

Interessant sind die beiden Häfen der Insel. Der ältere wird von einer vorgelagerten, hufeisenförmig gebogenen Insel gebildet. Das Hufeisen zeigt mit der Öffnung genau zur Insel Flatey und bietet so auch größeren Schiffen einen absolut sicheren Landeplatz. Nicht zuletzt diesem natürlichen Häfen verdankt Flatey seine ruhmreiche Geschichte. Der zweite Hafen wurde später, allerdings noch vor dem dänischen Handelsmonopol gebaut. So einfach das winzige Hafenbecken, das bei Ebbe völlig trockenfällt, auch anmutet, sein Bau muß seinerzeit eine beachtliche Leistung gewesen sein. Die Steinmauer, die das Hafenbecken vom offenen Meer abtrennt, trägt den bedeutungsvollen Namen „Silbermauer“. Ihr Bau soll mit purem Silber bezahlt worden sein.

Wir bummeln noch eine Weile bei den alten Häusern herum und laufen dann weiter am Wasser entlang. Eigentlich wollten wir die Insel umrunden, aber nach einer Weile kehren wir um und laufen den kürzeren Weg zurück, denn ich fühle mich ziemlich schlecht, mir ist übel und meine Därme scheinen gerade zu versuchen, sich ineinander zu verknoten. Im bewohnten Teil der Insel folge ich dem Schild „Campingplatz“, denn ich hoffe, dort ein offenes Toilettenhäuschen zu finden. Als ich auf ein Haus zulaufe, hinter dem ich den Campingplatz vermute, ruft eine Frau mich an, die zusammen mit ihrem Mann auf allen Vieren in einem winzigen Kartoffelacker neben dem Haus kniet und Kartoffeln ausbuddelt. Ich komme herüber und erkläre ihr, was ich suche. Die Frau ist ein Schatz! Von oben bis unten erdbeschmiert steht sie lachend auf, schüttelt die Erdklumpen von den Handschuhen und läßt mich durch ein kleines schiefes Tor in ihren Garten. Der Campingplatz ist schon vernagelt, erklärt sie mir, aber ich kann ihre Toilette benutzen. An der Haustür schlüpft sie aus ihren Gummistiefeln, und ich kämpfe mit meinen Schnürbändern, um aus den Schuhen zu kommen. Ich folge ihr ins Haus und genieße es, ihren munteren Erzählungen zuzuhören. Sie haben dieses Jahr so gute Kartoffeln, erzählt sie. Dieses Frühjahr ist es schon im Mai so warm gewesen, daß sie die Kartoffeln pflanzen konnten, was sie normalerweise immer erst im Juni können. Daher sind die Kartoffeln dieses Jahr so groß geworden. Sie werden das kommende Jahr über damit auskommen. Ich hatte die Kartoffeln vorhin gesehen, für unsere Verhältnisse waren sie klein, so groß wie eine Kinderfaust. Wie winzig müssen sie dann normalerweise sein?! Wir reden über die Dauer der Jahreszeiten, das Wetter und die Touristen. Manchmal, erzählt sie, ist es eine rechte Plage mit den Touristen, aber weg von der Insel möchte sie nicht. Sie haben so ein Glück hier zu wohnen, wo das Klima durch das Meer viel milder ist als im Inland. Da hätten sie bestimmt keine so guten Kartoffeln ernten können, sagt sie und lacht. Ich verabschiede mich, danke ihr für ihre Hilfe und wünsche ihr und ihrem Mann noch viele dicke Kartoffeln und einen guten Winter.

Dann geht sie zurück auf das Beet, das sie Acker nennen, und ich laufe zu Christian. Eine flüchtige Begegnung wie so viele und doch waren diese zehn Minuten erfüllt von einer heiteren, erdverwachsenen Menschlichkeit, die mich tiefer berührt und viel mehr erfüllt hat als so manches stundenlange interessante Gespräch.

Es wird noch etwas mehr als eine halbe Stunde dauern, bis das Schiff wiederkommt. Wir bummeln langsam zum Anlegesteg zurück. Mir geht es jetzt wirklich ziemlich dreckig. Ich setze mich auf das gestapelte Treibholz an der Fischereihalle und versuche, mich totzustellen und mich ganz in innere Winkel und versteckte Erinnerungen zurückzuziehen, wo mich die Übelkeit und die Krämpfe nicht erwischen können. Es gelingt nur unvollkommen. Schließlich stehe ich auf und stakse langsam um die Halle herum. Auf einem Haufen liegen zusammengerollte Netze, in denen die schönsten Pilgermuscheln verheddert sind. Die Muscheln sind außen rostrot und innen lachsfarben. Vor Freude vergesse ich fast, wie schlecht mir ist. Das ist ja ein wunderschönes Mitbringsel für meine Schwester. Ich suche lange, bis ich sicher bin, die beiden schönsten gefunden zu haben.

Christian steht in der Tür der Halle, in der der Generator röhrt. Das Chaos da drinnen ist absolut unbeschreiblich. Was immer ein hier arbeitender Mensch auch gerade an Werkzeug, Schrauben oder Ersatzteilen braucht, die Wahrscheinlichkeit, daß er darauf steht, ist ziemlich groß, denn all das, was in den überquellenden Regalen keinen Platz mehr fand, ist in einer dicken Schicht auf dem Boden verteilt worden.

Endlich kommt das Schiff. Wir gehen an Bord, und ich suche mir in einem Raum mit busartigen Sitzreihen eine Reihe für mich, rolle mich zusammen und möchte für die nächste Zeit nichts mehr hören und sehen. Nach Christians Blicken zu schließen, muß ich ziemlich besorgniserregend aussehen, aber es tut so gut, hier zu liegen!

Die Fahrt hat gutgetan. Als das Schiff anlegt, geht es mir viel besser. Ich freue mich über den Tag und wünsche mir nichts sehnlicher, als am Zelt angekommen zu sein und mich wieder hinlegen zu können, damit dieser Zustand anhält. Arm in Arm trödeln wir quer durch den Ort zurück zum Zeltplatz.

Im Zelt angekommen, krieche ich augenblicklich in den Schlafsack und ziehe den Wärmekragen bis zur Nase hoch. Ich schlafe ein. Als ich wieder aufwache, schlottere ich vor Kälte. Mir ist so bis ins Innerste kalt, daß es schwer ist, sich vorzustellen, je wieder richtig warm zu werden. Christian breitet noch ein paar Schichten Fleecepullis über mich, aber es hilft nicht viel. Ich schlottere vor Fieber. Endlich läßt die Kälte nach, und ich dämmere wieder ein, um schließlich halb benebelt und kochendheiß wieder aufzuwachen.

Ich schwimme fast im Schlafsack, so klatschnaß bin ich. Der Tag geht in den Abend über, Christian ißt Brot und schreibt etwas Tagebuch. Ich fühle, daß das Fieber wieder steigt und beschließe, jetzt mit Paracetamol den Gegenangriff zu starten. Spätestens übermorgen muß ich wieder meinen Rucksack tragen können. Ich kann es mir nicht leisten, jetzt so geschwächt zu werden. Eine halbe Stunde später ist mein Kopf bedeutend klarer, und der Schlafsack fängt an zu trocknen. Auch die Krämpfe melden sich nicht mehr und ich schlafe ein.

Der Morgen ist relativ erfreulich. Ich bin zwar noch ziemlich wackelig, aber durchaus wieder unter den Lebenden. Christian freut sich, und ich bin höchst zufrieden mit mir. Wir beschließen, den geplanten Ausflug zum Helgafell zu wagen. Ein Bekannter von uns hatte von diesem sagenumwobenen Berg erzählt, der von Elfen oder ähnlichen Wesen bewohnt sein soll.

Der eigenartige kleine Knubbelberg ist nur etwa fünf Kilometer entfernt und wenn es gar nicht mehr gehen sollte, können wir immer noch zu trampen versuchen. Den Vormittag verdösen wir im Zelt. Es ist angenehm, einfach dazuliegen, Christian beim Schreiben zuzusehen, zu beobachten, wie die Sonne das helle Grün des Innenzeltes zum Leuchten bringt, Wolkenschatten über uns jagen und der Wind das Außenzeltes zittern läßt. Ich bin ungeheuer zufrieden.

Schließlich ist es Mittag geworden. Langsam wird es Zeit aufzubrechen, wenn wir rechtzeitig wieder zurück sein wollen, um am späten Nachmittag den Bus nach Borgarnes und dann weiter nach Reykjavík zu erwischen. Es ist ein erhebendes Gefühl wieder fest auf seinen beiden Beinen zu stehen, und das Land vor sich ausgebreitet zu sehen. Wir gehen los, sehr langsam am Anfang, aber nach einer Weile stelle ich erstaunt fest, daß wir nahezu unser normales Tempo laufen. Wir sind so daran gewöhnt, daß jede andere Geschwindigkeit anstrengend erscheint.

Am Straßenrand ist der Boden bedeckt mit den schönen rosafarbenen Pilgermuscheln, die ich gestern auf Flatey aus den Fischernetzen geklaubt hatte. Ich kann nicht anders, alle paar Meter werde ich magisch von der Straße abgelenkt. Endlich sehe ich ein, daß ich jetzt keine Muscheln mehr tragen kann und wir kommen wieder zügiger voran.

Der Helgafell rückt in greifbare Nähe. Wir umrunden einen See, der wie ein abgetrennter Fjordarm aussieht. Schwäne schwimmen malerisch auf dem spiegelglatten Wasser und am anderen Ufer spiegelt sich eine keine weiße Kirche, um die sich einige Hofgebäude scharen. Direkt hinter den Häusern ragt der sagenumwobene Berg auf. Der Anblick ist eigenartig. Würde man die Geschichten nicht kennen, dann würde man einfach über den unscheinbaren, wenig markanten Felsbuckel hinwegsehen, und

Der Helgafell in der Nähe von Stykkisholmur

doch ist der Helgafell eines der ersten festen Ziele, das wir in Ísland hatten. Wer ihn schweigend und nach Osten blickend besteigt, ohne sich umzudrehen oder den Kopf zu wenden, soll drei Wünsche frei haben. Es ist zugegebener Maßen nicht gerade eine Seltenheit, daß Menschen sich Gründe ausgedacht haben, die es einem erlauben, sich etwas wünschen zu dürfen, aber die Erzählungen über das Volk, das den Berg bewohnt und Glück oder Unglück über die Menschen bringen kann, wirken in diesem

Land nicht im mindesten wie eine Kindergeschichte. Der Gesichtsausdruck unseres Bekannten steht mir noch klar vor Augen, als er uns von seinem Erlebnis mit dem Helgafell erzählte, vorsichtig, nicht sicher ob er auf Verständnis stoßen würde dabei mit einer gewissen Verwirrung im Blick, Furcht - Ehrfurcht - Unsicherheit. Es war das typische Gesicht eines Menschen, der wider besseren Wissens erkannt hatte, was ihm geschehen war, wissend, daß es für diese andere Wahrheit keinen Platz gibt in der Welt in der er sich im Moment bewegt.

Und schließlich sind da noch diese drei Wünsche. Lange habe ich über sie nachgedacht, aber nie ist mir die Wahl so schwer gefallen wie hier, an Fuße des Helgafell. Es ist nicht nur die Frage was ich mir wünschen soll, es ist vor allem die Frage: Soll ich mir wirklich etwas wünschen? Es ist nicht dasselbe, eine Wimper wegzupusten und sich etwas zu wünschen und auf diesen Berg zu steigen und das gleiche zu tun. Hier werde ich meinen Wunsch klar an die Bewohner dieses Berges richten müssen, wenn das ganze nicht nur ein touristischen Spiel sein soll und welchen Grund sollte es geben mir diesen Wunsch zu erfüllen? Andererseits steckt das Leben, in das ich zurückkehren werde, wenn ich Ísland verlasse, voller persönlicher Unsicherheiten. Die Wünsche hätte ich wirklich nötig.

Die Kirche liegt bereits unter uns, das Gelände steigt an. Noch einmal umarmen wir uns, halten uns fest, um dann hintereinander, jeder für sich und ohne uns umzusehen den Elfenberg hinaufzusteigen. Es gibt keinen Pfad, die Felsen und das Gras sind rutschig und naß. Ich steige mechanisch, konzentriert und doch irgendwie außerhalb meines Körpers, halb bin ich in mir, halb in diesem Berg. Bevor ich mir etwas wünsche, falls ich es tue, möchte ich gerne wissen, mit wem ich es hier zu tun habe, wem der Berg seine Geschichten verdankt. Das deutliche Gefühl, angesprochen zu werden, so wie vor vielen Wochen am Bach in den Blaubeerhügeln kommt nicht. Der Berg ist still, aber nicht leer. Vor meinen, auf den Boden gehefteten Augen wird der Untergrund flacher. Ich hebe den Blick - gerade rechtzeitig um das Meer hinter dem Gipfel auftauchen zu sehen. Bleiern liegt es da, von unzähligen Riffen und Inselchen gesprenkelt. Christian steht vor mir in den hüfthohen Resten einer uralten Kapelle und schaut nach Osten auf das Meer hinaus. „Was geht in deinem Kopf vor?“ möchte ich fragen. „Ist da auch so viel Verwirrung, so viel Zweifel?“ Ich traue mich nicht, meine Gedanken an das unterirdische Volk zu wenden, traue mich nicht zu wünschen. Darf ich das eigentlich? Treibe ich es nicht gerade etwas zu weit? Grenzt das nicht langsam an Götzenanbetung? Ich wende meine Gedanken ab von dem Berg und bete. Wenn diese andere Wirklichkeit, die man hier zu spüren glaubt, existiert, dann ist sie Teil der Schöpfung, dann steht Gott ebenso über ihnen, wie über mir. Schließlich grüße ich das Volk des Berges, neige unwillkürlich den Kopf und bitte um die Erfüllung meiner drei Wünsche.

Befreit trete ich an die Mauerreste der Kapelle, in der Christian noch immer bewegungslos steht. Es dreht mir das Gesicht zu und lächelt mich an. Wir sind an einem Wegstein unserer Reise angekommen. Gemeinsam setzen wir uns auf einen Stein und betrachten die ungezählten Inseln vor uns. Ein Fluß strebt direkt unter uns in prachtvollen Mäandern dem Meer zu. Bleiernes Licht liegt über dem Land. Schließlich machen wir uns an den Abstieg und den Rückmarsch zum Zelt.

Das Packen geht routinemäßig schnell. Jeder Handgriff sitzt wie im Schlaf. Bis der Bus kommt, bleibt noch ein wenig Zeit und so setzen wir uns in die Tankstelle, schreiben in den Tagebüchern und Christian verdrückt noch schnell eine Portion Pommes Frites. Schließlich ist es so weit. Die selben Kinder, die am Freitag mit uns von Borgarnes hierher gefahren waren, werden jetzt von ihren Eltern wieder an die Tankstelle gebracht. Kleine Mäuschen, die mit hängenden Köpfen in den Bus klettern.

Ein eigenartiges Licht hängt über der Landschaft und im Westen kündigt sich ein großartiger Sonnenuntergang an. Ich bin ziemlich geschafft und hänge zwischen Schlafen und Wach-sein. Das Fieber steigt langsam wieder und ich fühle, wie ich in müde Lethargie hinübergleite, die aus der Hitze in meinem Körper kommt. Auf dem Weg hält der Bus für eine Weile an einem Café irgendwo im Niemandsland. Ich stelle mich in den angenehm kühlen Wind und die Hitze verfliegt, mein Kopf wird wieder klar, die Müdigkeit verschwindet. Als der Bus schließlich die Küste erreicht, versinkt die Sonne inmitten von glühenden Wolken im Meer. Ein Sonnenuntergang wie er schöner kaum sein kann, wenn man ihn nur nicht vom Bus aus betrachten müßte!

Es ist schon lange dunkel, als die Lichter von Reykjavík vor uns auftauchen. Eng aneinandergelehnt betrachten wir das helle Geflimmer vor uns. Es ist deutlich mehr Wehmut als Freude in diesem Moment. Wir sind wieder da, haben unseren Ausgangspunkt, der gleichzeitig unser Ziel war, erreicht, haben den Kreis geschlossen.

Der Busbahnhof, derselbe, an dem wir vor Wochen unsere Ringtickets abgeholt haben, ist düster und unfreundlich. Ich besorge einen Stadtplan mit dessen Hilfe wir feststellen, das sich die Jugendherberge und der Zeltplatz am anderen Ende von Reykjavík befinden. Christian möchte in die Jugendherberge ziehen, obgleich wir eigentlich beschlossen hatten, das Geld zu sparen, aber er meint, ich bräuchte ein ordentliches Bett und ich muß schon zugeben, daß der Gedanke an eine heiße Dusche etwas wirklich Umwerfendes hat. Von dieser trennt uns leider noch die volle Breite von Reykjavík. Also los! Christian hilft mir den Rucksack aufzusetzen schnappt sich die Karte und stiefelt voran.

Wir haben beide kein Zeitgefühl mehr, als wir schließlich die Herberge erreichen. Christian besorgt uns ein Zimmer, bekommt den Schlüssel und öffnet mir die Tür. Ich weiß nicht wer von uns beiden fassungsloser guckt! Wir stehen in einer klassischen Gefängniszelle! Die Wände weiß und unverputzt, ein Stockbett, ein klappriger Tisch mit dazugehörigem Stuhl, ein Fensterschlitz unter der Decke und eine einsame Glühbirne, die von selbiger baumelt, bilden das beachtliche Inventar des Raumes. In ein Loch in der Decke hat einer der vorherigen Insassen einen alten Socken gestopft. Wir wechseln ein paar Blicke, Christian läßt sich auf den Stuhl sinken und ich suche Halt an einem der Bettpfosten. Worte sind hier völlig überflüssig! „Ich glaube, ich geh' dann mal die

Dusche suchen," ist einer der ersten Sätze, die ich wieder hervorbringe. Auch diese Idee gipfelt in einer mittleren Katastrophe. Halbwegs warmes Wasser gibt es erst nach über einer Stunde - es geht inzwischen auf Mitternacht zu - und auch erst nachdem Christian mir zu Hilfe kommt und dem langsamsten aller „Rezeptionswächter" etwas auf die Sprünge hilft. Endlich liegen wir auf den Schlafsäcken, aber von Entspannung keine Spur. Die Heizung, die erst überhaupt nicht funktionierte, bollert nun, nachdem Christian die auch gleich reklamiert und der Rezeptionsmensch ein paar mal kräftig dagegengetreten hat, wie verrückt und läßt sich nicht mehr ausschalten. Das Fenster läßt sich nur einen winzigen Spalt breit öffnen und wir schmoren im eigenen Saft. Campingplatz, wir kommen, ist mein letzter Gedanke bevor ich endlich in gnädigen Schlaf sinke.

Das Erwachen in unserer Zelle ist nur wenig schöner als das Einschlafen. Ein echter Lichtblick ist allerdings, daß man jetzt schon fast die Minuten zählen kann, bis wir hier draußen sind. Auf der Pinnwand neben der Rezeption finden wir einen Brief an Nick von seinem Vater, der dem Sohn seinen vergessenen Jugendherbergsausweis nachgeschickt hat. Am letzten Tag seiner Reise wird er ihn finden. Auf dem Umschlag haben sich auch schon Thorsten und Niels verewigt, die offenbar vor drei Tagen hier durchgekommen sind. „Wir haben dir ein Glas Erdnußbutter im Kühlschrank gelassen" ist die Botschaft der beiden. „Verschwende bloß nicht dein Geld in dieser Klitsche!" pinseln wir darunter.

Nach einem kurzen Frühstück, das für mich nur aus schwarzem Tee besteht, siedeln wir bei strahlendem Sonnenschein auf den Campingplatz über. Auch hier ist bereits alles für den Winter verrammelt, Waschräume und Toiletten vernagelt. Gerade die hätte ich allerdings nötiger denn je gebraucht, denn mein Innenleben ist leider wieder aufs Übelste in Aufruhr!

Ich versuche, die Magenschmerzen zu ignorieren und wir machen uns auf in Richtung Innenstadt, denn wir haben schließlich noch einiges vor: Nicht nur, daß wir uns die Stadt ansehen und vielleicht ein paar hübsche Mitbringsel finden wollen, wir müssen für mich auch noch den schönsten Pullover Íslands erstehen!

Leider ist es mit der Freude trotz allem Zähne zusammenbeißen bald vorbei. Ich brauche dringend eine Toilette und die Krämpfe werden so unerträglich, daß ich kaum mehr gerade stehen kann. Dazu wird mir wieder entsetzlich übel. Unglücklich schleichen wir durch die Fußgängerzone. Nach einer Odyssee quer durch die Innenstadt, landen wir endlich in einer Apotheke, wo ich auf einem Stuhl zusammensinke und Christian mit bühnenreifer Zeichensprache mit dem Apotheker kommuniziert. Zuerst erklärt er „Durchfall“, um dann von Lagerfeuer, über verkohltes Holz hin zu Kohletabletten zu kommen. Die Dinger sind widerlich sperrig und bleiben in verschiedensten Vorsprüngen oder Unebenheiten meiner Speiseröhre stecken, von denen ich bis dahin keine Ahnung hatte, aber sie wirken Wunder! Zusammen mit zwei Paracctamol bringen sie mich wieder so weit unter die Lebenden, daß ich, als wir an einem hübschen Antiquitätenladen vorbeikommen, vorschlage, da ein bißchen zu schnorcheln. Christian guckt mich glücklich und ungläubig an und stürzt sich begeistert mit in den kleinen verwinkelten Laden.

Es gibt nichts, was es nicht gibt! Von schönen alten Möbeln, über Geschirr und Silber bis hin zu Pferdezaumzeug, alten Zeitungen, Münzen, Hüten und Damenunterröcken. Es dauert ein paar Ewigkeiten, bis wir wieder auf der Straße stehen.

Um eine Straßenecke herum kommen wir zum sicherlich größten Handarbeitsladen Íslands. Hier möchte ich nach dem schönsten Pullover Reykjavíks schauen.. Einen blauen hätte ich gerne und die Auswahl ist auch gar nicht so schlecht. Nach wenigen Minuten sind drei Pullover in der Endauswahl. Zwei sind dunkelblau mit weißem Muster, einer ist leuchtend hellblau. Jetzt wird es schwer: Das Taubenblau, das ich mir gewünscht hatte, gibt es nicht. Um so schwerer fällt mit jetzt die Wahl. Schließlich sind noch zwei Pullover im Rennen. Der helle und einer der dunkleren. Christian ist hingerissen von dem hellblauen, versucht aber nicht zu sehr zu beeinflussen. Das ist auch gar nicht mehr nötig, denn ich habe mich entschieden. Der hellbalue Pulli wird zum schönsten von ganz Reykjavík gekürt. Er ist wirklich wunderschön, flauschig und sagenhaft warm. Ich muß ihn sofort anbehalten!

Um dem ganzen noch die Krone aufzusetzen, entdecken wir einige Straßen weiter im nächsten Wolladen noch eine Mütze, die so haargenau zu meinem neuen Pullover paßt, als wäre sie aus dessen Wollresten gestrickt. Christian besteht auf der Mütze.

Ohne sie ist er nicht bereit den Laden zu verlassen. Hingerissen schaut er mich an. Ich muß schon zugeben, daß an der Mütze vermutlich kein Weg vorbeiführt. Die blaue Wolle hat exakt die Farbe meiner Augen - einfach wahnsinnig schön! Wir schweben förmlich nach draußen.

Höchst zufrieden mit dem Tag kehren wir zu unserem Zelt zurück. Das Licht ist rot-golden. Im Westen geht hinter den Häusern von Reykjavík die Sonne unter. Ein Weilchen bleiben wir noch auf den Rucksäcken vorm Zelt sitzen, genießen die Abendsonne und lassen den Tag noch einmal an uns vorüberziehen. Langsam wird es kühl und wir kriechen ins Zelt. Zwei Nächte noch in unserem grünen Heim, das uns so sehr zur Fluchtburg, zum Zuhause geworden ist. Zwei Nächte noch eng aneinandergeschmiegt, zwei Mal noch Kerzenlicht und fauchender Kocher - und dann?

Ich bin müde. Christian macht sich noch etwas zu essen, während ich mich in meinem Schlafsack zusammenrolle, ihm zuschaue und meinen schönen Pullover betrachte.

Endzeitstimmung

Als ich die Augen aufmache, leuchtet das Zelt wieder einmal im Sonnenlicht. Aber was ist das? Vor meinem Mund wird mein Atem zu kleinen weißen Wölkchen und als ich das Zelt aufmache, glitzert die Wiese vor mir weiß in der Morgensonne: Rauhreif - der Winter naht. Irgendwie beschleicht mich das Gefühl, daß es gut ist, daß wir jetzt aus Ísland verschwinden, denn im Winter mit dem Zelt unterwegs zu sein, stelle ich mir alles andere als schön vor. Im Moment genieße ich die weiße Pracht vor mir, die im Sonnenlicht binnen Minuten fahler wird und dann zu kleinen Wassertröpfchen schmilzt. Rebecca geht es heute morgen wieder etwas besser, Gott sei Dank. Noch einmal machen wir uns auf den Weg in die Innenstadt. Ich möchte noch ein paar Mitbringsel besorgen und Rebecca wollte in dem Antiquitätengeschäft, in dem wir gestern waren, noch einmal schauen. Gemütlich schlendern wir durch die Stadt, schauen uns deutlich entspannter als gestern um: Die Häuser sind alle verhältnismäßig klein und auch hier in Reykjaík findet man die Wellblechverkleidungen an den bunten Fassaden. Auf der Einkaufsstraße herrscht geschäftiges Treiben und uns kommen wieder viele Kinder und Jugendliche entgegen. Ich wundere mich: Irgendwie habe ich geglaubt, die Isländer - sie mögen mir verzeihen - seien nicht ganz so up-to-date, aber auch hier findet sich das gleiche gräßliche modische Orange und das grelle Grün. Die Schuhsohlen sind mehrere Zentimeter hoch und was an der Kleidung nicht in den schreienden grellen Farben leuchtet, schimmert silbern in der Vormittagssonne. Wenn wir von der Hauptstraße kurz abbiegen, ist es nach zehn Metern wieder absolut still, in kleinen Hinterhöfen wachsen sogar Bäume und vor uns auf der Straße spielt der leichte Wind mit dem goldenen Laub. Um mich herum wirkt alles so beschaulich, hübsch und adrett, fast ein bißchen antik und doch scheint alles gleichzeitig so modern. Ich fühle mich von der Innenstadt von Reykjavík magisch angezogen, so sehr gefällt es mir hier. Die Mischung macht das besondere aus und, nachdem ich mir noch ein nettes Kuchenstückchen in einer Bäckerei gekauft habe, geht es mir absolut hervorragend. Rebecca verzichtet noch auf das Stückchen, beißt aber ab und zu mal bei mir ab. Ich bin so froh, daß es uns beiden so gut geht!

Da wir kaum noch Geld haben, machen wir zuerst am Postamt Halt und heben Geld ab. Dann stehen wir wieder in dem Antiquitätenladen. Auffällig oft schleicht Rebecca um eine Vitrine mit Silberlöffeln und als ich das nächste Mal von alten isländischen Alltagswerkzeugen aufschaue, wiegt sie bedächtig einen Sahnelöffel in der Hand. Noch einen Moment später flüstert sie mir ins Ohr: „Meinst Du, ich würde eine große Dummheit machen, wenn ich den Löffel hier kaufen würde?“ Ich schaue den Löffel an und lache: „Nein, aber wir müßten noch mal auf die Post!“ So stehen wir wenige Minuten später wieder in der Post und heben noch einmal Geld ab. Dann ist Rebecca glückliche Besitzerin eines Sahnelöffels. Das Buch, das ich meinem Vater

Der Tjörnin in Rejkjavík

mitbringen wollte, wird noch zur Diskette, die wir beim isländischen Landesvermessungsamt entdecken.

Für den Nachmittag haben wir einen Besuch im Nationalmuseum auf dem Programm. Im schönsten Sonnenschein laufen wir am Tjörnin, dem Stadtweiher vorbei und biegen dann zum Nationalmuseum ab. Drinnen erwartet uns eine kleine Überraschung: Jeder von uns bekommt eine dünne Mappe mit dem Museumsführer auf Deutsch in die Hand gedrückt. Was soll ich zu dem Museum sagen? In den einzelnen Sälen sind Zimmer, Gebrauchsgegenstände, Trachten und anderes ausgestellt und ich bin stets der Meinung, in einer Ausstellung über das Mittelalter geraten zu sein. Aber immer wieder stoßen wir die Jahreszahlen, die kaum hundert Jahre zurücklagen: So gab es am Ende des 19. Jahrhunderts keine Herde in Ísland, man kochte über dem offenen Feuer - und heute schieben die älteren Leute mal eben eine Portion Pommes in die Mikrowelle. Das Essen war miserabel, aber es mußte immer für einen langen Winter reichen, der einen seine Stärke fühlen läßt. Heute holt man sich im Supermarkt, was man braucht. Das Zeitalter der Kutschen und des Pferdetransportes ersteht vor unseren Augen wieder auf und heute fliegt Iceland-Air ganz selbstverständlich im Liniendienst in jedem Winkel der Insel: Dieses Land wurde mit einer derart wahnsinnigen Geschwindigkeit in die Neuzeit katapultiert, daß es ein Wunder ist, daß die Gesellschaft nicht explodiert ist. Jetzt wundert mich nicht mehr, warum die meisten Isländer mehr als einen Job haben, um ihren enorm hohen Lebensstandard zu finanzieren: Es ist - glaube ich - immer noch das neue, das so fasziniert und Geld kostet. Wie hätte unsere Gesellschaft auf solch einen Wandel reagiert, der schneller vonstatten ging als alles andere, was ich bisher erlebt der gelesen habe? Ich bewundere die Isländer dafür, daß ihnen in der Modernisierung nicht ursprüngliche Tugenden abhanden gekommen sind: Freundlichkeit, Hilfsbereitschaft und Offenheit. Wenn man uns auch manchmal nicht verstanden hat, so waren wir doch überall willkommen und jeder hat uns gerne geholfen.

Mitten in die Beschaulichkeit, mit der wir das Museum betrachten, uns in die alten Holzhäuser versetzen und uns vorstellen, wie die Isländer im Winter auf den Bettbrettern mit ihren Knieschalen gegessen und gefroren haben, platzt eine Gruppe Japaner, die für zwei oder drei Minuten das ganze Museum in einen wahren Affenstall verwandeln und dann wieder wie ein Spuk verschwinden. Wir bleiben mit unseren Gedanken an längst vergangene Zeiten zurück.

Dann machen wir uns wieder auf den Weg zum Zelt. Unterwegs rufen wir zum letzten Mal Zuhause an und kündigen an, daß wir sozusagen schon auf dem Rückweg sind. Rebeccas Mutter fragt Rebecca, was sie sich zum Essen wünscht und ich höre nur einen Schrei aus der Telefonzelle: „Gemüse bitte, frisches Gemüse!“

Im Zelt angekommen, machen wir uns schon ans Packen, und irgendwann überkommt mich der Hunger und ich mache mir noch eine Trekking-Mahlzeit warm. Dann dauert es nicht lange und wir liegen tief vergraben in den Schlafsäcken. Als ich in der Nacht noch einmal aus dem Zelt schleiche, hat sich der Himmel zugezogen. Kein einziger Stern ist mehr zu sehen und der Wind hat stark aufgefrischt - ich ahne schlimmes!

Der Wind rüttelt am Zelt und peitscht immer neuen Regen an die Plane. Bei dem Wetter an Packen zu denken, grenzt an Wahnsinn. Also drehen wir uns beide noch einmal um und dösen eine Weile. Erst als sich das Unvermeidliche nicht weiter herauszögern läßt, steige ich in meine Jacke und meine Überhose und wage mich nach draußen, mitten in das Toben der Elemente. Eiligst packe ich unsere Rucksäcke in ein windgeschütztes Eckchen des Campingplatzgebäudes und lasse mir von Rebecca meine „Zeltutensilien“ herausreichen - eine nach der anderen. Nachdem ich x-Mal eingemummelt wie ein Michelin-Männchen hin und hergelaufen bin, kann ich meinen Rucksack zumachen, es ist alles verpackt. Das Hemd klebt mir auf der Haut, aber die Feuchtigkeit kommt nicht von außen …

Mit Rebeccas Sachen spielen wir noch einmal das schöne Spiel, dann hört der Regen endlich auf und nachdem wir auch unser Zelt verstaut haben, bleiben wir einen Moment stehen und schauen uns verdutzt an: Wir haben eben zum letzten Mal auf dieser Tour unser kleines grünes Zelt, unser mobiles Heim abgebaut. Ich weiß nicht, ob ich lachen oder weinen soll, denn auf der einen Seite freue ich mich auf Zuhause, aber auf der anderen Seite war die Ísland-Reise mit Rebecca eine so wunderschöne Reise, daß ich fast gewünscht hätte, sie würde noch eine Weile dauern. Die Tränen steigen mir in die Augen und ich merke: Morgen ist es vorbei, morgen werde ich wieder Zuhause sitzen und meinen Eltern von Ísland erzählen, aber es wird vorbei sein, nur ein Stück Erinnerung, Erinnerung an eine wundervolle Zeit.

Schwer bepackt machen wir uns auf den Weg zum Busbahnhof, denn unsere Fahrt soll da enden, wo sie angefangen hat: In der Blauen Lagune. Allerdings ist es nicht so einfach dort hinzukommen und so fahren wir zuerst nach Keflavík. Unterwegs sehen wir nun den Teil der Reise, den wir anfangs verschlafen hatten. Lange Zeit fahren wir durch das Häusermeer von Reykjavík und ich versuche verzweifelt die Stelle zu finden, an der die Straße einen Bogen macht, weil sie um einen Elfen-Felsen gebaut werden mußte. Aber die Straße macht so viele Bögen und hat so viele Kurven, daß es hier beinahe so viele Elfen wie Menschen geben müßte. Hoffentlich sind die Elfen den Menschen wohlgesonnen.

In Keflavík müssen wir eine Weile warten, bis wir mit dem Bus zur Blauen Lagune fahren können. Wir nutzen die Zeit, in dem wir uns vergewissern, daß heute abend der Bus aus Reykjavík an der Abzweigung zur Blauen Lagune vorbeikommt, um uns einzusammeln. Wir müssen diesen Bus unbedingt erwischen, denn es ist der letzte, der heute zum Flughafen fährt. Immerhin geht unser Flug morgen um kurz nach 7.00 Uhr, so daß wir die Nacht in der Wartehalle des Flughafens verbringen müssen. Dann bittet mich Rebecca noch einen Joghurt für sie zu besorgen. „Aber natürlich hole ich Dir einen Joghurt!“ sage ich und mache mich auf den Weg. Nach den ersten 100 Metern fängt es zum ersten Mal an zu schütten wie aus Eimern, und als ich endlich an einem Lebensmittelgeschäft ankomme, habe ich nicht weniger als sieben Friseure, mehrere Cafés, ein Computergeschäft und zwei Tankstellen passiert: Ich bin einmal quer durch Keflavík gelaufen. Als Entschädigung gönne ich mir dann auch noch zwei Kuchenstückchen und komme bald wieder bei Rebecca an, die sich unheimlich über den Joghurt freut. Mit meinem letzten Stückchen setze ich mich zu ihr und gemeinsam warten wir, bis uns ein kleiner Bus zur Blauen Lagune bringt.

Dampf wabert über dem blauen Wasser der Lagune und es riecht ein bißchen nach Salz. Die Luft ist frisch und ich bin heilfroh, als ich mich endlich in das warme Wasser sinken lassen kann - der

Tag war bislang etwas zu hektisch. Dann aber umfängt mich leichter Nebel, das warme Wasser hüllt mich ein, trägt mich fort. Leider ist das Wasser diesmal nur oben richtig warm, je tiefer man einsinkt, desto kühler wird es. Wir legen uns auf eine Leine der Absperrung mitten in der Lagune, machen die Augen zu und lassen uns forttragen. Das Wasser plätschert leise an meinem Ohr, mir ist herrlich warm, vor mir liegt Rebecca im Wasser und ich werde leicht, immer leichter als alles von mir abfällt. Schließlich suchen wir uns eine flache Stelle, an der wir uns setzen können und beinahe im warmen Wasser einnicken.

Als die Lichter in den Umkleideräumen gelöscht werden, sind wir die letzten, die wieder angezogen erscheinen. Kurze Zeit später sitzen wir im Bus, der uns an die Kreuzung Richtung Keflavík bringt. Die Fahrt dauert nicht einmal zehn Minuten, dann stehen wir an einer Straßenkreuzung inmitten einer Lavawüste. Über uns leuchtet das Licht von gelben Straßenlaternen, das sich nach wenigen Metern in der gespenstischen Dunkelheit verliert. Nur ab uns zu tauchen die Scheinwerfer von einem Auto auf, das schnell an uns vorbeidonnert und uns in der Dunkelheit zurückläßt. Hoffentlich kommt der Bus …

Um uns die Zeit zu verkürzen, packen wir den Kocher aus und wollen Tee kochen. Als ich den Kocher vorheizen möchte, fängt der Teer der Straße Feuer, das unsere Gesichter in den flackernden Widerschein eintaucht. Schnell trete ich die Flammen aus. Ich versuche es ein kleines Stück neben der Straße noch einmal und siehe da - der Kocher schnurrt artig und brav und bald dampft es aus dem Topf. Ich fühle mich deutlich sicherer: In der Dunkelheit, die uns umgibt, schwingt etwas, etwas komisches und dieser kleine Kocher steht wie eine Bastion der Zivilisation mitten in dieser Wildnis und scheint sich bodenständig gegen alles übersinnliche aufzulehnen.

Als ich mich zur Straße umdrehe, sehe ich gerade noch, wie ein LKW anrauscht - da ist es schon zu spät. Mit einem einzigen Schwall ergießt sich das Wasser einer Pfütze auf uns, unsere Rucksäcke und den Kocher. Die blaue Flamme wird von den Wassermassen erstickt. Ist die Wildnis doch stärker? Ich könnte dem LKW-Fahrer alles Mögliche an den Hals wünschen, inklusive der Trolle, die ich hier in der Dunkelheit vermute. Unter wüsten Flüchen mache ich mich wieder an die Arbeit, trockne den Kocher sorgfältig und hole mir die obligatorischen schwarzen Finger. Immerhin - über dem Teetrinken hätten wir beinahe den Bus verpaßt.

Gott sei Dank wußte der Fahrer, daß er uns einsammeln sollte und hält mit dem Bus vor uns. Schnell werfen wir die Rucksäcke in den Laderaum, steigen ein und weiter geht die Fahrt. Wir fahren in die Dunkelheit, lassen die helle Insel der Straßenlaternen an der Kreuzung hinter uns und verschwinden in der Nacht. Jetzt ist es das Licht, das gespenstisch in der Dunkelheit leuchtet - woher mag nur dieser gelblich-rötliche Widerschein kommen? Ein Feuer, um das die Trolle tanzen?

Bald werden die Lichter vor uns heller und heller und unsere Fahrt geht durch das nächtliche Keflavík. Die regennasse Straße glitzert vor uns, viele Fahrgäste steigen aus und wenn sie sich unterhalten, dringt es nur gedämpft zu mir. Ich sehe den Busbahnhof von Keflavík, denke daran, wie wir vor sechs Wochen angekommen sind und in meinem Kopf tauchen so viele Bilder aus den letzten sechs Wochen auf. Mit wird auf eine herrliche Art beinahe schlecht - ich fühle mich wachsen, fühle mich eins mit diesem Land und … Rebecca. Ich bin alles und doch nichts und steige wie in Trance aus dem Bus, als wir am Flughafen ankommen.

In der Halle empfängt uns ein Schild: „Den Fluggästen ist es nicht erlaubt, im oder am Flughafen zu übernachten!“ Nach Keflavík können wir nicht mehr und morgen früh wären wir auch gar nicht rechtzeitig wieder da. Auf gut Glück packen wir unsere Rucksäcke fertig und geben unser Gepäck auf. Wir haben nur noch jeder einen Beutel und setzen uns auf die Plastiksitze, hoffen, daß uns in der Nacht niemand vertreiben wird. Ich rutsche auf dem Sitz hin und her, spüre mein Hinterteil und döse irgendwann doch ein.

Die Uhr über uns zeigt fünf Uhr. Irgendwie sind wir beide hochgeschreckt, blinzeln uns verschlafen an. „Es ist noch zu früh“, sage ich zu Rebecca uns wir kuscheln uns noch einmal in der kühlen Halle zusammen. Aber nach einer halben Stunde halten wir es nicht mehr aus: Wir raffen unsere Sachen und gehen durch den Zoll. Aus der Stille der Eingangshalle kommen wir in das geschäftige Treiben der Abfertigungshalle. Alle Geschäfte sind offen, die Halle bricht vor Menschen. Wir stehen mitten in dem Treiben, kommen uns entsetzlich komisch vor in unseren verdreckten Klamotten, mitten in der Zivilisation. Ich tausche mein restliches Geld um und dann ziehen wir zu dem Ausgang, an dem unser Flugzeug stehen soll. Rebecca setzt sich auf den letzten freien Sitzplatz, ich setze mich auf den Boden.

Wir warten, die Sekunden werden zu Minuten, die so langsam wie Stunden vergehen. Nur die Sonne, die sich allmählich hinter einer Wolkenbank den Himmel hinaufkämpft und dabei jede Wolke erst in violettes, dann in rotes, schließlich in gelbes Licht taucht, zeigt, wie schnell die Zeit wirklich vergeht. Beide sitzen wir in Gedanken versunken da. Mir fällt ein, wie wir vor sechs Wochen hier entlangkamen und nicht so recht wußten, was uns in den kommenden Wochen erwarten würde. Streit, Harmonie, Schönes, Schlechtes, Vorfreude und Skepsis, all das taucht wieder in mir auf. Und ich empfinde genau die gleichen Gefühle, wenn ich jetzt wieder an Zuhause denke - was wird uns erwarten? Die letzten Wochen waren so schön, daß ich mir keine Ende gewünscht hatte und jetzt ist es da, unweigerlich, unaufhaltsam. Ein Kloß sitzt mir im Hals.

Langsam rollt das Flugzeug auf seine Startposition, ich greife nach Rebeccas Hand, halte sie fest, ziehe sie an mich. Wieder steht mir das Wasser in den Augen, als ich in den Sitz gepresst werde und aus dem Fenster schaue: Wir werden schneller und schneller und mit einem Mal merke ich, daß wir fliegen. Ísland liegt unter uns, es ist vorbei.

Eine Überraschung hat der Flug für uns noch. Nachdem wir zehn Minuten in der Luft sind, knistert es im Bordlautsprecher: Der Pilot erklärt, daß wir, wenn wir nach links schauen würden, die Rauchwolke des Vulkanausbruches der Grimsvötn sehen könnten. Tatsächlich steht mitten in der Wolkendecke eine graue Dampf- und Aschesäule, die hoch in den Himmel reicht. Die Grimsvötn im Vatnajökull- es ist knapp drei Wochen her, seit wir zu Füßen dieses Vulkans unser kleines grünes Zelt aufgebaut hatten.

In Frankfurt landen wir weich, steigen aus dem Flugzeug und irgendwo zwischen Gate und Zollkontrolle verziehen wir uns in ein stilles Eckchen. Rebecca nimmt mich in den Arm und ich halte sie ganz fest - ich kann meine Tränen nicht mehr halten und wir nehmen Abschied von Ísland, unserem Ísland.

Ganz zu Anfang als wir unsere Ísland-Reise geplant haben, hatte jemand zu uns gesagt, daß es nur zwei Arten von Ísland-Reisenden gibt: Die einen kommen nur einmal und haben die ganze Insel gesehen, aber die anderen kommen immer wieder. Je länger ich darüber nachdenke, desto mehr Plätze und schöne Gegenden dieser kargen Insel fallen mir ein, die ich noch einmal oder zum ersten Mal sehen müßte. Und dann weiß ich ganz sicher: Wir kommen wieder!

Die Reiseroute

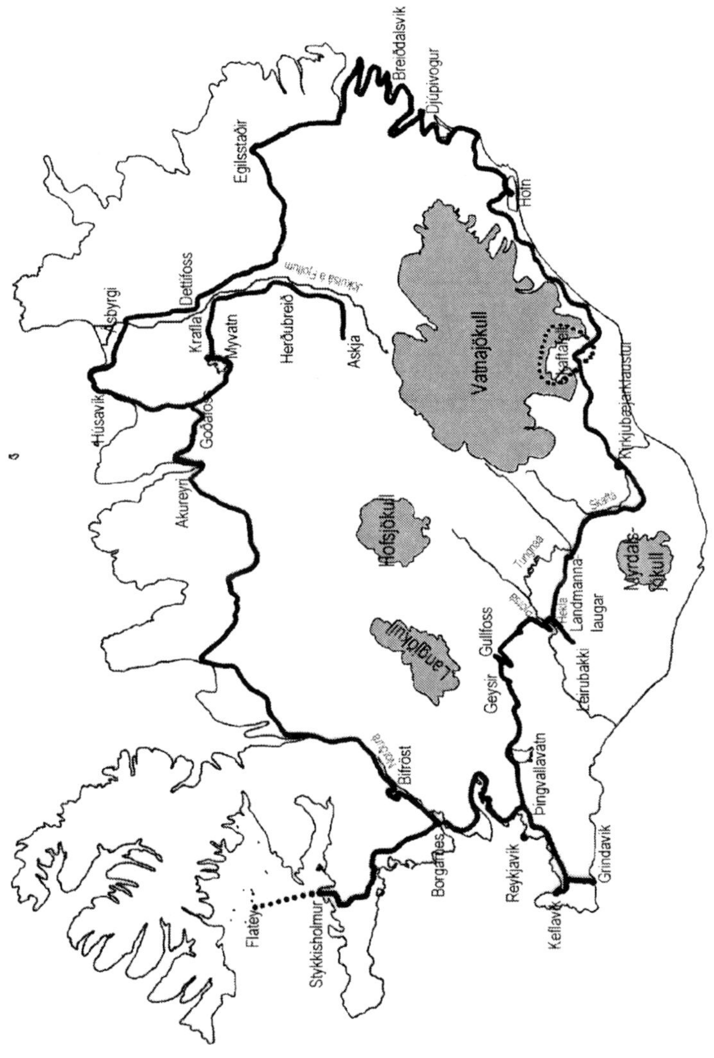

Anmerkungen

[1] *Aktive Zonen* sind in Ísland beinahe eher die Regel denn die Ausnahme, obwohl der Westen des Landes mehr aktive Zonen aufweist, als der Osten: Schließlich werden als aktive Zonen eben jene Zonen bezeichnet, die vulkanisch aktiv sind. Aktivität bedeutet aber nicht zwangsläufig, daß an der betreffenden Stelle auch ein Vulkan sein muß. Oftmals beschränkt sich die Aktivität auf den Untergrund und tritt gar nicht oder nur in Form von heißen Quellen zu Tage.

[2] Die *Spalten*, die in þingvellir zu Tage treten, sind nichts anderes als der über die Wasserobfläche gehobene Mittelatlantische Rücken: Hier dringt Magma aus dem Erdinneren nach oben, drückt die Kontinentalplatten an ihrer Nahtstelle auseinander und füllt den entstandenen Zwischenraum. Eine solche Nahtstelle läuft geradewegs durch Ísland und im Lauf der Zeit sind ursprünglich nebeneinanderliegende Gesteine so weit auseinandergedrückt worden, daß Spalten entstanden sind. Die Ränder der älteren Spalten sind inzwischen so weit voneinander entfernt, daß sie die Kilomerter auseinanderliegenden Wände des Tingvellirtals bilden. Nordamerika und Europa ebenso wie Südamerika und Afrika wurden in Jahrmillionen auf diese Weise auseinandergedrückt.

[3] Die *Hekla* ist ein bereits im Mittelalter bis nach Europa bekannter Vulkan. Damals wurde sie als das „Tor zur Hölle“ bezeichnet. Zuletzt war die Hekla 1991 aktiv.

[4] *Runsen* sind tiefe Kerben in einem Hang. Sie sind das Ergebnis linienhafter Abtragung durch Wasser und können sowohl von einm Bach durchflossen werden, wie auch nur episodisch nach Regenfällen und Schneeschmelze Wasser führen. Werden sie größer, können sie als Tal bezeichnet werden.

[5] Wenn Lava dünnflüssig ist und an der Oberfläche schnell erkaltet, darunter aber flüssig bleibt, wird die noch formbare Oberfläche durch die Bewegung der flüssigen Lava zusammengeschoben - etwa so wie die Haut auf einem Pudding. *Stricklava* sieht dann in etwa so aus, wie aufgewickelte Seile, die auf dem Deck eines Schiffes liegen.

[6] *Rippelmarken* entstehen durch die Bewegung von Wind oder Wasser. Sie sehen aus, als wäre der Sand zu unbeweglichen Wellen geformt.

[7] Im Winter wird durch Eis Erdmaterial aufgeworfen. Im Sommer bleibt dann nur ein kleiner Erdhügel zurück, der im Laufe der Jahrtausende aber eine ansehnliche Größe erreichen kann. Einen solchen Hügel bezeichnet man als þufur, eine ganze Ansammlung als þufurwiese, Buckelwiese oder Buckelrasen.

[8] Alle Springquellen der Erde werden nach dem „Großen Geysir" in Ísland auch *Geysire* genannt. Springquellen sind eine typische Erscheinung jungvulkanischer Gebiete. Sie werden durch Grundwasser gespeist und funktionieren vermutlich folgendermaßen: Entscheidend ist ein tiefer mit Wasser gefüllter Schlot. Durch die Erdwärme in einer aktiven Zone wird das Wasser von unten schneller erwärmt, als es die Wärme nach oben abgeben kann. Dadurch entsteht eine Schicht kühleren und damit schwereren Wassers

über dem heißen Wasser. Durch das aufliegende kühlere Wasser wird das heiße Wasser unter Druck gesetzt und erwärmt sich in etwa 20m Tiefe auf über 125° C. Das Wasser verwandelt sich schlagartig in Dampf, vergrößert damit sein Volumen, schießt durch den Schlot nach oben und reißt das darüberliegende Wasser mit.

[9] Kalk, der beim Eintritt von kohlensäurehaltigem Wasser in Gesteinen chemisch gelöst wird, und beim Austritt des Wassers aus dem Gestein wieder ausgefällt wird, nennt man *Kalksinter*.

[10] *Liparit* oder *Rhyolith* ist ein junges vulkanisches Ergußgestein, daß je nach Auskristallisation eine unterschiedliche Farbe annimmt. Der Name Liparit hat seinen Ursprung auf den Liparischen Inseln im Mittelmeer vor Neapel, die vor allem durch den Vulkan Stromboli Bekanntheit erlangt haben.

[11] Wird Grundwasser in aktiven Zonen erhitzt und tritt dann als Quelle aus, spricht man von *heißen Quellen*. Ein Tip am Rande: Eier und ein Küchenhandtuch oder einen Strumpf zum Reinhängen mitnehmen - in den richtig heißen Quellen ist das Wasser kochend heiß und die Eier sind schnell gekocht. Eine Warnung am Rande: In allen Gebieten mit heißen Quellen sind kaum Absperrungen vorhanden, man betritt sie auf eigene Gefahr. Bis auf wenige Ausnahem ist es ungefährlich, sich in den diesen Gebieten zu bewegen, aber man sollte auf gar keinen Fall auf helle Stellen auf dem Boden treten! Erst recht nicht, wenn dort bereits Kristalle gebildet worden sind! Dies ist ein Zeichen für eine äußerst dünne Kruste über … heißem Wasser oder anderen lebensgefährlichen Dingen! Deswegen das Handtuch oder den Strumpf beim Eierkochen an einen Wanderstock binden!

[12] In aktiven Zonen kann es auch zum Austritt von Wasserdampf kommen. Dabei handelt es sich ebenfalls um aufgeheiztes Grundwasser. In *Solfataren* ist der Wasserdampf zusätzlich schwefelhaltig und zwischen 100 und 200° C heiß. In der unmittelbaren Umgebung der Solfataren kann es zur Ausbildung von Schwefelkristallen kommen (Nie auf diese Stellen treten!).

[13] Wie die Spalten von þingvellir auch ist die *Eldgjá* ein Teil des mittelatlantischen Rückens. Aufgrund der Größe der Eldgjá im Vergleich zu den deutlich kleineren Spalten von þingvellir werden die Kräfte, die über tausende von Jahren an der Kontinentalplatten zerren und reißen noch deutlicher. Man darf sich den Mittelatlantischen Rücken aber nicht als schnurgerade Grenze vorstellen, sondern als eine relativ breite Zone, an der die Spalten aufbrechen können.

[14] Mit dem sogenannten Sonnenwind werden von der Sonne kleine kosmische elektrisch geladene Teilchen ausgestoßen, die zwischen 100 und 1000 km Höhe durch das Erdmagnetfeld zu den Polen abgelenkt werden. Dabei werden die Gase der Atmosphäre ionisiert und zum Leuchten angeregt. Das Polarlicht tritt zeitgleich und formgleich auf der Nord- und der Südhalbkugel auf. Je aktiver die Sonne und je „heftiger“ der Sonnenwind, desto anhaltender, schöner und mystischer leuchtet das *Nordlicht* (aurora borealis bzw. auf der Südhalbkugel die aurora australis)..

[15] *Gletscher* sind große Eismassen, die entstehen, wenn sich über der Schneegrenze über Jahre so viel Schnee sammelt, daß dieser schließlich durch den Druck des aufliegenden Schnees zu Firn und schließlich zu Eis wird und hangabwärts zu fließen beginnt. Das Gebiet, in dem mehr Schnee,

der zu Eis umgewandelt werden kann, fällt als im Sommer abtauen kann, nennt man Nährgebiet. Es liegt in jedem Fall oberhalb der Schneegrenze. Unter der Schneegrenze liegt der Teil des Gletschers, in dem das Abschmelzen den Schnee des Winters und das nachfließende Eis überwiegt. Man nennt diesen Teil des Gletschers das Zehrgebiet.

16 Durch das fließende Eis eines Gletschers und den Gesteinschutt, den das Eis mit sich führt, wird das Gestein, über das der Gletscher fließt abgeschabt und abgehobelt. Festes Gestein kann dabei so fein gemahlen werden, daß nur noch Sand mit dem Schmelzwasser im Inneren des Gletscher abtransportiert wird. Der Sand lagert sich oft direkt vor den Gletschern in riesigen Flächen ab, die man als *Sander* (isl. Sandur) bezeichnet.

17 Ein Gletscher transportiert immer Material, das z.B. von aus dem Eis aufragenden Bergspitzen (Nunatakker) herabgefallen ist und das er selbst losgebrochen oder vom Untergrund aufgenommen hat. Die Gesteine werden mit dem Eis, in das sie eingeschlossen sind, oder auf dem sie liegen von dem im Nährgebiet neugebildeten Eis talabwärts transportiert. Vor der Gletscherstirn, quasi dem Ende des Gleschers, werden die Steine abgelagert. Sie bilden dort als markanten Stein- und Schuttwall die sogenannte *Stirn-* oder *Endmoräne*. Auch an den Seiten des Gletschers oder beim Abtauen des Eises in seinem ehemaligen Bett können Moränen entstehen. Je nach ihrer Lage werden die als Seiten-, Grund- oder Mittelmoräne bezeichnet.

18 Basalt ist ein dunkles, feinkristallines vulkanisches Ergußgestein, das aus flüssiger Lava entsteht und knapp unter oder über der Erdoberfläche abkühlt. Beim Abkühlen knapp unter Erdoberfläche zieht sich die Lava von den

jeweiligen Grenzflächen zu anderen kühleren Gesteinen her zusammen. Dabei entsteht die charakteristische Form der mehreckigen Basaltsäule. Betrachtet man die Basaltsäulen genauer, so stellt man fest, da die Säulen in einem Komplex niemals durchgehend sind, sondern in der Mitte immer eine Bruchstelle haben. Dies hat seine Ursache darin, daß sich an dieser Nahtstelle die Abkühlungsoberflächen von verschiedenen Seiten treffen.

[19] *Gletscherspalten* entstehen, wenn das Eis eines Gletschers über ein Hindernis, z.B. eine Steilwand, fließt und dabei aufreißt. Auch unterschiedliche Fließgeschwindigkeiten am Rand und in der Mitte eines Gletschers können Spaltenbildung zur Folge haben.

[20] Kann ein Gletscher über eine große Stufe im Untergrund nicht mehr fließen, weil das Eis zu fest ist, um sich dem Untergrund anzupassen, bricht es an dieser Stufe. Einen solchen Bruch, der das Eis aber weder ober- noch unterhalb in der Fließgeschwindigkeit bremst, bezeichnet man als *Gletscherbruch*.

[21] Das fließende Eis eines Gletscher hat die Eigenschaft, vorhandene Dellen weiter auszuschürfen. In einigen Fällen können bei isländischen Gletschern auf diese Weise Hohlformen entstehen, die über hundert Meter tief sind. Zieht sich ein Gletscher aus einer solchen Hohlform zurück, weil er abschmilzt, läuft sie voll Wasser. Ein *Gletschersee* ist entstanden. Liegt die Glescherstirn noch am Rand dieses Sees, können Eisbrocken vom Gletscher abbrechen („kalben") und Eisberge auf dem See bilden. Auf die gleiche Weise sind auch viele Seen im Alpenvorland, z.B. der Starnberger See oder der Ammersee entstanden

[22] Werden Gesteine (z.B. Asche, Lava, Ton, Sand) übereinander abgelagert, bilden die Ablagerungen eines bestimmten Zeitraumes eine *Schicht.* An der Ostküste Íslands können an den Bergen verschiedene Vulkanausbrüche an Hand ihrer Schichten erkannt werden. Die minimalen Zwischenräume zwischen den Schichten ermöglichen es dem Wasser, einzudringen, das Gestein anzugreifen und abzutragen. Je länger nun eine Schicht der Abtragung ausgesetzt ist, desto weiter kann sie im Gegensatz zu untenliegenden Schichten zurückversetzt werden. Auf diese Weise entsteht im Laufe der Zeit an den Bergen eine Art Stufenmuster, das sich an der isländischen Ostküste vielerorts beobachten läßt.

[23] In vegetationsarmen Ebenen, wo die Bodenpartikel nicht durch Wurzelwerk von Pflanzen festgehalten werden, werden Sand und anderes Feinmaterial durch den Wind ausgeblasen. Zurück bleiben nur die Streine, die zu schwer für den Windtransport sind. Diese liegen nun - vom darübergeblasenen Sand wie von einem Sandstrahlgebläse geglättet und poliert, flach nebeneinander. Man bezeichnet sie jetzt als *Windpflaster*.

[24] Am Beispiel des Canyons der Jökulsá läßt sich zeigen, wie ein Wasserfall sich in eine Ebene eingraben kann. Man stelle sich eine Ebene vor, auf der ein Fluß fließt und am Rand der Ebene einen Wasserfall bildet. Sowohl die Kante, über die das Wassers stürzt, als auch der Bereich, in dem das Wasser aufprallt, werden stark angegriffen und ausgewaschen. Dabei wird die Stufe über die der Wasserfall stürzt, von unten her unterhöhlt bis sich das darüberliegende Gestein nicht mehr halten kann und nachbricht. Die Kante hat sich nun schon ein Stück in die Ebene hinein versetzt hat. Geschieht dies

über lange Zeit, so spricht man von *rückschreitender Erosion* und es entsteht ein tief eingeschnittes Tal, an dessen Anfang der Wasserfall steht.

[25] Nach der Größe der Körner in einem Sediment werden *Sand*, *Schluff* und *Ton* unterschieden. Sand hat eine Korngröße von 2 mm bis 0,2 mm, Schluff eine Krongröße von kleiner 0,2 mm bis 0,02 mm. Jedes Korn, das einen Durchmesser von kleiner 0,02 mm hat, wird als Ton bezeichnet.

[26] Bei einem Vulkanausbruch werden Asche und Magma ausgestoßen. Ein Teil der Magma wird so hoch in die Luft geschleudert, daß sie zerfetzt, zerstäubt und mit Asche vermischt wird. Dieses Auswurfprodukt wird teils mit dem Wind weitertransporiert und schließlich abgelagert. Man spricht von vulkanischen *Tuffen*. Magma und Lava bezeichnen beide eine Gesteinsschmelze: Befindet sich diese im Erdinnern, nennt man sie Magma, an der Erdoberfläche Lava.

[27] In Flußschlingen - oder Mäandern - werden zwei Arten von Hängen unterschieden: An der Innenseite der Schlinge liegt der flache *Gleithang*, an dem das Wasser sehr langsam fließt und eher Material aufschüttet. Auf der gegenüberliegenden Seite prallt die Strömung an das Ufer uns trägt dort Material ab. Dieses Ufer ist deswegen meist steil und wird als *Prallhang* bezeichnet.

[28] Wenn Lava bei einem Vulkanausbruch auf Wasser trifft, kann dieses so erhitzt werden, daß es expolsionsartig verdampft. Bei der Explosion wird die Lava mitgerissen und kraterartig aufgehäuft. Die entstehende Form ist ein *Pseudokrater*, weil sie den richtigen Vulkankratern sehr ähnlich sieht ,aber niemals selber ein Vulkan war.

[29] *Kieselgur* ist ein aus fossilen einzelligen Lebewesen bestehendes grobporiges Kalkgestein, das in der Industrie als Filter oder in der Dynmaitherstellung als Träger des Nitroglyzerin eingesetzt wird.

[30] Der Herðubreið verdankt seine Form dem Vulkanismus unter einem Gletscher: Bei einem Ausbruch kühlt die Lava am Eis schnell ab und erstarrt, so daß ein Auseinanderlaufen zur typischen Form der Kegel- oder Schildvulkane verhindert wird. Statt dessen wird Schicht auf Schicht in einem vom Eis umschlossenen Rund aufgeworfen.

[31] *Bims* ist ein sogenanntes vulkanisches Glas. Von der Zusammensetzung her ist der helle grobporige Bims mit dem schwarzen Obsidian identisch. Unterschiedlich sind lediglich die Umstände der Abkühlung. Dennoch kühlen Bims und Obsidian so schnell ab, daß sich kein Kristallgitter im Gestein bilden kann.

[32] Es gibt unterschiedliche Erschneinunsformen von *Frostmusterböden*, die aber alle auf den gleichen Entstehungsprozessen beruhen. In unserem Fall zeigte der Frostmusterboden lange Reihen von groben Steinen bis ca. 3 cm Durchmesser, die von Reihen aus Feinmaterial voneinander getrennt waren. Außer Reihen sind aber zum Beispiel auch Ringe aus Stein mit Feinmaterial im Innern möglich.

Zur Entstehung solcher Formen ist ein teifgründiger Bodenfrost im Winter und zumindest eine kurze Auftauphase im Sommer notwendig. Beim Gefrieren des Bodens bildet sich Eis an der Unterseite der Steine im Boden und hebt sie ein kleines Stück an. Taut der Boden im Sommer, so schmilzt die Eislinse unter dem Steinso langsam, daß Bodenmaterial nachrutschen kann und an die Stelle der Eislinse tritt. Der Stein rutscht also nicht wieder an seine alte Stelle zurück, sondern hat sich im Verhältnis zum letzten Sommer etwas angehoben. So erreichen Steine im Lauf der Zeit die Erdoberfläche. Der feinkörnige Boden wölbt sich unter Frost auf und zwar am stärksten an den Stellen, an denen sich das meiste Feinmaterial befindet. Liegt ein aufgefrorener Stein auf dem gewölbten Feinmaterialhügel, so rutscht er ab und fällt an den Rand der Feinmaterialwölbung. Das wiederholt sich viele Jahre, so daß immer mehr Steine auffrieren, die Streifgen mit Feinmaterial immer feiner werden und sich an ihren Rändern immer mehr Steine sammeln.

Ortsverzeichnis

Literatur

Barth, Sabine (1997): Island. = DuMont Reise-Taschenbücher 02064, 3. Aufl., Köln (DuMont). (Als kurze Einführung sehr gut geeignet)

Wiktorin, Karl (1991): Island erfahren. Reiseinformationen. – 2. Aufl., Eichstätt (LundiPress). (Unserer Meinung nach eines der besten Island-Bücher, leider vergriffen aber vielleicht in der einen oder anderen Bücherei zu bekommen. Der Verlag hat sich aber auf Island spezialisiert und weitere Titel im aktuellen Programm)

Nyul, Oliver (1999): Island. = Peter Mayer Reiseführer. – 3. Aufl., Frankfurt (Peter Mayer). (Sehr viele Informationen auf kleinem Raum. Prima zum Mitnehmen)

Gorsemann, Sabine; Kaiser, Christian (1995): Island. Mit 39 Wanderungen. = DuMont Richtig Wandern. – Köln (DuMont). (Wir hatten eine ältere Auflage und sind damit manchmal buchstäblich aufgelaufen, weil die Wege weg waren. In die Beschreibungen muß man sich erst einlesen)

Schnütgen, Achim (1995): Island. Vulkaninsel zwischen Europa und Amerika. = DuMont Kunstreiseführer. – Köln (DuMont). (Vielfältige Inhaltsangabe. Im Prinzip der wissenschaftlichen Länderkunde sehr ähnlich)

Langenscheidts Universal-Wörterbuch Isländisch (1993) – (Berlin, München, Wien, Zürich, New York). (Ein unerlässlicher kleiner Helfer für alle, die nicht gleich Isländisch lernen wollen)

Glässer, Ewald; Schnütgen, Achim (1986): Island. = Wissenschaftliche Länderkunden Bd. 28. – Darmstadt (Wissenschaftliche Buchgesellschaft). (Hervorragend für alle, die tiefer in die Materie einsteigen möchten. Dieses Buch ist leider ebenfalls vergriffen, aber in größeren Bibliotheken vorhanden)

Dremel, Michael; Wiktorin, Karl (1994): Islandreisen aus alten Reiseberichten. Band 1: 1918-1939. – Eichstätt (LundiPress). (Etwas außergewöhnlich, aber sehr amüsant zu lesen)

Und noch ein paar besonders schöne Bücher, die einfach Lust auf eine Reise nach Ísland machen:

Schier, Kurt (Hrsg.)(1992): Märchen aus Island. = Märchen der Weltliteratur. – 3. Aufl., München (Eugen Diederichs).

Island Sagas (1996) – 3. Aufl., 3 Bände, München (Eugen Diederichs).

Sigurjónsson, Sigurgeir (1997): Island. Insel des Feuers, der Kälte und des Wassers. – Augsburg (Bechtermünz). (Der schönste Island-Bildband, den wir kennen)

Stadler, Hubert; Kürtz, Hans Joachim, Kloes, Gudrun (1996): Island. = Begegnungen mit dem Horizont. – München (Bucher).

Francke, Klaus D. (1996): Island. – Augsburg (Weltbild).